本书出版得到中国教育科学研究院中央级公益性科研院所基项目"高等教育满意度理论模型研究"（GYB2019004 ）的资助

组织激励与胜任力
对中层管理者
工作绩效的作用研究

王平　孙继红◎著

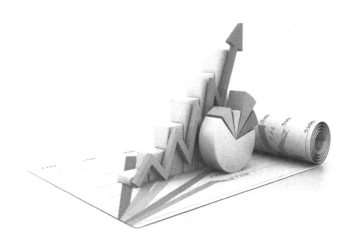

知识产权出版社

全国百佳图书出版单位

—北京—

图书在版编目（CIP）数据

组织激励与胜任力对中层管理者工作绩效的作用研究/王平，孙继红著. —北京：知识产权出版社，2023.1

ISBN 978－7－5130－8476－5

Ⅰ.①组…　Ⅱ.①王…　②孙…　Ⅲ.①企业—管理人员—企业绩效—研究　Ⅳ.①F272.92

中国版本图书馆 CIP 数据核字（2022）第 220241 号

责任编辑：贺小霞　　　　　　　责任校对：潘凤越
封面设计：邵建文　　　　　　　责任印制：刘译文

组织激励与胜任力对中层管理者工作绩效的作用研究

王　平　孙继红　著

出版发行	知识产权出版社 有限责任公司	网　址	http://www.ipph.cn
社　址	北京市海淀区气象路 50 号院	邮　编	100081
责编电话	010－82000860 转 8129	责编邮箱	2006HeXiaoXia@sina.com
发行电话	010－82000860 转 8101/8102	发行传真	010－82000893/82005070/82000270
印　刷	北京虎彩文化传播有限公司	经　销	新华书店、各大网上书店及相关专业书店
开　本	787mm×1092mm　1/16	印　张	15
版　次	2023 年 1 月第 1 版	印　次	2023 年 1 月第 1 次印刷
字　数	262 千字	定　价	78.00 元

ISBN 978－7－5130－8476－5

目　录

第1章　绪　论 ……………………………………………………… 1

　1.1　研究背景 ……………………………………………………… 1

　　1.1.1　现实背景 ………………………………………………… 1

　　1.1.2　理论背景 ………………………………………………… 3

　　1.1.3　问题的提出 ……………………………………………… 5

　1.2　研究意义 ……………………………………………………… 6

　　1.2.1　理论意义 ………………………………………………… 6

　　1.2.2　实践意义 ………………………………………………… 7

　1.3　研究内容与方法 ……………………………………………… 8

　　1.3.1　研究内容 ………………………………………………… 8

　　1.3.2　研究方法 ………………………………………………… 9

　1.4　研究思路与技术路线 ……………………………………… 11

　　1.4.1　研究思路 ………………………………………………… 11

　　1.4.2　技术路线 ………………………………………………… 12

　　1.4.3　研究框架 ………………………………………………… 13

　1.5　主要创新点 …………………………………………………… 14

　1.6　本章小结 ……………………………………………………… 15

第2章　理论基础 ………………………………………………… 16

　2.1　相关理论基础 ………………………………………………… 16

　　2.1.1　职业生涯管理理论 ……………………………………… 16

　　2.1.2　胜任力理论 ……………………………………………… 19

　　2.1.3　激励理论 ………………………………………………… 21

　　2.1.4　内外因辩证原理 ………………………………………… 23

　2.2　核心概念界定 ………………………………………………… 24

2.2.1　中层管理者 ·· 24

2.2.2　中层管理者工作绩效 ······································· 25

2.2.3　胜任力 ··· 26

2.2.4　组织激励 ··· 27

2.3　国内外研究现状 ·· 28

2.3.1　胜任力研究综述 ··· 28

2.3.2　组织激励研究综述 ·· 33

2.3.3　工作绩效研究综述 ·· 39

2.3.4　中层管理者工作绩效研究综述 ···························· 43

2.3.5　组织激励、胜任力与工作绩效之间关系的研究综述 ····· 44

2.4　相关研究评析 ·· 49

2.5　本章小结 ·· 50

第3章　中层管理者胜任力模型的构建 ···························· 51

3.1　元分析模型 ··· 51

3.2　元分析方法 ··· 53

3.2.1　资料收集 ··· 53

3.2.2　分析步骤 ··· 56

3.3　资料的统计学处理 ··· 57

3.3.1　胜任特征频次分析 ·· 57

3.3.2　胜任力的维度构成 ·· 57

3.3.3　胜任力各维度的异质性 ····································· 60

3.4　元分析结果 ··· 60

3.4.1　中层管理者胜任力模型 ····································· 60

3.4.2　人力资本胜任力内涵阐释 ·································· 62

3.4.3　社会资本胜任力内涵阐释 ·································· 64

3.4.4　心理资本胜任力内涵阐释 ·································· 66

3.5　本章小结 ·· 68

第4章　胜任力、组织激励对工作绩效作用的研究假设 ········· 69

4.1　胜任力对中层管理者工作绩效的影响 ··························· 69

4.1.1　人力资本胜任力与工作绩效 ······························ 69

4.1.2　社会资本胜任力与工作绩效 ······························ 73

  4.1.3 心理资本胜任力与工作绩效 ·············· 78

 4.2 组织激励对中层管理者胜任力的影响 ·············· 83

  4.2.1 组织激励与人力资本胜任力 ·············· 83

  4.2.2 组织激励与社会资本胜任力 ·············· 85

  4.2.3 组织激励与心理资本胜任力 ·············· 86

 4.3 组织激励对中层管理者工作绩效的影响 ·············· 88

  4.3.1 外在激励与工作绩效 ·············· 88

  4.3.2 内在激励与工作绩效 ·············· 90

 4.4 整体理论模型的构建 ·············· 93

 4.5 本章小结 ·············· 93

第5章 组织激励、胜任力对工作绩效作用的研究设计 ·············· 95

 5.1 变量测量 ·············· 96

  5.1.1 胜任力要素的初始题项 ·············· 97

  5.1.2 组织激励因素的初始题项 ·············· 101

  5.1.3 中层管理者工作绩效的初始题项 ·············· 101

 5.2 个人访谈 ·············· 104

  5.2.1 访谈一 ·············· 104

  5.2.2 访谈二 ·············· 107

  5.2.3 访谈三 ·············· 109

  5.2.4 个人访谈小结 ·············· 111

 5.3 样本与数据 ·············· 112

  5.3.1 数据收集方法 ·············· 112

  5.3.2 小样本预调研 ·············· 113

  5.3.3 正式问卷的维度及题项 ·············· 123

  5.3.4 正式测量的数据收集与描述 ·············· 125

 5.4 本章小结 ·············· 126

第6章 组织激励、胜任力对工作绩效作用的假设检验 ·············· 127

 6.1 结构方程模型简介 ·············· 127

 6.2 描述性统计与相关性分析 ·············· 129

 6.3 信度与效度检验 ·············· 131

  6.3.1 信度检验 ·············· 131

6.3.2　效度检验 ·· 134

6.3.3　共同方法变异偏差检验 ······································· 146

6.4　结构方程模型假设检验 ·· 146

6.4.1　胜任力与中层管理者工作绩效的关系 ················ 146

6.4.2　组织激励与中层管理者工作绩效的关系 ············ 153

6.4.3　组织激励与胜任力的关系 ································· 157

6.4.4　胜任力的中介效应 ··· 158

6.5　稳健性检验 ··· 166

6.5.1　变量定义及关系 ·· 167

6.5.2　建模的思路及编程实现 ···································· 168

6.5.3　神经网络法与结构方程法的结果比对 ·············· 170

6.6　结果与讨论 ··· 172

6.6.1　通过模型检验的研究假设 ································· 173

6.6.2　未通过模型检验的研究假设 ····························· 175

6.7　本章小结 ·· 176

第7章　结论与对策建议 ··· 177

7.1　主要研究结论 ·· 177

7.2　对策建议 ·· 179

7.2.1　协同外在激励，保障基本利益 ·························· 179

7.2.2　强化内在激励，鼓励自我实现 ·························· 181

7.2.3　提升与优化人力资本胜任力 ····························· 183

7.2.4　管理与开发心理资本胜任力 ····························· 184

7.2.5　建设与维护社会资本胜任力 ····························· 185

7.3　研究局限与未来展望 ·· 186

参考文献 ··· 189

附录A　企业中层管理者工作绩效相关因素调研问卷 ··············· 219

附录B　企业中层管理者访谈提纲 ··· 222

附录C　人工神经网络计算程序 ·· 224

第1章 绪 论

1.1 研究背景

1.1.1 现实背景

新一轮科技革命和信息革命正在孕育兴起，数字化进程不断加速改变着企业的营商环境，企业管理的逻辑和模式正在发生重大的变革。在瞬息万变的技术和市场环境中，企业必须通过变革组织架构、提升管理模式等措施不断提高绩效和竞争力，才能在激烈的竞争中立于不败之地。然而，企业员工工作绩效却存在诸多不尽如人意的地方。美国著名调查公司盖洛普（Gallup）发布的2013年《美国职场状态》（*State of the American Workplace*）报告显示，只有三成员工处在较为积极的状态下为组织提供能量输入，还有超过一半的员工不在状态，剩下的两成员工则通过负面能量损害组织效率以此来表达自己在工作中的不满，而这两成输出负面能量的员工每年会给美国经济造成高达5000亿美元的损失。中国的企业员工也面临同样的问题。在盖洛普2013年发布的《员工敬业度和工作环境研究》报告中，中国敬业员工的比例仅为6%，远低于全球13%的平均水平，处于世界最低水平；而消极怠工员工的比例则高达26%，高于24%的全球平均水平。因此，不断提升管理水平，激励员工实现更好的工作绩效是企业管理者面临的紧要问题。

具有卓越管理经验的管理人员和掌握先进技术资源的技术员工是组织生存和发展的生命线。就管理人员而言，中层管理者发挥着举足轻重的作用。中层管理者不仅是企业战略的执行者、战术决策的制定者，还是高层管理者和基层员工之间沟通的重要纽带，在上传下达、帮助高层管理者及时了解企业发展动态、组织实施企业的战略决策和解决实际问题等方面发挥的作用不容小觑。鉴于中层管理者在组织中的重要作用，其工作绩效问题历来是学术界和企业关注的焦点。在盖洛普 2017 年发布的《美国职场状态》报告中显示，与直接管理者沟通良好的员工对工作的参与度更高，参与度高反过来能有效促进员工的工作表现。在倡导人本管理的现代管理学中，人是组织最重要的资源，中层管理者更是提升组织竞争力的关键所在。然而，中层管理者也非常容易成为员工眼中糟糕的领导者，并且不知道如何调整自身的领导方式来改善管理水平。因此，激发中层管理者的积极性和工作热情，提升其工作胜任力，成为理论界和企业界共同关注和希望解决的问题。

组织激励被视为一种典型且正式的组织用以控制个体行为、引导组织战略目标的工具。组织激励可以看作对员工的催化剂，以此来提高他们的绩效以实现战略目标（Sekhar et al.，2013）。由于组织激励能够激发员工积极性和创造性的发挥，更好地将员工行为纳入到组织偏好的轨道，因此，激励策略的制定对实现组织战略目标具有重要意义。组织激励分为外在激励和内在激励，传统的外在激励如合理的薪酬体系、优良的工作环境等对于中层管理者的影响可能并不明显；相对而言，灵活的工作时间、具有挑战性的工作机会、与首席执行官共享午餐等内在激励，可能更为中层管理者青睐。如何结合其个体特征和工作条件，选择有效的组织激励措施来提高其工作绩效，是组织在竞争激烈的商业市场中长期生存的必然要求。

对于中层管理者群体而言，除了组织的内在激励和外在激励外，个体能否胜任工作岗位的具体内容，更好地发挥承上启下的作用也至关重要。正如古罗马时期人们对"一名好的战士"应该具备的基本特征的描述，企业也应该构建一套合理完善的评价体系，对中层管理者进行评价，并有针对性地提升和开发中层管理者的胜任力，以达到提升其工作绩效的目的。目前有 90% 的世界 500 强企业把胜任力模型引入人力资源管理实践中，通过胜任力对员工进行评价。在中国包括海尔和联想在内的很多大型企业，也将管理者的胜任力特征模型纳入到人力资源管理工作实践中，并逐渐发展成为替代智力量表对员工进行评价的工具。然而，我国对管理者胜任力的评价模型绝大多数是直接从西方国家借鉴而来，鉴于中国特殊的经济发展阶段和人文环境，管理者胜任力的内容和评价方式也可能会有别于西方国家，胜任力与工作绩效之间的具体作用机理也需要进一步探讨。

综上所述，中层管理者在企业中居于关键岗位，是企业的核心人才，激励他们在工作中提高积极性和创造性，充分发挥聪明才干，最大限度地持续提升绩效是企业生存和发展的根本。为此，组织激励创新和中层管理者胜任力的提升是企业人力资源管理的重要内容。本研究试图将组织激励和胜任力引入中层管理者工作绩效的研究框架，分析两者在提升中层管理者工作绩效中的作用机理，为我国企业提升中层管理者的工作绩效提供理论与实践参考。

1.1.2 理论背景

工作绩效作为衡量员工工作成绩和效率最直接的结果变量，一直以来都是人力资源管理领域的研究热点，现有关于工作绩效的研究主要集中在组织、领导和个体三个层面。在组织层面，学者们分析了组织政治（高中华，赵晨，2014）、组织社会化（王雁飞，朱瑜，2012）和高绩效工作系统（苗仁涛等，2020）等因素对工作绩效的作用机理。在领导层面，已有研究分析了伦理型领导（赵瑜等，2015）、家长式领导（高昂等，2014）、领导成员交换（杨晓等，2015）和领导下属权力距离（刘海洋等，2016）等对工作绩效的影响。在个体层面，主要是分析员工自身的特质、状态和感受等对工作绩效的影响，包括自我效能感（李永周等，2015）、心理资本（孙鸿飞等，2016）和职业成长（翁清雄等，2017）等因素的作用效果。现有关于员工工作绩效的研究虽然在许多方面取得了一系列成果，但在个体自身特质方面的研究相对匮乏。人职匹配理论指出，员工的个性特征与职业性质一致，员工充分胜任工作内容，才能使员工发挥出更出色的才能，进而取得更好的工作绩效。因此，个体能否胜任工作，也是影响工作绩效好坏的重要因素（吴梅，2015；鲁娟等，2019；Ghasemaghaei et al.，2018；Göleç & Karadeniz，2020）。

近年来，胜任力研究越来越受到关注和重视，也取得了一系列研究成果。从研究内容上来看，现有研究主要集中在胜任力的定义（McClelland，1973；Boyatzis，1982；Spencer，1993；王重鸣，陈民科，2002；Bartram，2005；Campion et al.，2011）和胜任力模型或胜任特征（Sitthisak et al.，2014；赵曙明，杜鹃，2007；Sampson，2009，El Asame & Wakrim，2018）等方面，但现有研究仍存在一些不足。首先，学者对胜任力的界定和评价模型存在争议，一些人强调胜任力是个体的"潜在特质",另一些人则将胜任力表达为个体的"显性行为",还有的人认为胜任力是个体的"潜在特质和显性行为"的组合。在中国情境下的胜任力特征研究多通过直接引入、借鉴国外的理论成果发展起来,至今尚未形成系统的理论体系,相关理论在实践中的应用仍处于初级阶段,有待于进一步明确胜任力的构成特征划分,构建适用于中国情境的胜任力评价模型。其次,现有关于胜任力的研究并未区分不同管理层级间的差异性。绝大多数研究成果将研究对象锁定为高层管理者以及人力资源管理者(张雯,王新安,2017;胡援成等,2017;贾建锋等,2016),这些研究建立在所有有效的领导行为可以适用于不同层级的管理职位的假设之上(Dopson & Stewart,1990;Bartram,2005)。事实上,不同层级的职位需要不同的管理行为方才有效(Kraut et al.,2005)。企业的中层管理者作为组织的中间阶层,往往处在承上启下、连接左右的位置。不仅在决策层和执行层之间起着桥梁作用,而且在处理和维护内外部关系中也有着不可替代的地位。企业的各项业务执行及目标的达成,皆有赖于中层管理人员的才能和热情。因此,中层管理者的胜任力直接决定着组织的管理质量和绩效水平的高低(樊耘等,2012;谢荷锋等,2018)。然而,在现有研究中,有关中层管理者胜任力的实证研究文献并不多见,相关理论和应用研究还有待进一步丰富与扩展。

此外,个体工作绩效的提升和工作胜任力的激发,还需要组织的激励策略。一方面,组织激励可以直接对员工工作绩效产生影响;另一方面,组织激励可以有效激发和提升个体胜任力,间接作用于工作绩效。关于组织激励,国内一些相关研究采用质性研究方法,通过调查、访谈和观察思辨等发现人才激励的现实问题,并结合人才特征分析,提出和设计人才激励因素和激励机制、人才保障机制的对策建议(吴林妃,陈丽君,2014;孔德议,张向前,2015)。也有部分研究从经济学视角,利用成本收益函数和系统仿真模型进行理论分析(赵爱武,关洪军,2018;常雅楠,王松江,2018),提出人才激励战略和人才激励举措。然而,现有关于理论层面对组织激励与中层管理者工作绩效方面的研究依然存在不足。

首先,在企业人才激励的实证研究中,研究对象多关注高管层面(Bellé & Cantarelli,2015;Feng & Rao,2018),研究内容多集中在薪酬激励、股权激励和企业绩效的关系方面(周泽将等,2018;安磊等,2018;程翠凤,2018),缺乏系统的对中层管理者的组织激励研究。其次,现有研究结果之间还存在一定争议，如激励对创新绩效的作用（Zahra et al.，2000；刘华芳，杨建君，2014；Bens et al.，2002；朱德胜，2019），研究结果无法从理论上形成统一认识。另外，在当前研究中组织激励可区分为内在激励和外在激励，但大多研究仅从单一层面进行探讨或论证（Wang et al.，2016；Woolley & Fishbach，2018；杨剑，程勇，2014），难以对比内在激励和外在激励的效应差异。最后，现有关于组织激励与工作绩效的研究，大多分析组织激励对绩效的直接作用（Feng & Rao，2018；程翠凤，2018；Woolley & Fishbach，2018），而忽略了组织激励对工作绩效的其他间接影响路径。基于双因素理论，组织激励只是消除"不满"和制造"满意"，进而促使员工更好地工作，但这并不能够直接带来高工作绩效。人职匹配理论指出，员工的个体特征和工作能力必须与工作相匹配，才能够带来更好的绩效，因此，组织激励还可以通过培养和提升员工工作胜任力来提高工作绩效。

为此，本研究以中层管理者为研究对象，在探索、归纳中层管理者胜任力结构模型的基础上，将组织激励和胜任力纳入工作绩效的研究框架，探索外部的组织激励和内部的个体胜任力要素对中层管理者个体绩效的作用机理。试图在理论上拓展和完善胜任力相关研究，构建相对完善、系统的企业中层管理人员胜任力、组织激励和工作绩效的理论模型。

1.1.3 问题的提出

基于以上现实和理论背景，本研究借鉴和整合职业生涯管理理论、激励理论、胜任力理论、内外因辩证原理等相关研究成果，基于管理学、组织行为学和心理学的视角，从内部和外部两个方面探寻影响中层管理者工作绩效的因素，厘清组织激励和胜任力对中层管理者个体绩效的作用机理。采用定性与定量相结合的研究方法，探索并验证在中国企业情境下中层管理者胜任力的理论结构，考察中层管理者胜任力、组织激励和工作绩效之间的关系，并根据研究结论就企业人力资源管理实践提出可供参考的对策建议，以充分发挥中层管理人员在企业管理创新中的关键作用。具体而言，主要解决以下三个问题。

（1）企业中层管理者胜任力的结构与测度研究。现有研究尚未形成对胜任力概念的统一定义，因此在中层管理者胜任力的研究中依然存在诸多问题。本研究采用元分析方法，把中国情境下的企业中层管理者胜任力要素作为研究内容，系统地整合国内学者们的研究成果，以构建在中国情境条件下企业中层管理者通用胜任力模型。

（2）组织激励和胜任力对中层管理者个体工作绩效的作用机理研究。其包括：组织激励对工作绩效的直接影响，中层管理者胜任力对工作绩效的直接影响，以及胜任力在组织激励和中层管理者工作绩效之间的中介效应研究。基于已有相关理论，构建"组织激励—胜任力—工作绩效"理论模型，并对理论模型进行实证验证。

（3）提升中层管理者工作绩效的对策建议研究。通过创建全方位的组织激励体系，充分激发中层管理者的工作积极性、主动性和创造性。采用重视、投资、开发和管理等措施，发展、优化、提升中层管理者管理质量和绩效水平，推动组织实现可持续发展。

1.2 研究意义

1.2.1 理论意义

本研究利用元分析方法构建中层管理者胜任力模型，在理论分析的基础上，将组织激励、胜任力纳入工作绩效的研究框架，构建"组织激励—胜任力—工作绩效"的理论模型，并进行实证验证，对组织激励、胜任力和工作绩效相关领域的研究具有重要的理论意义。

首先，构建中国情境下的胜任力模型。自从麦克利兰（McClelland，1973）提出胜任力的概念以来，胜任力就引起了学术界的广泛关注，学者们从不同角度提出了职业岗位胜任力模型，而中国情境下的胜任力模型也是直接借鉴国外模型。本研究基于对企业中层管理者胜任力的理论分析，借助元分析的方法系统地整合学者们的观点和研究成果，开发中国情境下的企业中层管理者胜任力模型。该模型将中层管理者的胜任力分解为三个维度，分别为人力资本胜任力、社会资本胜任力和心理资本胜任力。中国情境下胜任力三维度模型的提出，对丰富胜任力理论及企业中层管理者胜任力的研究具有重要的理论意义。

其次，以中层管理者为研究对象，分析组织激励和胜任力对工作绩效的影响机理，从组织和个体两个层面拓展影响工作绩效的因素。国内外关于工作绩效的研究方兴未艾，学者围绕传统的工作绩效框架、扩展后的工作绩效框架、工作绩效下位结构以及传统考核框架等开展了一系列的研究，但是对工作绩效形成机理研究视角相对单一，且普适性有待于进一步探索。本研究以中层管理者为研究对象，从组织激励和个体胜任力两个层面分析工作绩效的形成机理，对于拓展工作绩效研究内容和深化理论基础具有重要意义。

最后，构建"组织激励—胜任力—工作绩效"模型，将组织和个体影响因素有机结合，进一步丰富了工作绩效的理论基础。本研究在分别分析组织和个体两个层面对工作绩效影响的基础上，构建基于胜任力的中介作用模型，从理论上将中层管理者胜任力、组织激励和工作绩效有机地纳入一个整体理论框架体系内，研究作用于中层管理者工作绩效的直接与间接变量的传导效用，对于深化工作绩效的研究具有重要的理论意义。

1.2.2 实践意义

本研究关于中国情境下胜任力模型的开发，组织激励和胜任力对中层管理者工作绩效作用机理的相关实证研究结论，对于优化企业人力资源管理水平，提升企业绩效和竞争力具有重要的实践指导意义。

首先，在中国情境下的中层管理者胜任力模型有助于国内企业更有针对性地提升人才评价和人力资源管理水平。斯宾塞（Spencer）指出，胜任力作为现代人力资源管理的重要工具，可以客观地运用在甄选招聘、绩效管理、职涯发展与薪资管理等活动上。在实践中，国外不少企业已经开始使用胜任力评价代替智力评价。由于中国胜任力研究起步较晚，国内胜任力的评价和应用还存在一定问题，而国外胜任力模型在中国的适用性有待于验证。本研究在中国情境下开展胜任力模型的开发与检验，进一步强化了胜任力在人力资源管理实践中的应用价值，对中国企业胜任力在人力资源管理中的应用具有重要指导意义。

其次，对提升中层管理者工作绩效的人力资源管理工作具有一定实践应用价值。中层管理者在企业中居于重要地位，也是未来主要高层管理者的重要来源，组织有必要根据中层管理者个性特征制定相应的激励策略，不断提升中层管理者胜任力，进而提高工作绩效。本研究探讨企业的组织激励与中层管理者胜任力对其工作绩效的影响效应，并就如何应用组织激励和胜任力，提升中层管理者工作绩效，提出相应对策建议，可以帮助企业更加有效地吸纳、保留和安置与岗位匹配的高素质人才，也有助于中层管理者发挥自身潜能，增进管理才能进而达到更高的工作绩效。

1.3　研究内容与方法

1.3.1　研究内容

本研究基于管理学、组织行为学引入生涯管理理论、胜任力理论、激励理论和内外因辩证原理，探讨胜任力和组织激励对中层管理者工作绩效的作用机理。具体包含以下三部分研究内容。

（1）企业中层管理者胜任力的结构与测度研究。现有研究尚未形成对胜任力概念的统一定义，中层管理者胜任力模型也存在一定争议。本研究采用元分析方法，把中国情境下的企业中层管理者胜任力要素作为研究内容，全面、系统整合学者们的研究成果，构建企业中层管理者胜任力模型。明确胜任力的要素并进行维度划分，将其划分为人力资本胜任力、社会资本胜任力和心理资本胜任力三部分，并详细阐释了每个维度的内涵。最后，在借鉴相关权威量表和对岗位特征进行具体分析的基础上，开发企业中层管理者胜任力问卷，实现对这一概念的测度。

（2）中层管理者胜任力和组织激励对其工作绩效的作用机理研究。该部分具体包括四方面的内容：组织激励对中层管理者胜任力的影响、中层管理者胜任力对个体绩效的影响、组织激励对中层管理者工作绩效的直接影响以及胜任力在组织激励和中层管理者个体绩效之间的中介作用。在理论分析的基础上，构建出以"组织激励—胜任力—中层管理者个体绩效"为核心的理论模型，将组织激励、胜任力和工作绩效有机结合起来，分别探讨组织激励、胜任力和中层管理者个体绩效之间的相互关系。通过实证研究检验和理论模型修正，明确胜任力和组织激励影响中层管理人员个体绩效的作用机理，并运用神经网络模型对实证分析结果进行稳健性检验。

（3）依据组织激励和胜任力提升中层管理者工作绩效的对策建议研究。基于本研究对组织激励、胜任力对工作绩效影响的理论分析，结合"组织激励—胜任力—工作绩效"模型的实证分析结果，从组织和个体两个维度，提出创建全方位的组织激励体系，基于胜任力模型发展优化中层管理者胜任力，进而提升其管理质量和绩效水平的对策建议，推动组织实现可持续发展。

1.3.2 研究方法

本研究采用理论研究与实证研究相结合的方法，具体使用的研究方法如下。

（1）访谈法。访谈法是研究者通过与受访者进行口头交谈的方式来收集对方有关心理特征和行为数据资料的一种研究方法。本研究中的访谈法主要用于获取企业中层管理者胜任力和组织激励因素的第一手资料，在中国文化背景下探索既符合胜任力内涵本质又能体现企业中层管理者职业胜任的关键因素，以及当前企业中实施的激励措施。通过半结构式访谈和专家访谈等多种手段，收集获得中层管理者胜任力的关键因素及组织激励因素，结合元分析结果和文献，形成用于研究的测量问卷。

（2）文献分析与理论演绎法。文献法是一种古老而又富有生命力的科学研究方法。通过搜集、鉴别、整理文献，可以帮助研究者形成对研究问题的科学、全面认识。本研究对近年来管理者工作绩效、胜任力、组织激励等主题的文献进行全面系统梳理、回顾，掌握了相关研究的现状和研究趋势，找到了研究的切入点，在研究设计方面受到了很大启发。对相关理论，如生涯管理理论、胜任力理论、激励理论的整理归纳，为本研究确立了坚实的理论基础和理论高度。通过文献梳理和理论演绎，对中层管理者工作绩效进行概念界定和维度划分，在此基础上构建了组织激励和中层管理者胜任力与其工作绩效关系的理论模型。

（3）元分析方法。元分析（Meta - analysis）方法是在社会科学研究中广泛应用的一种方法，是指应用特定的设计和统计方法对以往的研究结果进行整体的、系统的定性与定量分析。本研究第三章使用元分析方法，通过对2007 年以来的实证研究资料进行回顾、整合，确定了企业中层管理者胜任力的三个维度，并建构了中层管理者胜任力的结构模型，在很大程度上支撑了后续研究。

（4）问卷调查法。问卷调查法也称问卷法，是研究者运用统一设计的问卷向被选取的调查对象了解情况或征询意见的调查方法。由于本研究的研究对象比较分散，采用匿名填答问卷的方式可以更方便、快捷且详细、完整地反映出调查对象的信息。为了提高问卷的标准化水平，本研究严格遵循问卷设计的原则和方法形成问卷条目，利用调查获得的数据对问卷进行信度、效度和共同方法偏差效应的检验，保证问卷的有效性和可信性，尽可能避免社会赞许效应。

（5）结构方程模型方法。结构方程模型（Structural Equation Modeling，SEM）是融合了因素分析和路径分析的多元数据分析的重要工具，是一种建立、估计和检验因果关系模型的方法。模型中既包含有可观测的显变量，也包含无法直接观测的潜在变量。SEM 综合多元回归、路径分析和验证性分析，用于检验复杂的理论模型，它可以替代多元回归、路径分析、因子分析、协方差分析等方法，清晰分析单项指标对总体的作用和单项指标间的相互关系。本研究采用结构方程技术对测量问卷的信度、效度进行检验，分析胜任力、组织激励与中层管理者工作绩效等构念间的相互关系，并检验胜任力在组织激励和工作绩效之间的中介效应。

（6）人工神经网络法。人工神经网络（Artificial Neural Network，ANN），简称神经网络，是一种模仿生物神经网络的结构和功能的数学模型。人的神经系统通过"学习"输入和输出的信息，构建由大量简单的神经元彼此按照某种方式互联而成的复杂网络系统组成一个"黑匣子"，输入和输出之间不是简单的线性关系，而是具有非线性特征的，尤其适合处理需要同时考虑诸多因素和条件的、不确定的或者模糊的信息处理问题。神经网络作为一种非线性数据建模工具，常用来对输入和输出间复杂的关系进行建模。由于人工神经网络具有自学习、联想存储和高速寻找优化解等特征，在处理数据时具有较多优势，特别是人工神经网络模型不需要对变量之间的关系以及测量方法进行严格的假设，只需要对结构进行约束，也并不需要将模型中的所有节点全部连通。因此，本研究采用人工神经网络方法对基于结构方程模型获得的结果进行稳健性检验，如果应用人工神经网络数据处理程序也能得到与结构方程模型相一致的结果，就可以增强结构方程模型因果关系的可信度。

1.4　研究思路与技术路线

1.4.1　研究思路

本研究基于职业生涯管理理论、胜任力理论、激励理论和内外因辩证原理，围绕影响企业中层管理者工作绩效的主客观因素，综合运用文献研究法、元分析方法、问卷调查法和结构方程模型等方法，沿着"问题提出—理论基础—胜任力结构的元分析—胜任力与组织激励对中层管理者工作绩效的作用机理分析与讨论—提升绩效的策略"的总体思路，对胜任力、组织激励如何作用于中层管理者工作绩效的问题进行深入探索。

第一，源于人才就是第一资源的人力资源政策及企业现实情况，结合文献分析提出研究的问题，从内因和外因两个方面探索影响企业中层管理者工作绩效的因素。接着对相关研究现状进行梳理和综述，找到研究的切入点。同时把职业生涯管理理论、胜任力理论、激励理论和内外因辩证原理作为本研究的理论基础。

第二，采用元分析方法，全面系统整合众多学者对胜任力的观点与研究成果，得出一个较为一致的企业中层管理者胜任力结构模型，提炼出中层管理者胜任力的三个构成维度，阐释胜任力三个维度的内涵。

第三，结合文献，梳理出胜任力、组织激励和工作绩效两两之间的关系，继而从内因和外因的角度，提出胜任力、组织激励对中层管理者工作绩效作用机理的理论模型。

第四，以企业中层管理者为研究对象进行访谈和大规模调研访谈，检验胜任力、组织激励对中层管理者工作绩效的作用机理，并基于胜任力中介效应模型，探索胜任力三个维度在组织激励和中层管理者工作绩效间的中介效应表现。

第五，根据理论研究和实证分析的结果，就如何提升企业中层管理者工作绩效，从个体和组织角度提出可持续发展的策略与建议。

1.4.2 技术路线

研究的具体技术路线如图 1.1 所示。

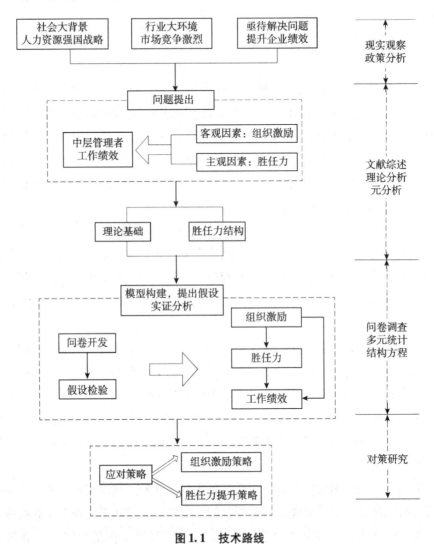

图 1.1 技术路线

1.4.3 研究框架

本研究共分为七章，各部分的具体内容如下。

第1章，绪论。描述研究背景，提出研究问题，阐述研究意义、研究内容与研究方法，提出研究思路、技术路线、论文框架及主要创新点。

第2章，理论基础。首先阐明本研究所依据的理论基础，主要介绍职业生涯管理理论、胜任力理论、激励理论和内外因辩证原理，揭示所要研究的核心问题的理论渊源，为研究打好坚实的基础。其次对本研究相关的关键概念进行内涵界定，包括企业中层管理者、胜任力、组织激励和中层管理者工作绩效。最后分别对组织激励、胜任力和工作绩效的现有文献进行回顾、梳理和评析，再次明确本研究的研究方向和研究重点。

第3章，中层管理者胜任力模型的构建。本章通过元分析方法，整合多项研究成果，定量回顾和综合分析众多研究者对企业中层管理者胜任力结构的研究成果，总结出一个较为统一的胜任力结构模型。以期刊电子数据库检索为主，收集相关文献，以纳入元分析文献的标准为依据对收集的文献进行筛选得到可用于元分析的文献，对符合标准的文献进行数据处理，获得企业中层管理者胜任力的三个维度，分别为人力资本胜任力、社会资本胜任力和心理资本胜任力，深入阐释每个维度的内涵，初步确立中层管理者胜任力的三维结构模型。

第4章，胜任力、组织激励对工作绩效作用的研究假设。本章主要分析胜任力与组织激励对中层管理者工作绩效的作用机理。在元分析整合获得的企业中层管理者胜任力结构的基础上，结合相关理论和文献，提出中层管理者工作绩效的构成要素，组织激励对中层管理者工作绩效影响的假设，胜任力三个维度对中层管理者工作绩效作用的假设，组织激励对胜任力三个维度的影响假设，胜任力三个维度在组织激励与中层管理者工作绩效间的中介效应假设。进而初步建构胜任力与组织激励对中层管理者工作绩效作用的理论模型。

第5章，组织激励、胜任力对工作绩效作用的研究设计。首先，本章介绍问卷调查方法及问卷的设计流程。其次，借鉴现有文献中相关的成熟量表，结合元分析结果和企业中层管理者的特性，对胜任力三个维度、组织激励以及中层管理者工作绩效各个变量确定合适的测量题项，遵循问卷设计原则形成初始测量问卷。得到初始问卷之后，通过个人访谈对其进行修订，以保证问卷的内容效度，以便充分反映中层管理者的特点。在此基础上，进行小样本调研和个人访谈，根据信度、效度分析结果对初始测量问卷有关题项进行修正完善，形成正式测量问卷，并进行正式研究的数据收集工作。

第 6 章，组织激励、胜任力对工作绩效作用的假设检验。对正式调查获得的 318 份有效样本进行信度、效度和共同方法偏差检验，阐述描述性统计和相关性分析结果。采用结构方程模型技术，对变量构念间的假设关系进行检验，验证第 4 章构建的理论模型和假设；同时采用人工神经网络方法对研究结果进行稳健性检验，并对分析结果进行阐述和解释。

第 7 章，结论与对策建议。对本研究结论做进一步梳理和分析，根据研究结论，分别从组织激励和中层管理者胜任力两个层面探讨提升中层管理者工作绩效的策略，为企业制定科学有效的提升中层管理者工作绩效的对策提供借鉴。阐述本研究可能的理论贡献和实践意义，回顾本研究的不足，展望未来研究的方向。

1.5　主要创新点

本研究聚焦企业中层管理者，开展特定群体组织激励、胜任力对工作绩效影响的作用机理研究，是一大创新，也是一大难点。研究中的主要难点有：一是基于什么理论基础才能构建出符合这一群体特征的胜任力模型以及如何进行维度划分；二是因企业中层管理者日常工作繁重，很少有充分时间接受较长时段的访谈和问卷调查，并且中国人含蓄内敛的性格特征，使得访谈中能够获得真实想法比较困难；三是由于行业不同、区域不同、层次不同、年龄不同等因素影响，完成跨行业、跨区域的中层管理者胜任力研究非常不容易。因此，本研究在相关高校 MBA 机构的大力支持下，聚焦在读 MBA 学员中的中层管理者，有针对性地选择不同行业、区域、层次的人员开展研究，完成了既定研究任务。这一研究丰富和完善了组织激励、胜任力和工作绩效领域的成果，在实践上为提升和改善企业中层管理者工作绩效提供了思路。其主要创新点有以下四个方面。

首先，提出了在中国情境下企业中层管理者胜任力三维度结构模型，并开发了适宜的测评工具。目前学术界关于胜任力的内涵和结构并未达成一致，中国情境下胜任力研究缺乏完整的理论框架体系。本研究借助元分析的方法全面、系统地整合学者们的观点和研究成果，在此基础上得出中国情境下企业中层管理者胜任力模型，包括人力资本胜任力、社会资本胜任力和心理资本胜任力三个维度，并开发出适用于企业中层管理者的胜任力测量工具，拓展了胜任力模型的研究。

其次，以企业中层管理者为研究对象，探索其工作绩效的影响机制。虽然工作绩效的研究已经取得了诸多成果，但现有研究对象主要以普通员工为主，缺少对管理者特别是中层管理者的研究。中层管理者作为组织中高级管理者和基层员工的桥梁，在组织中发挥着承上启下的作用，其工作绩效的提升对于组织目标的实现具有重要作用，为此，本研究将研究对象聚焦在中层管理者，为企业中层管理者工作绩效的提升提供指导。

再次，将中层管理者胜任力三维度模型与工作绩效纳入同一框架，揭示了胜任力三维度对工作绩效的影响效应。关于胜任力的研究多集中于不同岗位胜任特征的识别和胜任力模型的开发，胜任力对组织绩效的影响，以及胜任力的相关维度对工作绩效的影响，对于胜任力与管理绩效或组织绩效等结果变量关系的探讨明显不足。本研究探索中层管理者胜任力三维度模型及其低阶因子对工作绩效的作用机制，从理论层面探讨胜任力与工作绩效之间的关系，丰富了胜任力三维度模型的应用。

最后，构建"组织激励—胜任力—工作绩效"模型，从内因和外因两个方面分析了中层管理者工作绩效的影响因素及作用机理。组织激励作为影响个体和组织绩效的重要因素，已经在学术界得到诸多理论和实证支持，但是现有研究大多停留在组织激励对工作绩效直接影响的层面，对两者之间的具体作用机制并不清晰。本研究将组织激励、胜任力和工作绩效整合到同一框架内，构建以胜任力为中介变量的中介作用模型，探索组织激励对工作绩效影响的多路径机制，深化了组织激励与工作绩效关系的相关研究。

1.6 本章小结

基于现实和理论背景，提出研究的主要问题，进而阐述研究意义。在此基础上，明确了研究内容与研究方法，提出了研究思路、技术路线、论文框架及主要创新点。

第 2 章　理论基础

2.1　相关理论基础

2.1.1　职业生涯管理理论

职业生涯管理理论是现代企业人力资源管理的重要研究内容之一，是企业协助员工制定、规划与控制个人职业生涯活动的一项理论。现代企业管理学将职业生涯管理看作是竭力满足管理者、员工、企业三者需要的一个动态过程。职业生涯管理理论有以下几种。

人职匹配理论，又称特质因素理论（Trait – Factor Theory），是最早的职业辅导理论，由美国波士顿大学教授弗兰克·帕森斯（Frank Parsons）于 1909年提出。该理论认为，每个人都有自己独特的个性特征，而每一种职业由于工作方式、环境、性质不同，对工作者的知识、技能、性格、心理素质的要求也不同，在进行职业指导和决策时，要根据一个人的个性特征选择与之相对应的职业种类，即进行人职匹配。帕森斯提出，职业指导可以分三步进行，第一步，测量和评价求职者的生理和心理特征，通过心理测量和其他测评技术，获得求职者身体健康、兴趣爱好、态度、价值观、性格气质等个人资料，通过访谈、问卷调查等方法获得求职者家庭背景、学业成绩、工作经历等情况。第二步，向求职者提供职业信息，分析各种职业对工作者的要求。第三步，进行人职匹配，帮助求职者选择符合其能力模型和人格特质的职业，以便在职业上获得成功。

职业性向理论，或称职业兴趣理论，由美国职业指导专家霍兰德（John

Holland）于 1959 年提出。职业性向是指一个人所具有的有利于其在某一职业方面成功的素质的总和。霍兰德认为工作者的人格（包括价值观、动机和需要等）、兴趣与职业成功密切相关，他提出了六种基本的"人格性向"，分别是实际性向、调研性向、社会性向、常规性向、企业性向、艺术性向，具有某种人格性向的人适合从事相应的职业。霍兰德认为，某种性向与自己越相似，则一个人在选择职业时面临的内在冲突和犹豫就越少。在此基础上，霍兰德编制了职业倾向（兴趣）测验，经过多年的发展，职业兴趣测验已在教育、培训、企业管理等领域有了越来越多的应用。

职业锚理论，又称职业定位理论，是由施恩（Edgar H. Schein）领导的研究小组对美国麻省理工学院毕业生的职业生涯进行研究从中演绎而来。职业锚指职业系留点或职业定位，是个人在工作中习得的工作经验和自身个性中能力、动机、价值观等相结合而形成的一种稳定职业定位，是人同工作环境互动作用的产物。职业锚强调个人能力、动机和价值观三方面的相互作用与整合。1978 年，施恩提出职业锚包括五种类型：自主型职业锚、创业型职业锚、管理能力型职业锚、技术技能型职业锚、安全型职业锚。在 20 世纪 90 年代，研究者又发现了三种类型的职业锚，即安全稳定型职业锚、生活型职业锚、服务型职业锚，职业锚增加到八种。适合于某种类型职业锚的人有其专门特征，如管理型职业锚的人追求并致力于全面管理，掌握更大的权利，承担更多的责任，升迁动机强烈，既能独当一面又能整合部门人力促成合作，并将公司的成功与否看成自己的工作，具有优越的管理才干。另外，施恩还推出了职业锚测试量表。这一理论可以帮助管理者进行价值观的自省，这些价值观无所谓优劣，但能让管理者更清楚地认识自己。

职业生涯发展阶段理论。学者们根据人的生命周期，将人的职业生涯划分为不同的阶段，每一阶段都有其不同的特征和相应的职业所要求的知识能力。比较有影响的理论主要有萨柏（Super）的生涯发展阶段论、莱文森（Levinson）的成人发展论、施恩（Schein）的生涯动态论。这些理论虽然各有差异，但本质上具有相似性。以施恩的生涯动态论为例，施恩（1978）将个人进入某一职业后的生涯发展分为四个阶段，每个阶段都各有其发展的重点，分别为：（1）进入阶段（entry stage），在此阶段的重点为选择合适的职业，规划未来的理想，并学习与工作有关的态度和价值观。（2）社会化阶段（socialization stage），此阶段要学习工作环境中各种正式与非正式的典章制度与礼仪。

（3）中年生涯阶段（midcareer stage），回顾个人过去的发展，确定自己的生涯定位，后期则开始为退休生活做准备。（4）晚年生涯阶段（late - career stage），在此阶段，个人退出劳动市场，放弃扮演工作的角色，并安排其他角色活动，完成个人生命历程。通过生涯发展阶段理论可以看出，职业生涯是持续变化且逐渐发展的，随着年龄的增长，身心逐渐成熟、经验与自我观念的成长，个人不断地适应工作环境并发展职业选择。

职业生涯管理理论发展的新趋势。在传统的职业生涯发展中人们主要关注的是个人既定的"兴趣、态度、特长、资源"等，以及职业本身的特点，关心的是"人和职业"如何"匹配、适应"，而不是锁定如何才能获得职业生涯的成功。然而，以知识和信息为主导的新经济时代的到来，特别是无边界职业生涯的兴起，追求职业生涯的成功业已成为人们职业生涯管理的出发点和归宿。因此，对职业生涯成功的研究将成为职业生涯管理理论研究的前瞻性问题。具体而言，我们应关注以下两个方面的问题。

（1）职业生涯成功新标准探索。

生涯成功是个人在投入工作职场后，经过不断的努力与奋斗而达成既定目标。大部分的学者在探讨生涯成功时，都会同时探讨二型式的生涯成功标准。二型式的生涯成功标准将生涯成功分为主观与客观方面，主观的生涯成功为个体对于个人工作或生涯的成功感觉、满意程度与正向心理，此类成功属于自我认知的主观判断（如生涯满意、工作满足等）；客观的生涯成功则为个体在生涯发展过程中的实际工作成就或成功经验，其可以代表个人工作成就的客观标准（如薪资的增加与职位的升迁）。

（2）职业生涯成功的影响因素研究。

国内外学者对职业成功的影响因素进行了探讨，综合现有的研究成果将其归纳为四个方面因素：一是心理因素，包括职业使命、自我效能、动机、人格特质等；二是能力素质因素，包括职业胜任力、专业知识、技能等；三是技巧策略因素，包括职业规划、目标设置等；四是组织和社会因素，包括种族、组织性质、规模绩效、社会资源等。以上四个方面的组织和社会因素是外在的环境和条件，属于个体职业成功的外生变量，而心理因素、能力素质因素和技巧策略因素是个体自身所具有的特征，属于内生变量。可见，在影响职业成功的因素中，个体自身的内生变量占据主要地位，是职业成功最重要的影响因素。

2.1.2　胜任力理论

胜任力模型在学术研究上主要以冰山模型（外显性和内隐性）和洋葱模型（从里到外层次结构）为理论基础。

斯宾塞（Spencer，1993）的著名的胜任力冰山模型显示了胜任力的要素与特性。冰山模型把胜任力形象地描述为漂浮在水面上的冰山，知识和技能是在水面以上的外显部分，而自我概念、特质和动机部分属于潜藏于水下的深层部分，如图 2.1 所示。

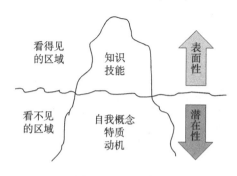

图 2.1　冰山模型

冰山模型指出了胜任力的五种形态：

（1）知识：指个人在某一特定领域拥有的事实型与经验型信息，这些信息使人能做某事。

（2）技能：指结构化地运用知识完成某项具体工作的能力。

（3）自我概念：指一个人的态度、价值观和自我印象，如自信、信仰。

（4）特质：指个性、生理特性对环境和各种信息所表现出来的持续反应。

（5）动机：指导人们行为的一致性意向或愿望，如具有成就动机的人会为自己设立挑战性的目标，赋予自己完成目标的责任感，并不断修正以求做得更好，它将驱动、引导和决定一个人的外在行动。

冰山水面以上的部分，如知识和技能是容易了解和测量的，相对来说也是容易通过培训、学习改变和发展的胜任特征；水面以下的潜在性胜任力，如动机与特质，是人内在的、不易测量的部分，它们不太容易通过外界的影响得以改变，适宜用甄选的方式获得。这些潜在胜任力不但与人们的工作或职位上的绩效表现有关，同时也可以影响或预测工作行为以及绩效表现。而自我概念，如态度、价值观与自信，因介于以上两者之间，虽然需要花费较多时间且较困难改变，但能够经由训练、心理治疗及正面发展经验而改变。

美国学者博亚特兹（Richard Boyatzis）对麦克利兰（McClelland）的胜任力理论进行了深入和广泛的研究，提出了"胜任力的洋葱模型"，展示了胜任力构成的核心要素，并说明了各构成要素可被观察和测量的特点。所谓洋葱模型，是把胜任素质比喻为洋葱，表现为由内到外层层包裹的结构，最核心的是个性与动机，然后向外依次展开为态度及价值观、自我概念、知识、技能。越向外层，越易于培养和评价；越向内层，越难以评价和习得，如图 2.2 所示。

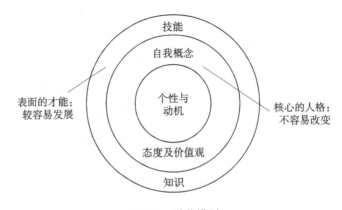

图 2.2　洋葱模型

洋葱模型的本质内容与冰山模型是一样的，大体上，"洋葱"最外层的知识和技能，相当于"冰山"的水面以上的部分；"洋葱"最里层的个性与动机，相当于"冰山"水面以下最深的部分；"洋葱"中间的自我概念与态度及价值观等，则相当于"冰山"水面以下浅层的部分。但洋葱模型对胜任力的表述更突出其层次性，由表层到里层，越来越深入。

冰山模型和洋葱模型为人力资源管理的实践提供了一个全新的视角和一种更为有利的衡量工具。其不仅指出了某种岗位的胜任力构成的核心要素，而且区分了表面的和潜在的要素，并对它们的取得方式进行了明确的说明，成为人员素质测评的重要依据。

2.1.3　激励理论

激励理论是关于如何满足人的各种需要、调动人的积极性的原则和方法的概括总结的理论。早期激励理论包括泰勒的科学管理、梅奥的霍桑实验及 XY 理论。而现代激励理论则分成三种类型：第一种为内容激励理论，主要包括马斯洛的需要层次理论、赫茨伯格的双因素理论、麦克利兰的成就需要理论；第二种为过程激励理论，包括洛克的目标设定理论、亚当斯的公平理论及伏隆的期望理论等；第三种为矫正型激励理论，包括斯金纳的强化理论；第四种为综合激励理论。本研究就目前学术或实践上较具代表性的激励理论简述如下。

（1）马斯洛的需要层次理论。马斯洛（1954）提出人类皆具有五种层级的需要，从低到高分别是：生理需要，如食、衣、住、行等，以维持身体基本生理需求；安全需要，以求保障身体及心理免于受到伤害；社会需要，希望被别人接受、肯定的团体关系；尊重需要，人类一旦进入团体中，会期望获得他人的认同；自我实现需要，人的潜能、智慧充分发挥出来，是人类的终极目标。当某层级的需要得到满足后将不再成为激励因子，下一层级的需要成为驱使人行动的力量。生理需要和安全需要在需要层次理论中属于较低层次的基本需要，当最低层级的需要被满足后，才能往更高层级的需要寻求满足，而社会需要、尊重需要和自我实现需要皆为高层级需要。

马斯洛需要层次理论对当前企业管理者激励制度建设具有重要启示，激励制度建设需体现多元化的阶梯型激励，且激励手段要体现动态化，以满足不同层次的人在不同发展阶段的需要，从而最大限度地发挥其工作的积极性。

（2）赫茨伯格的双因素理论。双因素理论（two factor theory）亦称"激励—保健理论"，由美国心理学家赫茨伯格于 1959 年提出。他调查了不同行业的大量员工后发现，员工对于工作中感到满足和不满足的因素不同，故认为影响工作满足与否涉及两个因素：激励因素和保健因素。激励因素，也称为内在因素，可以提供个人满足的事物多与工作本身相关，如认同感、责任、工作成绩的肯定、升迁等，当获得激励因素时员工能产生满足，但即使没有激励因素，也不会使员工感到不满足。保健因素又称为外在因素，此因素与工作本身无关，而与工作环境相关，如薪资、人际关系、公司政策、办公环境等，当公司提供保健因素时，员工并不会因此获得满足，但是公司若没有提供保健因素，员工必定会产生不满足。

赫茨伯格双因素理论虽然存在一些不足，但它对企业人力资源管理有很多的意义，可以为企业激励员工提供依据。首先，当获得内在激励时，员工能产生满足，这种满足是通过工作本身和工作过程而得到的。它能使员工对工作产生兴趣。这种激励措施虽然有时所需的时间较长，但是员工的积极性一旦被激励起来，不仅可以提高生产效率，而且能够持久，所以管理者应该高度重视并充分运用内在激励。其次，外在因素，如薪酬福利、公司制度、人际关系与员工所承担的工作没有直接的联系，这种满足虽然也能够显著地提高工作效率，但不容易持久。然而，公司若没有这种外在激励因素，员工一定会不满意，继而导致工作效率的下降。

（3）麦克利兰的成就需要理论。成就需要理论是研究人对成就需要的理论，是后期行为科学理论体系的重要组成部分。代表人物是美国的大卫·麦克利兰（David McClelland）。这种理论把人的基本需要分为成就需要、权力需要和情谊需要三种，其中成就需要对于个人、团体和社会的发展起着至关重要的作用。成就需要高的人一般都具有关心事业成败、愿意承担责任、有明确奋斗目标、喜欢创造性工作、不怕疲劳等特点。这种类型的人越多，企业成功的可能性就越大。成就需要可以通过行之有效的教育手段来培养。

麦克利兰的成就需要理论指出各种社会需要往往会对人们的行为共同起作用，而且会有一种需要对行为起主要作用。

（4）强化理论。强化理论历经了巴甫洛夫的经典性条件反射理论、桑代克的联结说和华生的刺激—反应理论，以及斯金纳在前两者的基础上提出的操作性条件反射强化理论，又称强化理论或矫正理论。该理论认为无论是人还是动物，为了达到某种目的，都会采取一定的行为，当行为的结果有利时，同样行为重复出现的可能性增大；当行为的结果不利时，这种行为出现的概率就会减少或消失，这就是环境对行为强化的结果。强化理论告诉我们，依照对象的不同需要采用不同的强化措施、把目标分解成步骤、及时反馈、以正激励为主。

（5）期望理论。伏隆（Vroom）（1964）认为人是理性的决策者，人类努力付出是因为认为投入的努力能使其得到所期望的报酬。此理论专注三个期望关系：努力—绩效的期望，指付出的努力能达成绩效目标的预期心理；绩效—报酬的期望，指达成绩效后能够获得特定报酬的预期心理；报酬—个体目标的期望，预期组织给予的报酬能实现个体目标的程度。因此，员工对于付出的努力愈多就愈能获得报酬，此期望愈大代表员工对工作愈会投入更多的努力，员工工作动机的大小程度是由来自其自身的期望高低决定的。

激励是一个十分复杂的问题，企业管理者在实施员工激励时，为了达到组织预期的目标，应制定弹性且多样化的激励措施，以应对在不同环境中具有不同需要和期望的组织成员，满足其生理及心理各方面的需求，促使员工发展预期的行为。物质的、精神的、内在的、外在的激励措施都是为了激发组织员工工作的动力，进而提高员工工作绩效与组织绩效。管理者要学会利用不同的激励理论，从不同的角度来解决激励的问题。

2.1.4　内外因辩证原理

根据马克思主义内外因辩证关系原理，内因是事物的内部矛盾。内因在事物发展中的作用如下：（1）内因是事物存在的基础。任何事物都是矛盾（对立统一）的载体，矛盾无时不有、无处不在，事物的内因也是内部矛盾的辩证统一。有了内部矛盾的存在才能称之为事物，是事物就一定存在内部矛盾。（2）内因是一事物区别于其他事物的内在本质。源于矛盾的特殊性，不同事物矛盾的特殊性也决定了事物本质属性的不同。（3）内因是事物变化的根据。矛盾是事物发展的动力，事物的内部矛盾运动也决定了事物的变化与发展，使事物的原有属性发生扬弃、发展。事物的内因为它的扬弃发展提供了基础与根据。（4）内因规定着事物发展的方向。（5）内因是事物发展的根本原因。外因是事物的外部矛盾。外因在事物发展中的作用如下：外因是事物变化的条件；外因能够加速或延缓甚至暂时改变事物发展的进程；外因是事物发展的第二位原因；外因必须通过内因而起作用。

从内外因辩证原理的角度，本研究中的胜任力是个体自身具备的内在特质，是内因。组织激励是组织施加给员工的激发其工作积极性的因素，属于外因。胜任力和组织激励都是个体达到目标行为的关键前因变量，共同对中层管理者的工作绩效产生影响。

2.2 核心概念界定

2.2.1 中层管理者

现代汉语词典对"管理"的解释是：某项工作使顺利进行，照管并约束（人或动物）。安德森（Anderson，1988）认为管理者是负责组织目标的设定，并且被赋予如何有效运用组织的各种资源的权力，从而达成其预先设定目标的人。管理学大师德鲁克在其《卓有成效的管理者》一书中指出，管理者是通过其职位和知识，对组织负有贡献的责任，能够实质性地影响该组织经营及达成成果的人。可见，管理者是利用自身和组织的各种资源，直接监督与指导他人活动，负责达成组织目标的人。与管理者最相近的一个概念是领导者，研究中将二者混淆的情况比较常见。有的研究者对领导和管理进行了区分，并且认为管理者和领导者所从事的活动有许多不同。但是很多时候，组织中的领导者也要从事管理性质的工作，管理者也会从事领导性质的工作，管理的功能与领导的职能有很多的重叠，所以管理和领导是两个互补的行动系统，他们对于当前商业组织的成功都很重要（Hamlin，2004）。管理和战略方面的权威亨利·明茨伯格（Henry Mintzberg）也强烈反对夸大领导者和管理者的区别，他写道："被一个不懂领导的人来管理，你会怎么样？那会让人很沮丧。那么为什么你会想让一个不懂管理的人来领导你呢？那是一种严重的分离；这种领导者怎么知道情况怎么样了？"因此，本研究对管理者和领导者不做区分，把它们看作相互通用的。

在组织结构中，管理者按其所处的层次不同分为高层管理者、中层管理者和基层管理者。本研究的研究对象是中层管理者，在管理层级中处在中间位置，在高层管理者和基层管理者之间起着沟通和桥梁的作用，既要起到上通下达、承上启下的作用，又要具有独当一面的能力。从工作内容方面来讲，中层管理者较少发挥领导决策的功能，较多从事的是执行工作。其工作任务是将上级所下达的工作任务目标分解并制订方案，指挥、组织部门员工执行实施，完成目标。从职责方面来讲，中层管理者既要对高层管理者负责，完成其布置的工作任务，也要面对下级，调动下级工作的积极性，与下级更好地沟通，指挥和领导下级进行团队合作，完成部门工作目标。此外，还要与其他利益相关者建立良好的关系和沟通渠道，以达到组织的协调，便于工作的开展。为此，处理好各方面的人际关系对其而言尤为重要。

根据中层管理者在组织中所处的层次与职能，本研究把中层管理者界定为负责落实高层管理者设定的目标、政策，并将其转化为可执行的方案与程序，指挥、组织基层管理者或部门员工完成具体的任务和行动的管理人员。

2.2.2 中层管理者工作绩效

绩效，据《辞海》注解，绩：功业、成绩（完成的工作内容）；效：效果、功用（完成工作产生的后果）。"绩效"一词是专家学者从美国引进的，原文是"performance and results"（表现和结果），绩就是表现，效就是结果。

绩效的概念具有不同的层次。Spangenberg 指出了绩效的三个层次：组织、团队和个人，本研究针对个体绩效展开研究。学术界对个体绩效的内涵存在不同理解，焦点在于绩效是结果还是行为。

早期学者们认为绩效就是行为的结果或行为的有效性，把绩效同任务完成情况、目标完成情况、结果、产出等同起来。例如，Kane（1976）认为绩效是员工在某个特定时间内执行工作时所达成的结果的记录，French 和 Seward（1983）强调绩效是一项行动方案达成目标的程度，而 Bernardin 和 Beatty（1984）则将绩效定义为在特定时间内的特定工作职能、活动或行为产生的结果。随着研究和认识的不断深入，以结果为导向的绩效定义逐渐被多数学者摒弃。因为以结果来评价绩效导致评价主体只关注企业的短期行为和近期目标，而忽略了企业生存发展的长期战略和远景目标，这样的一种"绩效是行为的结果"的观点在实践中带来的危害是非常大的。因此，这种观点并没有得到大多数人的认同。

此后，人们转而专注绩效是行为本身的观点，Murphy（1989）认为工作绩效应该根据行为而非行为的结果进行定义，并将工作绩效定义为与组织目标相关联的行为。Campbell（1990）指出绩效是行为本身，而非行为的结果。进一步地，Campbell 等（1993）在其研究中将绩效定义为"人们实际的行为表现并且能够被观察到，由个体控制下的与目标相关的行为或行动，不论这些行为是认知的、生理的、心智活动或人际的"。Borman 和 Motowidlo（1997）指出行为是人们工作时的所作所为；绩效是指行为的预期组织价值，这些行为对个人或组织效率具有积极或者消极作用。Motowidlo 进而将绩效定义为个体在一个标准时间区间内从事的对组织有预期价值的所有不连续的行为事件。一般而言，绩效与个人认清其工作目标、满足期望以及实现工作目标和/或完成其组织设定的标准的能力相关（Bohlander et al.，2001；Mathis & Jackson，2002）。

当然，在绩效是结果还是行为的分歧中，也有学者对其进行了综合，认为绩效"既是结果也是行为"，绩效包括行为和结果两个方面。Viswesvaran 和 Ones（2000）指出，工作绩效指的是个人如何有条不紊地采取行动并参与符合组织目标的行为和结果。Mensah（2015）倾向于将绩效定义为员工对组织绩效的积极贡献。

一般来说，工作表现可以从行为和结果两个方面来看，前者（即行为方面）着眼于员工在工作中做了什么（例如房屋销售的宣传次数），后者（即结果方面）看重此类行为的"结果"（例如所产生的销售价值），因此，这两个方面并不相互排斥，只是不同的概念所使用的测量参数不同。本研究在文献分析基础上，结合《辞海》对工作绩效的解释，把中层管理者工作绩效界定为中层管理者为了完成组织目标，在特定时间内的特定工作职能、活动过程、行为方式和结果。

2.2.3　胜任力

自从麦克利兰提出胜任力的概念以来，学术界关于胜任力的定义尚未达成共识。代表性的观点如下：麦克利兰（1973）将胜任力定义为与工作或工作绩效或生活中其他重要成果直接相似或相联系的知识、技能、能力、特质或动机。Boyatzis（1982）把胜任力定义为个人具备的影响及导致个人在工作上表现更好、更有效率及成果的关键基本特质。Spencer（1993）将胜任力定义为任何可以被可靠测量或计数的并且能显著区分某一工作（或组织、文化）中优秀与一般绩效的个体的特征，包括动机、特质、自我形象、态度或价值观、某领域知识、认知或行为技能等。Green（1999）指可测量的、有助于实现任务目标的工作习惯和个人技能。仲理峰和时勘（2003）认为胜任力是能把某职位中表现优异者和表现平平者区别开来的个体潜在的、较为持久的行为特征。彭剑锋和荆小娟（2003）指出胜任力是驱动员工产生优秀工作绩效的各种个性特征的集合，反映了员工的知识、技能、个性与内驱力等。

学者对胜任力（competency）概念的含义有不同理解和表述，但大体上可以归为三类：一类强调胜任力是个体的"潜在特质"；另一类强调胜任力是个体的"显性行为"；还有一类强调合二为一，认为胜任力是个体"潜在特质和显性行为"的组合。虽然学者们对胜任力的内涵没有达成共识，但在胜任力的三个基本特征上达成了初步的一致：胜任力与任务背景相关联；具有动态性；胜任力与工作绩效密切联系，可以用来预测员工的工作绩效，利用胜任力这一概念可以区分工作业绩突出者和一般者。

基于此，本研究将胜任力定义为中层管理者为有效达成高水平的工作绩效，在执行职务时所具备的外显行为与潜在特质的综合。

2.2.4　组织激励

激励是个人内部的某种驱动力，通过这种驱动力，个体试图达到特定的目标，以满足某种需要或期望。人类每一次行动背后都有驱使其进行活动的力量，以确保满足人的特定需要。美国管理学家 Berelson 和 Steiner（1964）认为："一切内心要争取的条件、希望、愿望、动力都构成了对人的激励，它是人类活动的一种内在状态。"在管理学中，激励是指激发和鼓励员工朝着组织所期望的目标表现出积极主动的、符合要求的工作行为。管理者可以借由合适的激励措施激发个人潜在的能力，去达成组织所设定的目标。通过外在环境及条件的刺激，导致个体行为的激发、引导和维持，进而推动个人对组织目标努力，以满足个人内在的需求，称为激励（Robbins，1992）。在组织环境中，管理必须为员工提供行为的动力，激发他们的内在潜力，调动员工工作的积极性和创造性，这就是组织激励的过程。

本研究立足于企业，探讨应如何更有效地激励中层管理人员这一问题，对"激励"的理解主要着眼于管理学视角，倾向于选择基于外部环境对个体行为的影响来阐释对中层管理者实施组织激励的内涵。本研究将组织激励定义为组织通过内在、外在的条件刺激中层管理者并鼓舞其心志，使其需求得到满足从而采取行为并持续努力，以达成组织目标。本研究从外在激励和内在激励两个维度对组织激励因素进行测量，外在激励因素包括薪酬福利、培训学习、管理制度、人际关系、工作条件等方面，内在激励因素包括工作自主性、岗位适配性、工作成就、职位晋升、工作认可、能力展现、工作挑战性七个方面。

2.3　国内外研究现状

2.3.1　胜任力研究综述

胜任力研究的起源通常归功于麦克利兰（1973）的工作，麦克利兰批评传统的智力和人格特质测试无法有效预测和捕捉教育背景以外的表现，主张用胜任力取代智力，以有效地将绩效良好者与绩效不良者区分开来。他把胜任力定义为能够区分在特定的工作岗位和组织环境中绩效水平的个人特征，并设计了一套外交官胜任力指标体系，奠定了胜任力研究和应用的基础。随后，人们逐渐用胜任力代替传统的智力测验来评价员工是否胜任某种岗位。纵观近三四十年来的文献，胜任力的研究可以分为两个阶段。

第一阶段是从胜任力概念的提出到2005年前后，主要集中在胜任力与胜任力模型的内涵及建构、胜任力与绩效的关系、胜任力培训等方面。

在过去的30年中，学者们对胜任力的理解还存在一些争议（见表2.1）。综合已有研究可以发现，关于胜任力内涵的认识主要集中在两种观点取向上：一是特征观。这种观点认为胜任力是个体所具备的与工作和绩效相关的潜在个性特征，强调从人的潜在个性特征的角度去识别胜任力，包括知识、能力、技能、态度、信仰、动机等等，这些潜在能力可以使个体有效地完成工作任务，能够区别工作表现优秀者和一般者。二是行为观。这种观点将胜任力看作个体在某种情境下的行为，着重从人外显的行为来研究胜任力，将行为看作特定情境下对知识、技能、态度、动机等的具体运用的表现形式。通过可以观察到的行为指标来反映胜任力，因此胜任力是可以通过行为表现来度量的。

表2.1　胜任力的定义

来　源	定　义
McClelland（1998）	与工作或工作绩效或生活中其他重要成果直接相似或相联系的知识、技能、能力、特质或动机

来　源	定　义
Boyatzis（1982）	一个人所具备的某些基本特质，而这些基本特质是导致及影响个人在工作上能表现出更好、更有效率及成果的关键基本特质
Spencer（1993）	能将某一工作（或组织、文化）中有卓越成就者与表现平平者区分开来的个人的深层次特征，它可以是动机、特质、自我形象、态度或价值观、某领域知识、认知或行为技能任何可以被可靠测量或计数的并且能显著区分优秀与一般绩效的个体的特征
Boyatzis（1994）	胜任力是与绩效相关的个体的潜在特征，可能是动机、特质、技能、自我形象或社会角色方面
Mirabile（1997）	胜任力指与高工作绩效相关的知识、技能、能力或特征
Green（1999）	指可测量的、有助于实现任务目标的工作习惯和个人技能
Parry（1996，1998）	影响一个人工作表现的相关知识、态度和技能的集群，可以根据公认标准衡量，并且可以改进，通过培训得到发展
Mansfield（1996）	员工有效工作所需要的技能和特质
Athey & Orth（1999）	一组可观察的表现维度，和高绩效相关联，包括个人的知识、技能、态度和行为以及团队合作和组织能力，可以为组织提供可持续发展的竞争优势
Catano（1998） Soderquist et al.（2010）	有效或成功工作的知识、技能和能力；可观察、可衡量，并能区分绩效优异和普通者
Jorgen（2000）	胜任力是指在工作中所使用的知识和技能
UNIDO（2002）	一组与知识和特征相关联的技能，允许个人在特定职能或工作中成功地完成任务或活动
王重鸣（2002）	胜任力是导致高管理绩效的知识、技能、能力以及价值观、个性、动机等特征
仲理峰、时勘（2003）	是能把某职位中表现优异者和表现平平者区别开来的个体潜在的、较为持久的行为特征
彭剑锋、荆小娟（2003）	胜任力是驱动员工产生优秀工作绩效的各种个性特征的集合，可以通过不同方式表现出来的员工的知识、技能、个性与内驱力等
Tobias & Dietrich（2003）	在各种情况下相对稳定的知识、技能和能力等各种个人特征
Bartram（2005）	有效完成工作的、有助于达到结果的一系列行为特征
Hayton & McEvoy（2006）	技能、态度和行为的组合，使个人或组织轻松地、高水平地执行任务

续表

来　源	定　义
Chen & Naquin（2006）	与工作相关的个人潜在特征（例如，技能、知识、态度、信仰、动机和特征），与绩效关联
Belkadi et al.（2006，2007）	不仅仅专注于知识或技术技能，还包括社会成功运作所必需的沟通或语言技能
赵曙明等（2007）	个人所具有的对工作绩效有显著贡献的一系列特质。企业经营者胜任力：从事企业经营管理工作的人应当具备的能够为企业创造高绩效的心智模式、价值观、个性、兴趣，以及能够使其胜任岗位的知识、技术、能力等
Sampson & Fytros（2008）	是一组人员在特定工作中完成活动所需的知识、技能和态度
Campion et al.（2011）	有效完成工作中所需要的知识、技能、能力和其他特征
Vatankhah Barenji et al.（2013）	企业内部存在三类胜任力：个人胜任力、企业胜任力和以协作为导向的胜任力
ElAsame et al.（2018）	人们为了在某个特定情境中进行活动所获得的或需要获得的一组个人特征（技能、知识、态度等）

　　虽然学者们在胜任力的内涵上众说纷纭，但对胜任力模型的定义则相对较为统一。胜任力模型是指担任某一特定的任务角色或从事某一特定岗位所需要具备的胜任力的总和。国外对胜任力模型的研究一开始主要集中于管理者。第一阶段的胜任力模型关注的是通用胜任力，即根据岗位特征和要求识别岗位所必需的胜任能力。Boyatzis（1982）被认为是胜任力研究的前驱，他通过对美国 12 家企事业单位不同岗位的 2000 多名管理人员进行调查，提出了包含目标与行动管理、领导、人力资源管理、指导下属、关注他人和知识六方面胜任特征在内的管理者胜任力通用模型。Yukl（1989）将管理者工作划分为技术技能、人际交往技能和概念技能三种类型，这种划分与 Katz 1974 年提出的管理者应具备的三种技能——专业技能、人际技能与观念技能不谋而合。Sandwith（1993）以胜任特征理论为基础总结出组织中的管理人员需要具有的五项基本胜任力，包括概念化与创造性、领导力、人际技能、行政管理和技术。Careless 等（1997）对澳大利亚管理咨询机构的管理咨询活动进行了研究，发现他们用于评价管理人员的工作胜任力包括决策能力、人际技巧、计划能力和组织能力等。McCredie 和 Shackleton（2000）通过实证分析得到了金融组织中管理

者的通用胜任力的四个维度，分别为结果定向、智力、人际能力、韧性和适应力。Schneider 和 Albornoz（2018）为了解企业家胜任力，提出了一个企业家胜任力的通用模型。该模型包括自我和个人工具两个方面，自我包含自我主体、自我客体、特质倾向、适应和认同；个人工具包括技能和知识。Dzwigol 等（2020）构建了在工业 4.0 下管理者胜任力评价模型，提出了一种利用模糊逻辑工具箱对管理者的能力进行评估的方法。Xiao 等（2019）通过数据收集、分析和验证，运用行为事件访谈法确定了房地产项目经理的胜任力，初步建立了房地产项目经理的胜任力模型，该模型包括特殊胜任力和基本胜任力，特殊胜任力包括专业精神、结构思维、控制能力、整体观和沟通管理，基本胜任力包括团队精神和经验。

随着胜任力影响的扩大和理论发展的深入，胜任力模型研究也扩散到了其他各个行业，胜任力研究进入第二阶段（2006 年至今），侧重点在于"不同部门胜任力是什么及如何培养"。该模型逐渐在医院、企业、学校、公共管理部门等其他行业发挥作用。

胜任力研究进入国内学者视野是在 1982 年，之后二十多年仅有零星研究。该领域研究的一个关键时间点是 2003 年。从 2003 年开始，胜任力研究开始稳步逐年增加。学者对胜任力模型（胜任特征模型、胜任素质模型、能力素质）的研究居于主要地位，其中对岗位胜任力的研究是一个重点。近年来，伴随着国有企业改革和管理创新及民营企业的发展，学术界和企业逐渐开始关注管理人员的胜任力问题，在这方面进行了一些有意义的探索和实践。时勘（2017、2014、2009、2007）把胜任特征作为一个重要课题，进行了一系列相关的理论和实证研究，涵盖了不同行业、不同岗位人员的胜任特征，如企业高层管理者、企业基层管理者、政府公务员的管理胜任特征，刑警的胜任特征、纪委监察干部的行为胜任特征。王重鸣（2002）在理论分析、访谈及文献研究的基础上编制了管理综合素质评价量表，运用此量表调查了 100 名企业的中高层管理者，采用结构方程模型检验不同管理岗位（正职和副职）的胜任力特征。结果表明，对于正职和副职来说，胜任力特征结构由管理素质和管理技能两个维度构成，这表明不同层次管理者在胜任力特征上具有共性，但在维度要素及其关键度上，职位层次间存在显著差异。苗青和王重鸣（2003）从胜任力角度出发，以企业绩效为导向，整合基于企业竞争力的企业家胜任力模型，该模型提出机遇、关系、概念、组织、战略和承诺六大胜任力因素，并主张用企业家胜任力来预测长期绩效。顾琴轩等（2001）以企业中层管理者为对象，提出了痛恨官僚主义、创新、战略性思维、授权等 19 个维度。宋婵蓉（2003）总结出中层管理者胜任力的 10 个特征因子是领导、影响力、洞察力、公正守信等。肖凌等（2006）的研究指出银行中层管理者胜任力包含市场应变能力、领导力、人力能力、个人特质、规范管理等。吴双（2006）研究了国有企业中层管理人员胜任力结构，提出了领导与团队管理、决策能力、个人品质、开拓进取精神、战略思维、目标导向六个因素。这些研究都是在企业工作背景下胜任力模型构建的有效尝试，为管理职位的测评选拔提供了新的理论依据。

近几年胜任力研究已经扩展到教育、医疗、科技、金融等各个行业。鲁娟等（2019）在梳理医学教育改革历程的基础上，结合我国医学生培养现状、问题及医学生素质要求，对既往各种岗位（医生、医疗管理者、医学生）胜任力模型进行了比较，为进一步提高医学人才培养质量效益提供参考标准和依据。张亚新（2020）在国内外信息技术教师胜任力评价指标体系及胜任力模型分析的基础上，运用层次分析法构建中小学信息技术教师胜任力评价指标体系，并以洋葱模型为原型，构建出中小学信息技术教师胜任力模型。代静（2020）从研究成果数量、研究年代、研究成果类型、研究方法、研究内容及研究对象六个方面对我国高校教学胜任力及教学胜任力研究现状进行梳理及比较分析，揭示当下高校教师教学胜任力研究规律，为未来进一步深入研究提供了参考。张林红（2020）就胜任力模型在高职院校人力资源管理中的应用可能进行了探讨。刘涛（2020）以胜任力模型为基础进行人力资源管理创新，建立基于胜任力的人员选拔、激励机制、培训模式、目标管理制度、薪酬体系，为国有企业人力资源管理的各项职能提供了新的切入点。胜任力模型也被认为是支撑市场营销专业人才胜任工作岗位的重要保障之一，刘培艳（2020）以培养实战应用型和外向综合型相结合的应用型人才为目标，提出构建"互联网＋胜任力"时代下的市场营销专业胜任力模型。Göleç & Karadeniz（2020）提出基于胜任力的管理绩效评价模糊模型，用于衡量供应链管理的绩效，从而促进医疗体系努力提高运营效率和降低成本。

国内的胜任力特征研究通过引入、借鉴国外的理论成果逐步发展起来，至今尚未形成系统的理论体系，也没有达成一致的结论，相关理论在实践中的应用仍处于初级阶段，为后续研究提供了一定的基础和宽阔的空间。近年来，涌现出情绪胜任力、创业胜任力、团队胜任力、文化胜任力、逆境胜任力等研究领域，说明其研究领域不断向多元化发展。

2.3.2 组织激励研究综述

激励，在英语中对应的单词为"motivation"，也可以译为动机，这个词来自拉丁语"movere"，意思是"转移"或"推"。Robbins 和 Coulter（2014）将激励描述为一个人为实现目标充满活力、确定方向和持续努力的过程。Sansone 和 Harackiewicz（2000）将激励定义为指导行为的内部机制。根据格林伯格（Greenberg）的说法，激励的定义可以分为三个主要部分：第一部分着眼于处理内驱力的唤醒，即个人行动背后的能量。激励主体通过运用某些手段或方式使激励客体在心理上处于兴奋和紧张状态，这种心理状态能激发其产生某种行为动机。第二部分是指人们做出行动的选择并指导他们行为的方向，被激发的行为是某种特定的行为。这种行为具有一定的目的性。第三部分是维持行为。激励不仅激发人们产生某种行为，同时能使人们保持这种行为，坚持不懈地努力实现目标。

从当前组织激励的研究成果来看，学者们的关注点包括三部分：一是激励理论。不同的激励理论（例如内容理论和过程理论）描述了为什么以及如何激活和指导人类行为。这些动机理论在第三章中会进行详细介绍。二是探讨组织激励的分类及其属性。这有助于开拓组织绩效前因变量研究。三是对激励效果的实证研究。它揭示组织激励和个体绩效、工作满意度以及组织绩效的关系。下面重点综述二、三部分的研究成果。

1. 激励的分类及其属性

现有文献大体将激励方式划分为三类：激励因素和保健因素、内在激励和外在激励、物质激励和精神激励。以下对相关研究做简要梳理和回顾。

最早把激励分为激励因素和保健因素并进行研究的学者是美国行为科学家弗雷德里克·赫茨伯格（Fredrick Herzberg）。赫茨伯格及其同事就影响员工工作满意度的因素展开调查，结果发现与工作相关的因素如工作认可和赏识、成长与发展的机会、工作责任和成就等使职工感到满意，赫茨伯格称这些因素为"激励因素"，对于激励员工起着至关重要的作用。而与工作并没有直接关系的因素，如管理政策、工作环境、工资与福利因素会影响员工的满意度，但并不产生直接的激励作用，被称为"保健因素"。此后，国内外许多学者沿着赫茨伯格对激励的分类框架对不同的研究对象进行了研究（Shazali et al.，2018；Drews，1977；Hur，2018；刘百灵等，2017）。他们的研究结果与赫茨伯格基本一致。但也有的研究结果与赫茨伯格有出入，杨东进和冯超阳（2016）以"80后"员工为研究对象，通过问卷调查、探索性因子分析和验证性因子分析，提取并验证组织激励的15个因素。其中，加薪、升职、培训和学习机会、领导认可和赏识等属于激励因素，同事关系、赏罚制度、领导能力、假期、工作配合与协调属于保健因素。

Deci（1975）最早提出了外在激励（extrinsic motivation）和内在激励（intrinsic motivation）的划分，内在激励是指通过活动本身而得到的乐趣或成就感等来满足内在需要的手段和策略，如活动本身有趣、活动能体现个人价值、活动具有自主权。而外在激励是指与工作本身没有直接关系的奖赏，如职务晋升、增加薪酬、表扬等。内在激励是出于对活动的好奇、兴趣、探索、挑战而产生的发自内心的一种激励力量，完成活动后会产生胜任感、成就感、光荣感等。外在激励是个体为获得活动的某项结果才去行动。外在激励发挥着活动与结果（如物质奖励）之间的工具性作用（Ryan & Deci，2000；Gagné & Deci，2005）。Suwatno（2011）发展了Deci的激励分类，认为激励来源可以分为两类，即内在激励和外在激励。Suwatno解释说，内在激励是一种不需要来自外部刺激的积极动力，它源于人做事情的内在愿望，内在激励从所从事的活动开始并在内心冲动的基础上传递，与活动密切相关。这种类型的激励是个体内部基于自我意志而不受其他人的强迫而产生的。Suwatno进一步解释说，外在激励是由来自外部的刺激而变得活跃和行动的动机，这种动机形式基于外部刺激而发起和传递与自身无关的冲动，它是由外部影响而产生的。直至现在，这种内在激励和外在激励的分类方式，仍在国内外的激励研究中可以看到（Kuvaas et al.，2017；刘广等，2019）。

学者们对内在激励和外在激励所包含的维度进行了积极探索。Deutsch（1965）经过实地观察与面谈认为有六种工作特性可以使得员工的工作具有激励作用，这六种必要的工作属性为：变化性、自主性、必要的互动、必要的知识与技能及责任；Hackman等（1975）在其提出的工作特征模型中指出了影响激励水平的五个核心工作特征，包括：技能多样性、任务一致性、任务重要性、工作自主权和工作反馈。李林等（2004）对Hackman经典的五因子工作特征模型进行了丰富和发展，增加了学习和发展、工作支持、工作和谐性三个反映知识型工作的特征；张伶和张正堂（2008）基于对知识员工的特性分析，提出内在激励因素，包括工作自主权、上级支持、晋升机会以及人与组织匹配等四个方面。刘广和虞华君（2019）对高校教师的激励进行实证研究，EFA研究结果表明：外在激励包括薪酬激励、考核激励和晋升激励；内在激励包括创新激励、成就激励和社交激励。

学者们通过研究认为：外在激励作为工作环境中最常用的人力资源管理实践措施，是可以有效激发员工产生组织所期望的行为，进而引导员工为实现企业目标贡献自身价值。外在激励的表现形式是多种多样的，既可以是经济方面的，如奖金、分红、升职等，也可以是非经济方面的，如互惠、良好的人际关系等（Ko et al.，2005）。也有很多学者将交易奖励和关系奖励划归为外在激励（Baer et al.，2003；Gagné & Forest，2008；Joshi，2016）。Tyagi（1990）则扩展了外在激励包含的因素，他以销售人员为对象，将其外在激励划分为金钱奖励、任务分配、主管行为、晋升和认可五种类型并进行了研究。Amabile等（1994）在其开发的工作偏好量表（Work Preference Inventory，WPI）中表示内在激励包括自我决定、胜任力、任务融入、好奇心和兴趣等内容，外在激励包括评价、认可、竞争、金钱和其他有形刺激物等内容。Adithipyangkul（2018）基于178家澳大利亚上市公司数据的调查结果，研究了非执行董事的薪酬激励对公司业绩的影响。Khern等（2018）在自然实验的背景下研究货币激励对在线评论的影响。

还有的学者根据激励载体的形式分为物质（实物）激励和精神激励两类，如 Urbanski（1986）将奖励分为包括金钱、旅游制度、奖品在内的实物奖励和精神奖励，如表扬。Abratt 和 Smythe（1989）提出了货币性奖励和非货币性奖励。Greenberg（1990）指出物质性鼓励、社会性鼓励和活动性鼓励三类。李垣和刘益（1999）将组织激励划分为三类：有形物质财物、无形情感信息和成文规章制度。俞文钊（2006）提出了物质激励和精神激励两种激励模式来鼓励员工工作。孙国学（2010）强调对于知识型员工来说，精神需要能最大限度地激发其内在潜能，包括挑战性的工作、知识需求、工作自主性等。董克用（2013）指出通过物质鼓励和精神鼓励实现对人才的激励，并强调精神激励重点在于给予人才恰当的使命、压力、机会、荣誉以及沟通。马喜芳等（2018）在研究中将激励划分为物质激励和发展激励，其中，发展激励即精神激励，如关心员工成长、信任与尊重员工。这种分类方式尤其适用于学历水平较高的知识型员工和研发人员，他们更看重精神激励方面。学术界认为，现代企业为达成战略目标，其成熟的激励体系不仅应当包括薪酬、福利等物质激励，还应当借助组织授权、员工尊重、为员工提供更好的职业发展等非物质激励手段。这种激励类型的划分多在理论层次进行探讨，由于测量工具的局限性，在实证分析上的研究结论相对较少。

2. 激励效果的实证研究

通过梳理文献发现，激励与其他变量的关系研究多把激励作为前因变量探讨企业高层管理人员的激励对企业绩效的影响，以及激励因素对员工态度、工作绩效和创新绩效的影响作用。

大多数国外学者实证分析得出企业绩效与高层管理人员报酬、持股之间存在着显著正相关的结论。而国内的此类相关研究得出的结论并不完全一致。魏刚（2000）、李增泉（2000）等对上市公司高级管理层激励与企业业绩之间的关系进行探索，结果显示我国上市公司高级管理层激励效果不显著，高管的年薪和持股数量与公司绩效不存在显著的正相关关系。王红等（2014）、张晖明和陈志广（2002）以上市公司为样本分析了管理层激励与公司绩效之间的关系，结果显示，管理者的年度报酬与公司绩效呈现显著正相关关系；管理层的股权激励与公司绩效呈显著正相关关系，表明管理层激励机制确实能促进上市公司绩效的提高。朱德胜和岳丽君（2004）的研究结果显示小型公司的管理者薪酬变动与主营业务收入具有较显著的相关性，具有一定竞争性行业中的公司管理者薪酬与净资产收益率具有显著的相关性，此结果不适用于大中型公司和垄断行业管理者。而杨蕙馨和王胡峰（2006）的研究结果恰好相反，即大型企业高管报酬总额越高企业的绩效越好，中小企业高管年薪与企业绩效不存在显著相关性。

一些学者对企业高层管理人员的激励和企业绩效的关系进行了探讨，另一些研究者则关注激励因素对普通员工的工作态度、工作绩效和创新绩效的作用。Grant（2008）关于员工激励的研究指出激励会促使生产率、绩效提高和工作更持久等。被激励的员工倾向于主动、敢于挑战，从而更正确地利用发展机会，对工作的投入更多（Deci & Ryan，2000；Vansteenkiste et al.，2006）。研究发现，员工激励与工作满意度和组织承诺之间存在着密切的关系（Basset - Jones & Lloyd 2005），激励是所有组织取得成就的最重要因素（Chintalloo & Mahadeo，2013）。Sirota 等（2013）调查了 135000 名来自不同团体和国家的受访者，组织实施各种激励方案，包括友爱、公平和成就，员工的工作热情更高，工作热情高通常意味着渴望并愿意努力工作。Asim（2013）研究了员工激励对员工绩效的影响并得出结论，员工的动机更强，他们的绩效表现将会更高。激励使一个组织更成功，因为被激励的员工总是在寻找改进的做法来完成一项工作。Pang 和 Lu（2018）对台湾地区集装箱运输公司的员工进行了调查，目的是论证组织激励和员工满意度和组织绩效的关系，结果显示，薪酬对财务状况有积极影响，环境和工作自主权对非财务绩效维度产生了积极影响，如客户服务、员工生产力和服务质量。Lee 等（2018）的实证研究结果揭示内在动机变量对煤矿公司员工绩效具有显著影响。

Saira 等（2016）研究指出了公共部门员工的薪酬和绩效的正相关关系，并强调员工的薪酬是最重要的激励因素。Cerasoli 和 Ford（2014）通过实证分析发现大学生的内在激励对其工作绩效具有显著的正向影响作用。Kuvaas（2006）对金融企业职员的调查数据也得出内在激励对员工的工作绩效、组织承诺均具有显著正向影响。吕永卫和王珍珍（2010）研究了高技能人才的薪酬激励、工作满意度与工作绩效的关系。其分析结果显示企业的薪酬激励对高技能人才工作满意度有显著的影响，并且保健性薪酬对于员工工作满意度的影响较激励性薪酬影响作用大，薪酬激励对于任务绩效和情境绩效的解释力均达到显著水平。张伶和张正堂（2008）研究了内在激励因素对知识员工工作态度、工作绩效的重要作用，结果发现内在激励通过工作满意度、组织承诺对工作绩效有显著的正向影响。邱敏和胡蓓（2015）的研究结果表明，内在激励与外在激励对员工敬业度均有显著正向影响，且内在激励的正向影响作用大于外在激励。

学者们也就奖励对员工创造力影响的性质和方向进行了有意义的探索。Fairbank 和 Williams（2001）发现大多数经理利用外部奖励来吸引员工对创造力的关注。Hye 等（2015）的研究揭示内在奖励对创造力有显著的直接正向影响。外在奖励通过创造力承诺对员工创造力产生显著的间接影响。此外，员工对报酬重要性的感知调节外在奖励对创新绩效的作用。只有当员工认为这种奖励重要时，这种奖励才能促进创造力。他们的研究发现了员工创造力的内在和外在奖励的不同机制和边界条件。

尽管将奖励作为促进员工创造力的一种工具是工作场所的典型策略，但对于奖励对创造力的影响，却存在着相互矛盾的观点。自我决定理论（De Stobbeleir et al.，2011；Deci et al.，2001）认为自我意识在增强内在工作兴趣方面起着至关重要的作用，对任务的兴趣与创造性密切相关。相反，如果个人认为环境对他们的自我决定或自主性构成了障碍，那么他们的内在意识就会受到阻碍，对任务的兴趣就会趋于减少或消失，创造力就会变得低下。出于这个原因，学者们警告说，外部奖励是有害的，因为员工可以感知到环境控制机制剥夺了个人自由（Putwain et al.，2012）。实证研究结果也参差不齐，一些研究人员发现奖励和创造力之间存在积极的关系（Friedman，2009），但另一些人的报告说这种关系是消极的（Deci et al.，2001）。在元分析中，Byron 和 Khazanchi（2012）发现了边界条件，如奖励的性质和任务背景。马喜芳等（2018）的研究结果显示，组织过度地依赖薪酬、奖金等物质激励，对于组织的创新水平的提升效果不一定显著。相反，如果组织提供一些发展性激励即政策上多关心员工成长、多给予员工信任与尊重，组织部门间就会趋于互动合作，组织就会更具创造力。Malik 等（2015）最近的实证研究也表明，当员工内部控制源和创造性自我效能感提高时，外在奖励可以提高创造性绩效。白贵玉和罗润东（2016）实证研究结果发现，知识型员工福利激励对创新绩效有显著正向影响。黄秋风和唐宁玉（2016）采用元分析技术，收集相关中英文文献，探讨外在激励和内在激励对个体创新行为的影响、中介机制及东西方文化的调节作用，并比较两种激励模式对个体创新行为的作用差异。结果显示：外在激励并未损害个体的创新行为，而是通过正向影响个体内在动机进而促进个体的创新行为；内在激励通过正向影响个体内在动机，进而提高个体的创新行为；与内在激励相比，外在激励对创新行为的作用效果相对较小；外在激励对个体创新行为的作用存在显著国别差异，中国情境下外在激励对个体创新行为的影响更大。

除了研究内容，近年来在研究方法上也实现了新的突破，将实验等方法纳入到组织激励的研究中。Fang（2020）提出了一种基于 DEA 方法的组织内部激励机制的尺度竞争模型。该模型不仅正确估计了每个单元对整体绩效的贡献，而且恰当地揭示了贡献的来源。Akinyele 等（2020）使用两个实验的序列来探索绩效激励和当代价值陈述促进组织归属感的交互作用。实验一着重于一般价值报表的调节效应，表明价值报表增加（减少）与固定工资（计件率）激励相关的生产力。实验二进一步扩展了价值陈述的工作，强化了价值陈述，增强了价值陈述在员工中的突出性。结果发现，价值声明在激励员工使用固定工资时提高了生产率。

2.3.3 工作绩效研究综述

现有研究主要围绕工作绩效的结构和维度、影响工作绩效的因素两个问题展开。

1. 工作绩效的结构和维度

探讨工作绩效的结构和维度，实际上就是探究对组织有价值的行为种类。学者们通常采用建立工作绩效模型的方式来研究工作绩效的潜在结构。Katz 和 Kahn（1978）提出了工作绩效最基本的框架，在这个框架中工作行为被区分为三个方面：加入并留在组织中、达到或者超过组织所规定的绩效标准、主动从事超越组织绩效标准的活动。此后，学者们沿用这一框架，从核心工作任务中分离出了其他新的行为成分，提出多种工作绩效模型，并且得出了一些有益的结论。

坎贝尔（Campbell）（1990）在工作绩效研究领域积累了一些成果。最初他以士兵为研究样本，提出了士兵绩效的五个维度。在此基础上，1993 年，他在《绩效理论》一书中提出了著名的八因素工作绩效模型，为工作绩效的研究提供了一个理论框架。然而，八因素模型没有被充分的实证验证。Borman 和 Motowidlo（1997）对坎贝尔的八因素模型进行了研究，并结合对组织公民行为和亲社会组织行为的研究结果，将工作绩效提炼为两个成分，提出了任务绩效（task performance）和周边绩效（contextual performance）的概念，任务绩效是指完成某一工作任务所表现出来的工作行为和所取得的工作结果，其主要表现在工作效率、工作数量与质量等方面。还有一些活动并不属于特定的工作任务，但它们对于组织效率也非常重要，Borman 和 Motowidlo 称之为周边活动（contextual activities），诸如：主动执行不属于本职工作范围的任务，对工作充满热情并不懈努力，主动帮助别人并与别人合作，严格遵守组织的规章和程序等。Borman 和 Motowidlo 对任务绩效和周边绩效的划分奠定了工作绩效结构研究的基础。

任务绩效与维持和促进组织中的核心工作行为有关（Van Scotter et al.，2000；Motowidlo et al.，1999；Borman et al.，1993）。一般来说，任务绩效要满足工作岗位规定的要求，核心工作任务根据岗位不同而有所差异。例如，

Tett 等（2000）将管理者的任务绩效划分为传统职能、职业敏锐和关注。此外，Engelbrecht 等（1995）将管理者的任务绩效分为行动导向、任务构建和探索、综合和判断。因此，任务绩效与一个人的职位描述中的核心职责有关。有些文章中也用其他词汇，如任务熟练程度（Griffin et al.，2007）、技术熟练程度（Lance et al.，1992）和角色内绩效（Maxham et al.，2008）来替代任务绩效，他们所用的词汇不同，但包含的意义是一致的。

周边绩效是指与非特定的工作任务有关的行为。周边绩效对组织的核心技术任务没有直接贡献，但它却是支持执行任务活动的心理和社会背景（Sonnentag et al.，2002），如承担额外任务、主动帮助他人、营造良好的组织氛围、促进组织内的沟通等，这些方式对员工任务绩效的完成以及组织绩效的提高起到促进作用。Koopmans 等（2011）指出，周边绩效包括超出组织正式规定的完成工作目标的行为。周边绩效虽然是一种非直接的工作行为，却是实现直接工作结果所必需的。后来，Van 等（1996）进一步将周边绩效细化为两个更加严密的维度：人际促进（interpersonal facilitation）和工作奉献（job dedication）。人际促进是有助于维持人际和社交情境的行为，工作奉献表现为遵守规则、努力工作等自律行为。Borman 和 Motowidlo 指出任务绩效的内容随着岗位和职务的变化而变化，而周边绩效的内容在不同的岗位和职务之间是稳定的和类似的。

在区分任务绩效和情境绩效时，研究人员如 Borman 等（1993）、Motowidlo 等（1997）和 Motowidlo 等（1999）指出它们之间的差异表现在三个方面：第一，情境绩效活动在不同工作岗位具有一致性，而任务绩效活动就是具体明确的工作任务。第二，任务绩效主要由能力预测，而周边绩效主要由动机和人格预测。第三，任务绩效是角色内行为，是正式岗位职责的一部分；而周边绩效是角色外行为并自由裁量（不可强制执行），通常不会得到组织中正式奖赏制度的奖励（Sonnentag & Frese，2002）。

工作绩效被划分为任务绩效和周边绩效，此框架一经提出便获得众多学者的关注和研究。Motowidlo 和 Van（1994）在实证上支持了任务绩效和周边绩效的划分。王辉等（2003）人在国内文化情景下验证了任务绩效和周边绩效在结构上是可以区分的。这些研究表明绩效的二维模型在国内外文化背景下都是可行的。任务绩效和周边绩效的划分使人们对工作绩效的认识不断深入。首先，绩效不是单维的，而是多维的，至少可以分为两个维度。其次，周边绩效的概念拓展了绩效的外延，将以前被人们忽视但却非常重要的情境活动纳入到绩效框架中。

随着时代的进步和社会的发展，变化和动态性成为现代组织的主要特征之一，员工需要适应不确定的工作情境，不断地学习新的技术和方法，创造性地解决问题以维持组织的正常运作，以往的工作绩效框架却没有包含这种以适应新的工作要求和情境为特征的适应绩效（Adaptive Performance）成分。Hesketh和 Allworth（1997）主张有必要在任务绩效和周边绩效的基础上增加关注员工应对变化的适应绩效成分，提出工作绩效应该包含任务绩效、周边绩效和适应绩效三个因素。他们通过 685 个样本的研究证明了适应绩效独立于任务绩效和周边绩效。Baard 等（2014）将适应绩效的应用范围区分为一般领域和特定领域，并指出不同领域的适应性绩效的研究范式存在差异。Pulakos 等（2000，2002）则对适应绩效进行了专门的研究，将适应绩效区分为八个因素。由于适应绩效是一个比较新的概念，它还没有引起足够的研究，但从理论上可以推测出它的存在。即便如此，适应绩效的提出，是对传统工作绩效结构实质性的突破和扩展。

进入知识经济时代，组织的竞争格局发生了变化，导致创造力或创新被视为组织中的重要变量（Gong et al.，2013），一些研究将创新绩效作为个人工作绩效的重要维度。Anderson 等（2014）的研究表明创新对公司业绩有显著影响。创新指创意产生和创造实施。开发或改变产品、流程或程序有可能提高效率，减少浪费，提高运营成果。因此，创造力和创新能够有助于大多数组织的工作有效性。

作为工作绩效的一个维度，创新绩效包含创造性或创新的行为和结果，例如，将新想法引入到工作中；为问题提供解决方案（Janssen，2000）与导致这些创造性和创新性行为和结果的过程（Campbell et al.，2015）。Oldham 和 Cummings（1996）在总结了这些定义后指出创新绩效专注于"产品或结果、产品开发过程"。Zhang 和 Bartol（2010）指出，CIP"指的是创造性成果"。Janssen（2000）将创新绩效定义为"有意识地将新创意、理念等介绍和应用到个体的工作或团体和组织中"。因此，创新绩效指的是熟练员工在工作场所中生成并实施新颖的想法，同时包括产生新方法、创意等的创造性和创新的过程，如问题识别和信息搜索。

综上所述，任务绩效、周边绩效以及适应性绩效和创新绩效，每一个都对整体的工作绩效有其独有的贡献，传统的工作绩效二因素模型正受到挑战，本研究采用三因素工作绩效模型。

2. 影响工作绩效的因素

员工工作绩效与组织绩效紧密相关，因此，员工工作绩效的前因变量一直是学者和组织管理者关注的焦点，梳理和阅读现有研究文献，学者们多从个体、群体（工作）和组织三个层面探寻影响工作绩效的因素。

个体方面，人格对工作场所的行为起着重要作用。Judge 和 Zapata（2015）以及 Zeigler – Hill 等（2015）强调人格对工作绩效的影响。Guay 等（2013）研究了责任心对任务绩效的影响；后来，Van Aarde 等（2017）使用 Meta 分析证实了这一点。核心自我评价（O'Neill et al.，2016）对工作绩效的影响已经在现存的文献中被多次提到，包括 Ferris 等（2015）的研究表明了自尊对工作绩效的作用，Lin 等（2014）的研究指出积极情感能促进工作绩效。杨俊辉（2015）以中层领导者为研究对象，探讨了领导者人格类型对领导绩效的积极影响。赵国祥等（2004）强调了管理者责任心和工作绩效的关系。张辉华（2009）揭示了管理者情绪智力对绩效的直接和间接效应。

工作方面，除了个人资源，工作资源是工作绩效的重要预测因素（Kroon et al.，2015）。工作态度、工作承诺（Yu et al.，2014）和组织公民行为（Ozer，2011）是重要的预测因素。一些学者认为（Häusser et al.，2014）工作的重复性也是提高工作绩效的重要资源。Lin 等（2014）强调个人对工作的适应性，而 Lorente 等（2014）表明工作控制可以提高工作绩效，佘启发等（2018）证明工作嵌入在提升绩效中的作用。工作团队也为成功的工作表现提供资源，Jirawuttinunt 等（2015）强调了小组工作和协作技能的重要性。Beehr 等（2000）强调同事之间积极的人际关系对工作绩效的影响。在团队工作中，主管或经理在提高工作绩效方面发挥着重要作用，Huang 等（2013）和 Miao 等（2014）表明了主管或经理对下属的信任会对下属的工作产生重大影响。高绩效的工作系统以及组织所承诺的人力资源实践（培训和发展、支持性监督、薪酬和信息共享）也会影响工作绩效（Chang & Chen 2011）。

组织方面，组织的定向计划，如客户导向（Chakrabarty et al.，2014）、工作场所沟通（Zhang & Venkatesh，2013）和知识共享（Kim & Yun，2015）也影响了工作绩效。在组织氛围方面，工作场所心理健康和安全的心理气氛被认为是促进工作绩效的因素（Idris et al.，2015）。组织支持（Randall et al.，

1999）、培训和心理授权（D'Innocenzo et al.，2016）也被确认为提高工作绩效的因素。组织公平感知也会对工作绩效产生影响（Wang et al.，2015）。在组织领导与工作绩效方面，谦逊等领导特征（Owens et al.，2015）以及变革型领导可以增加员工工作的内在价值，从而提高工作绩效（Breevaart et al.，2014）。此外，Chen（2015）强调领导者的心理资本是促进下属表现的一个关键因素。包括薪酬在内的组织奖励（Dustin & Belasen，2013）、绩效报酬（Maltarich et al.，2017）、利润分享或奖金有助于提高工作绩效（Han et al.，2015）。个人与组织目标一致性（Bouckenooghe et al.，2014）、组织认同是工作绩效的重要预测因素（Wang et al.，2015）。

2.3.4　中层管理者工作绩效研究综述

学者们对员工的工作绩效进行研究的同时，也把目光指向了管理者，对管理者工作绩效的结构和测量进行了一些有益的探讨。

Borman 和 Brush（1993）通过关键事件调查以及因素分析等方法获得了包括计划和组织、处理危机和压力、有效沟通、维持良好的工作关系等在内的管理者工作绩效的 18 个维度。此后，Conway（1999）借鉴 Borman 和 Motowidlo 任务绩效和情境绩效的分类方法，把管理工作的任务绩效区分为两个维度，如技术—行政管理任务绩效（technical - administrative task performance）、领导任务绩效（leadership task performance）；情境绩效也可划分为两个维度，包括工作奉献（job dedication）和人际促进（interpersonal facilitation）。工作奉献和人际促进的界定同 Van 和 Motowidlo（1996）的定义完全一致。技术—行政管理任务绩效的定义是指向管理者非领导倾向的工作任务绩效，如知识、技能、行政管理能力、计划和组织等（Conway，1999），领导任务绩效则综合了领导倾向的行为，如引导、指挥、激励下属和提供反馈等。Conway（2000）在另一项研究中分析得到了管理绩效的五个维度：人际有效性、处理困境的意愿、团队和自我调整、适应性、领导和开发。

国内学者孙健敏等（2002）采用访谈法、类属分析法和德尔菲法探讨了中国企业管理者绩效的结构和绩效可能包含的因素，归纳出描述管理者绩效的三个维度分别是任务绩效、个人特质绩效和人际关系绩效。任务绩效是管理者工作任务方面的行为，如组织、计划、考核和奖惩、跟踪检查和监督等；个人特质绩效是与管理者个人特点相关的行为，如自律行为、创新行为、公正、维护公司利益等；人际关系绩效是管理者人际方面的行为，如支持下属、沟通反馈、协作、维护良好的工作关系等。对比孙健敏和 Borman 等对管理者绩效结构的研究结果，发现孙健敏提出的管理者个人特质绩效和人际关系绩效更加接近于 Borman 等所提出的情境绩效。因此，孙健敏研究得出的管理者工作绩效的构成维度和 Borman 等的研究结论一致。对比孙健敏研究和 Conway（1999）的研究发现，孙健敏提出的个人特质绩效和人际关系绩效同考威得到的情境绩效的两个维度工作奉献绩效和人际促进绩效很相似。可见，孙健敏对管理者绩效结构的划分在一定程度上与 Borman 等人对于任务绩效和情境绩效的划分一致。

温志毅（2005）对企业中层管理者工作绩效的结构进行了探讨，结果表明，企业中层管理者的工作绩效结构可以包含四个因素：任务绩效、人际绩效、适应绩效和努力绩效（工作奉献），并证明了四因素模型要优于其他三因素或二因素的假设模型。在温志毅的四因素模型中，人际绩效仅包含了 Borman 等人提出的周边绩效中的人际促进的内容，努力绩效则相当于原周边绩效的工作奉献成分。由此，温志毅对企业中层管理者工作绩效结构的划分也支持了 Borman 等人提出的任务绩效和情境绩效。陈亮和段兴民（2009）从行为视角出发探讨组织中层管理者的工作绩效评价结构。实证分析结果表明，组织中层管理者的工作绩效评价结构由五个维度——人际沟通、行事风格、领导作为、任务执行和敬业尽责构成。同时指出工作绩效可以通过行为表现反映出来。陈亮等得出的组织中层管理者工作绩效五维度评价结构模型与西方关于工作绩效的任务——周边绩效模型存在明显差异。Way 等（2018）以中国 18 家酒店的中层管理人员为例，实证分析了中层管理者感知的组织支持通过其行为完整性和追随者组织公民行为的序列中介来提高其绩效。

对企业管理者工作绩效结构的研究是一个相对新的领域，迄今为止，国内外的相关研究还很少，已有的几项研究结果并不完全一致，人们对于管理者工作绩效结构还缺乏清晰统一的认识。

2.3.5　组织激励、胜任力与工作绩效之间关系的研究综述

本研究将组织激励和胜任力作为中层管理者工作绩效的前因变量，它们对

管理绩效的影响作用是研究的重点内容。以往学者对三个变量中两两之间的关系也做了一些研究，下面回顾并进行梳理。

1. 胜任力与管理绩效的关系

对相关文献进行阅读研究发现，关于胜任力的研究多集中于不同岗位胜任特征的识别和胜任力模型的开发，对于胜任力与管理绩效或组织绩效等结果变量关系的探讨明显不足。从近年来的文献来看，研究者探讨了不同行业不同层级管理者的胜任力与工作绩效的关系。

Ahmed 等（2017）对巴基斯坦公共部门中项目经理的领导胜任力对项目绩效的影响进行了实证研究，结果表明，项目经理的五项领导胜任力在进度、成本和质量方面都与项目绩效显著相关。Seate 等（2016）则对黑人经济授权验证从业人员的分层样本进行问卷调查，结果显示管理技能和工作绩效之间存在强烈而积极的关联。回归分析的结果表明，管理技能、对标准和道德规范的遵守以及人际关系技巧在预测工作绩效方面具有统计学意义。但是，技术技能在预测工作绩效方面并不重要。另外一部分研究者指向了人力资源管理人员的胜任力与其工作有效性之间的关系（Han et al.，2006；郑晓明等，2010），但结果存在些许差异。Han 等（2006）考察了台湾地区高科技企业的人力资源管理（HR）人员的胜任力，结果发现 HR 的专业知识和变革管理能力与其工作绩效正相关，而商业知识与工作绩效之间的关系则不显著。而郑晓明等人针对企业人力资源专业人员的研究显示，胜任力会显著影响人力资源专业人员的工作绩效，每一维度都能有效地预测其绩效表现。刘中艳（2015）通过对长株潭地区 254 份创业企业样本数据进行分析，证实了职业经理人社会网络胜任力对创业绩效的显著影响关系。李龙等（2015）分析了龙头企业管理者胜任力对其管理绩效的影响，结果表明管理者的生产系统管理、企业商务策划和行业信息控制三方面的胜任力对管理绩效有突出影响。董晓琳等（2013）用问卷调查对高校行政管理人员工作胜任力的研究结果显示，胜任力对工作绩效（任务绩效、人际促进、工作奉献）有不同程度的预测作用。

学者们同样关注了高管和专家的胜任力与其管理绩效的关系，丁荣贵等（2016）探索了首席专家胜任特征与研发项目绩效，结果发现首席专家的技术技能、管理技能和个性技能等胜任特征均对研发项目绩效有显著的正向影响。贾剑峰等（2013）验证了创业导向型企业的高管胜任特征对企业绩效有正向的影响。杜娟（2009）验证了制造业和服务业中各个层级管理者的胜任力与工作绩效之间的相关性。

有的研究细化了胜任力的维度，指出某种胜任特征与绩效的关系，使研究结论更加具体明确，如 Johansson（2014）的研究指出领导者的沟通能力和组织绩效有关。Lung（2014）扩展了胜任力的维度，他将胜任力称为管理才能，并划分为三个结构，即人际交往能力、概念化能力和问题解决能力。它们与工作绩效的关系存在不一致性，人际交往能力对工作绩效的两个结构（"有效性"和"质量绩效"）产生积极影响，概念化能力和问题解决能力都对"有效性"产生了积极影响，但对"质量绩效"没有影响。Johansson 和 Lung 在研究中都强调管理者的人际交往能力（包括沟通能力）对绩效的积极作用。

另一些研究则从整体的角度验证了管理者胜任力和绩效的关系。Levenson（2006）在研究中估计了管理者胜任力与个人绩效和组织绩效之间的关系，结果表明，管理者胜任力与个人绩效呈正相关，管理胜任力与组织绩效之间存在联系的证据较弱。郑晓明等（2010）的研究指出胜任力是一种综合才能，包含与工作岗位有关的技能、知识、价值观、能力等，能区分绩效优秀者和绩效普通者，并证实胜任力与工作绩效相联系，且对未来的工作业绩有预测作用。

国内外学者对胜任力与管理绩效关系的研究，虽然各家选取的样本不同，对胜任力的结构和测量指标也不同，但研究结果大体一致：胜任力与工作绩效密切联系。多数研究结果表明胜任力能显著影响工作绩效水平，可以作为预测工作绩效的变量。但关注企业中层管理者胜任力与其绩效的研究仍不多见，且胜任力如何影响工作绩效，对不同层面的工作绩效影响程度如何等问题还不曾被解决。

2. 组织激励与管理绩效的关系

学者们对激励与管理绩效的关系研究多关注高管层面，研究内容多集中在薪酬激励、股权激励与企业绩效、组织绩效及创新绩效的关系上。

Shastri（2016）研究了非物质激励对管理动机和参与的影响，结果显示非物质激励对整体管理绩效和参与有显著的积极影响，也就是说对管理者实施有吸引力的非物质激励措施，可以促进管理者形成更高水平的绩效和参与动机。Chng 和 Wang（2016）在人—薪互动模型的基础上，开发并测试了不同职业抱负和任务关注度的管理者在不同企业绩效条件下对薪酬激励的反应模型。结果显示，具有更大职业抱负和任务关注度的管理者将更加积极地回应薪酬激励，从而参与更具战略性的风险行为。在绩效下降的情况下，管理者的职业抱负会加强薪酬激励与战略变革之间的积极关系，任务关注度会加强激励薪酬与战略风险承担和战略变革之间的积极关系。然而，在绩效增长的情况下，管理者的职业抱负和他们的任务关注度都不会影响他们对薪酬激励的反应。Ahrens（2018）以一家大型欧洲工业公司的 3115 名经理为样本进行分析，结果证实参与持股计划对个人绩效有积极影响，说明股权激励可以成为激励管理者的有力措施。Cao 等（2011）将研究对象指向中国国有企业的首席执行官（CEO），研究政治晋升的激励与国有企业绩效之间的关系，结果发现首席执行官获得政治晋升的可能性与公司业绩呈正相关。此研究表明可以将管理者的职业关注作为隐性经济激励的重要措施。Coles 和 Li（2020）分析了管理属性、激励和绩效之间的关系，结果发现，在控制固定效应前后，公司和经理特定异质性在高管薪酬激励和公司政策、风险和绩效方面之间的关系存在差异。Steinbach 等（2017）发展并检验了高层管理团队（TMT）激励对经理人股东利益一致性影响的权变理论。结果表明，当平均激励水平提高时，虽然 TMT 参与了更高水平的收购投资，但投资者对这些大型投资的反应通常是负面的，进一步，在 TMT 激励异质性的影响下，随着高层管理人员激励价值的差异增加，投资者对 TMT 大型收购投资的评价会更加积极。Ramesh 和 Samudhrarajakumar（2017）采用非机率抽样（Non – probability sampling）方法，确定员工对基于绩效的激励方案的看法，结果表明，基于绩效的激励方案提高了生产力，也提高了员工的表现。

国内学者对管理者激励与企业绩效的关系也进行了积极的探索，研究结果不尽相同。有些研究显示了管理者激励对提升企业绩效的积极作用，如尹美群等（2018）以沪深两市 A 股主板上市公司为研究样本探讨了高管激励、创新投入与公司绩效，结果发现高管激励机制中薪酬激励对企业创新投入和公司绩效的关系具有显著的正向调节效应，尤其是技术密集型行业效果更为明显。宋玉臣等（2017）的研究在一定程度上支持了这一结果，他们以 A 股上市公司为样本，检验了股权激励对上市公司绩效的作用路径。研究结果表明，股权激励能显著提高上市公司绩效水平，并且股权激励对上市公司绩效影响主要通过直接作用路径实现。然而，张昊民和徐志武的研究结果却呈现出差异。张昊民（2017）同样以上市公司为样本进行实证研究，分析结果显示，高管薪酬水平与组织绩效不相关，但高管薪酬差距与组织绩效显著正相关。徐志武（2018）研究了我国出版业上市公司高级经理层薪酬激励、股权激励分别与经济绩效、社会责任绩效的关系。实证分析结果显示薪酬激励、股权激励对两种绩效并未发挥应有的激励效果。朱永明（2017）对创业板上市公司高管的研究在一定程度上支持了徐志武的研究。他的实证研究表明，内部高管晋升激励抑制了企业创新项目的投入和产出。进一步研究发现，晋升激励对企业创新绩效的影响因企业成长性水平不同存在较大差异。章雁（2015）则在研究中发现了股权激励比例与公司绩效之间存在着非线性相关关系，股权激励比例对公司绩效的影响存在区间效应。

综合国内外学者关于激励与管理绩效、企业绩效的研究发现，研究样本集中于高层管理者，鲜有以中层管理者为样本的研究成果；研究内容多为薪酬和股权激励，难以见到其他激励措施的研究文献；同时，研究多以单一层面作为前因变量，而没有将多种激励措施同时纳入研究框架，比较它们对管理绩效或企业绩效的作用差异。

3. 激励与胜任力的关系

由于工作绩效是影响组织有效运转的关键结果变量，研究者们将更多的注意力放在了工作绩效以及影响因素方面，而对于工作绩效前因变量，如激励和胜任力之间的关系则明显忽视，鲜有研究成果。Garcia 等（2004）使用欧洲高等教育毕业生的样本分析了劳动力市场中的报酬与人力资本胜任力的关系。因子分析将工作胜任力分为八类。对胜任力奖励的估计通过对工资的回归获得，而总奖励的估计是通过有序逻辑回归得出的工作满意度。结果表明，对"参与、方法"要求高的工作报酬最高，对"组织、应用规则、身体能力"要求较高的工作报酬较差；对胜任力要求较高的工作可以提高毕业生的满意度。

国内相关的研究文献非常少见，且研究方法多为理论推理，几乎没有实证研究成果。马喜芳等（2017）基于胜任力模型，设计了员工薪酬激励机制。由组织事先设计薪酬激励机制，促使不同胜任力的员工主动选择对应的绩效产出和薪酬，使组织准确地实现员工胜任力与薪酬激励挂钩，从而实现员工和组织的效益最大化。冯红英（2015）通过实证分析得出企业高管五个方面的胜任力素质，基于企业高管的胜任力模型，从薪酬激励、绩效激励、培训激励和晋升激励四个方面构建国企高管激励体系。宁培中等（2006）着眼于目前我国高级技术工人激励问题，通过实证分析获得了由知识、技能、能力、人格和动机五个维度组成的高级技工胜任力模型，不同的维度所占的权重不同，薪酬激励机制对应于胜任力模型中的知识、技能、能力三个构件，提出基于胜任力的薪酬由基本酬金和绩效薪酬两部分组成。

综上所述，学者们对企业中层管理者胜任力与其个体绩效的研究成果明显不足，且研究中没有揭示胜任力对管理绩效的影响机制以及胜任力对不同类型绩效的影响程度。在组织激励与管理绩效的研究成果中，研究内容多为企业高管的薪酬和股权激励对企业绩效的影响，缺少其他激励措施与管理绩效的研究文献，没有比较不同激励措施对管理绩效或企业绩效的作用差异。胜任力与组织激励关系的研究成果甚为缺乏，仅有的文献多用理论推演的方式进行探讨，没有实证研究的支持。鉴于此，本研究以企业中层管理者为研究对象，采用理论与实证相结合的研究方法，对胜任力与组织激励对中层管理者工作绩效作用机制的问题进行深入探索，揭示胜任力与组织激励对中层管理者工作绩效的作用路径与影响程度，并提出提升企业中层管理者工作绩效的对策建议，帮助企业对中层管理者实现最优化的人力资源管理，实现企业在激烈的市场竞争中的可持续发展。

2.4　相关研究评析

学者们对组织激励、工作绩效以及胜任力的相关研究已经取得了一定的成果，但许多研究成果众说纷纭，难以达成一致。同时，国内外关于中层管理者组织激励、胜任力和工作绩效的理论研究严重不足，尤其是高质量的研究成果相对较少，无法满足相关理论研究的进一步深化以及中层管理者选拔、培养和任用的实践要求。综观现有文献，有以下几点需要指出。

（1）现有研究多将工作绩效划分为任务绩效和周边绩效两个维度，过于笼统，难以符合实践的需要，有待于深入研究。另外，在现实组织中中层管理者工作绩效行为标准的确定、结构的整合、工作绩效结构的文化差异、任务绩效内容的岗位差异等问题有待于进一步的研究和澄清。同时，现有研究对工作绩效的划分更多基于逻辑演绎的角度，缺乏强有力的实证研究证明。另外，工作绩效的影响因素是多方面的，现有研究多从单一影响因素着手，如组织因素或环境因素，而从更宽泛的角度，考察组织因素、环境因素、人际因素以及个体因素等多重影响因素的交互效应研究将是一个非常有意义的方向。

（2）从目前国内外的研究现状来看，胜任力的研究多集中于不同岗位胜任特征的识别和胜任力模型的开发，企业中层管理者胜任力模型研究成果太少。研究方法多采用单一的访谈法，对于胜任力要素的子维度的划分存在很大的分歧和混乱。我国的胜任力特征研究多通过引入、借鉴国外的理论成果发展起来，至今尚未形成系统的理论体系，也没有达成一致的结论，相关理论在实践中的应用仍处于初级阶段，这些都为后续研究提供了一定的基础和广阔的空间。

（3）激励的研究对象多关注高管层面，研究内容多集中在薪酬激励、股权激励和企业绩效的关系上，缺乏对企业中层管理者的组织激励研究。内在激励和外在激励是研究者常用的类型，但他们多从单一层面探讨或论证，难以对比内在激励和外在激励的效应大小。激励对创新绩效的作用还存在争议，研究结果甚至呈现两极化，使人们对组织激励的效用难以准确把握，导致在实践中的激励效果不明显或比原来更加恶化的结果。将来应加大对中层管理者组织激励研究的力度，厘清内在激励和外在激励对工作绩效的作用效应和机理。

（4）通过对胜任力和激励已有文献的回顾发现，还没有研究将二者与企业中层管理者个体绩效纳入同一框架进行分析，相关的研究多停留在定性分析的层面，虽然也涉及一些调查研究但仅限于方差分析和回归分析等方法，但无法区别影响因素对工作绩效影响的直接或间接作用，更难以揭示问题的本质和内在机理。

综上所述，本研究以企业中层管理者为研究对象，考察多维度工作绩效的影响因素。首先，基于元分析，探索研究中层管理者胜任力因素的多重结构；其次，考察不同维度的胜任力对中层管理者工作绩效的异质化作用机制；最后，从组织因素、环境因素和个体因素的视角，分析组织激励和中层管理者胜任力对其工作绩效的协同作用。

2.5　本章小结

本章主要阐述了本研究的相关理论基础，包括职业生涯管理理论、胜任力理论和内外因辩证原理等。界定了研究中的核心概念，对研究中涉及的核心概念——中层管理者、胜任力、组织激励和工作绩效，结合相关研究进行了界定。分别对组织激励、胜任力和工作绩效的现有文献进行回顾、梳理和评析，指出现有研究的不足和本研究的主要研究方向。

第3章　中层管理者胜任力模型的构建

自 1973 年麦克利兰提出胜任力的概念以来，学者们和实践家们对胜任力的探讨就一直持续不断，胜任力研究也取得了一系列丰硕成果。虽然目前学者们对胜任力的内涵、模型及构成要素、内容等有不同的观点和看法，但大家对胜任力模型达成了比较一致的看法，即胜任力模型是能体现出在某一职位的工作中所必须具备的，并能达成工作目标绩效的一组胜任特征总和。这样一组特征能有效地反映该职位工作所需要的能力、知识、个性特征等特点。

学者们对国内企业中层管理者的胜任力模型也进行了孜孜不倦的探索。现有研究从不同的角度提出了各种中层管理者胜任力模型，虽然取得了诸多研究成果，但是缺少权威性的中层管理者胜任力模型，也未形成系统权威的研究体系。这在实践方面也使得企业管理者及研究者无所适从，无法对企业中层管理者胜任力的真实状况进行明确判断。在这种情况下，迫切需要对已有的研究成果进行梳理汇总，得出相对客观准确的结论。然而，传统的文献综述依托定性分析的方法，分析结果具有很大的主观倾向。元分析（Meta - Analysis）方法则是从定量分析的视角客观准确地来解决这一问题。它以广泛的原始研究结果为基础，能使有较高价值的普遍性结果或结论从以往积累的研究中被提取出来，得出一个较为一致的结论。

本章从上述问题出发，把中国情境下的企业中层管理者胜任力要素作为研究内容，全面系统地整合学者们的研究成果，以建构企业中层管理者通用胜任力模型，明确企业中层管理者胜任力的结构和要素。

3.1　元分析模型

元分析是社会科学中广泛应用的方法，是采取量化的方式系统地整合过往研究以得到对研究问题更普遍、更准确结论的研究方法。元分析相比于传统的文献综述而言，由于采取了定量的统计分析，且强调对相关研究问题下所有量化研究的全纳入，因此可以对相关研究问题提供系统的可重复的、客观的答案。

相比于传统的研究综述，元分析可以深入地发现问题的潜在关系和规律，提供具体的信息。元分析更强调研究之间的差异与共性，它试图通过统计的方法，寻求现有的多个研究对于某一问题的研究结果的差异性背后所隐藏的真实结果。相比于一般化综述而言，元分析关注相关量化研究的效应值之间的差异，以及效应值的准确性。元分析可以检验研究结果之间的差异性是来源于抽样误差还是系统变异。当认为结果之间具有足够的相似性时，对所有能够得到的效应值进行加权平均，以得到研究问题的真实答案。当效应值之间的差异不能完全被抽样误差解释时，元分析则强调通过引入调节变量来解释研究之间的变异。

元模型是关于模型的模型，主要用于描述特定领域的模型，并提供用于创建该领域中模型的构建元素。到目前为止，元模型主要有两种框架结构。一种是以通用建模工具为核心的元建模结构。首先，领域建模专家利用建模工具建立一个刻画某种特定建模语言的元模型。其次，将得到的元模型用于建立通用的建模工具，使得通用建模工具支持该特定领域元模型所刻画的特定领域建模语言的建模工具。此外，通用建模工具也可以用来建立模型。另一种是不包含通用建模工具的元建模结构。这两种结构的不同之处在于，第二种结构不生成通用建模工具的配置文档，而是直接生成支持该建模语言的建模工具。

元模型的结构包括信息层、模型层、元模型层和元元模型层四个部分。其中，信息层由我们希望描述的数据组成，这些数据通常是一些用户数据，主要职责是描述信息领域中的详细信息。模型层是由元数据组成的。元数据是描述信息层的数据，元数据的集合被称为模型。模型层是为描述信息层而定义的一种"抽象语言"（即没有具体语法或符号的语言），信息层的数据，即用户数据，是模型层的一个实例。元模型层由元—元数据组成，元—元数据定义了元数据的结构和语义，元—元数据的集合被称作为元模型。元模型层是为了描述模型层而定义的一种"抽象语言"，是对模型层的进一步抽象。也就是说，模型层描述的内容通常要比元模型层描述的内容丰富、详细。元元模型层由元—元数据的结构和语义的描述组成，这层是为了描述元模型而定义的一种"抽象语言"。元元模型的定义要比元模型更加抽象、简洁。一个元元模型可以定义多个元模型,而每个元模型也可以与多个元元模型相关联。通常所说的相关联的元模型和元元模型共享同一个设计原理和构造,这也不是绝对的准则。每一层都需要维护自己设计的完整性。

3.2 元分析方法

3.2.1 资料收集

为梳理和提炼在中国情境下中层管理者胜任力的构成要素和包含维度,构建中国情境下的胜任力模型,本研究对中国情境下的胜任力研究开展元分析,文献收集通过两步进行。

首先,对中文文献进行检索和收集,以篇名为"中层"和"胜任"或"经理"和"胜任"为检索词在中国学术期刊全文数据库(清华同方知网)和维普中文科技期刊数据库中检索,时间设置为 2007—2019 年。最终,以"中层"和"胜任"为检索词,检索结果显示硕博论文 118 篇,期刊论文 79 篇,会议论文 1 篇。以"经理"和"胜任"为检索词,检索结果显示硕博论文 129篇,期刊文章 108 篇,会议论文 8 篇,两类检索词共获得文献 443 篇。

其次,对英文文献进行检索和收集,以"middle manager"和"competency"为检索词,以"China"和"Chinese"为全文限定词在 Web of Science、EBSCO 电子期刊数据库中进行题名检索,时间设置为 2007—2019 年,剔除非实证文献,共获得 1 篇文献。

进一步,我们对纳入元分析的样本进行筛选,纳入元分析文献的标准包括:(1)研究对象必须是企业中层管理者或部门经理;(2)必须采用实证研究的方法并提出胜任力模型;(3)须对胜任力的因子概况做出解释;(4)研究样本地域为中国大陆。按照这四条标准对获得的文献进行筛选,最后得到 62 篇可用于元分析的文献。纳入文献情况见表 3.1。

表 3.1　元分析 62 篇文献的基本情况

编号	作者	发表年份	被调查对象
1	杨湘怡	2007	企业中层管理者
2	阮爱芳	2008	跨国公司中层管理者
3	褚晓佳	2008	知识型企业中层管理者
4	杜娟，赵曙明	2008	服务行业管理者
5	方艳	2008	石化企业中层管理者
6	王海燕	2009	IT 企业中层管理者
7	陶柯桦	2009	高新技术企业中层管理者
8	于晶	2009	国有企业中层管理者
9	马进	2009	航空企业中层管理者
10	张佩	2009	商业银行中层管理者
11	胡艳曦，官志华	2009	汽车销售经理
12	李晨蕾	2010	电信运营企业中层管理者
13	崔韡	2010	中层管理者
14	张骞	2010	民营中小企业中层管理者
15	余诚	2011	财险业中层管理者
16	谭娟	2011	企业中层管理者
17	王慧琴	2011	商业银行中层管理人员
18	刘馨阳	2011	军工企业中层管理者
19	廖钱波	2012	互联网行业中层管理者
20	孙娴	2012	公司中层管理人员
21	白乾坤	2012	中国销售经理
22	王宁	2012	制造业中层管理人员
23	郑欢	2012	企业集团中层管理者
24	倪渊，吴斌等	2012	中层管理者
25	王惠兰	2012	商业银行客户经理
26	崔瓅	2013	公司中层管理者
27	郑欢	2013	集团型企业中层管理者
28	胡淑姗	2013	房产公司销售经理
29	冯明	2013	企业管理者
30	王蒙	2013	企业中层管理者
31	谢京佳	2014	A 公司中层管理者

编号	作者	发表年份	被调查对象
32	姚建卿	2014	公司中层管理者
33	邹英	2014	M 公司中层管理者
34	马珂	2014	上市公司中层管理者
35	江玲	2014	中层管理者
36	闫慧玲	2014	中小企业中层管理者
37	银锋	2014	中小型餐饮企业中层管理者
38	邹明君	2014	公司销售经理
39	张水波，康飞	2014	工程项目经理
40	韩彤，吕永卫	2014	煤矿企业中层管理人员
41	王雪青，刘鹏等	2014	工程项目经理
42	谭庆飞，高清等	2014	企业人力资源经理
43	张雪梅	2015	餐饮企业女性中层管理者
44	莫盛桦	2015	石化公司中层管理者
45	赵丰	2015	零售企业中层管理者
46	梁博	2015	互联网公司中层管理者
47	罗燕	2015	移动公司中层管理者
48	张葵	2015	地产集团项目经理
49	刘姿伶	2015	公司加油站经理
50	李孔欢	2015	大型物流企业中层管理人员
51	沈健	2016	公司中层管理者
52	马宽	2016	互联网企业中层管理者
53	李为云	2016	煤化工有限公司中层管理者
54	武思文	2016	医药企业中层管理者
55	张海兰	2016	中层管理者
56	董留群	2016	建筑企业项目经理
57	唐珊	2017	公司信息化项目经理
58	张魏敏	2017	公司项目经理胜任力
59	郑转玲	2017	餐饮企业中层管理者
60	曹志成，刘伊生	2017	工程项目经理
61	张燕君，倪琴	2017	民营企业人力资源经理
62	QiaoXuejun，Wang Wei	2009	中层管理人员

3.2.2 分析步骤

第一阶段，数据识别。文献的数据识别在双盲法下进行，即将那些可能对识别者产生影响的信息隐去，如期刊名、作者、作者单位等，仅留下文献文本中的各种胜任特征的行为指标或其他指标数据，识别者只需对这些数据进行再加工，无须关注其他。根据研究确定的取样策略和标准，把文献中的数据整理打印成文本。

第二阶段，数据编码。参考 Spencer 管理者素质（见图3.1所示）词典，认真阅读62篇文献文本后，由两位博士生和两位硕士生分别对每一篇文献文本进行试编码，把胜任力条目意义相同或相近的进行合并，如将开拓创新、创新能力归为创新能力，人际交往、沟通、人际关系统一为人际关系，影响力、感召力、感染力归为影响力。信息搜集与处理、信息获取分析能力归为信息使用能力等。对于不一致的编码，经过讨论后，最终达成一致意见。当所有编码达成一致后，分别对其余的文稿进行编码。

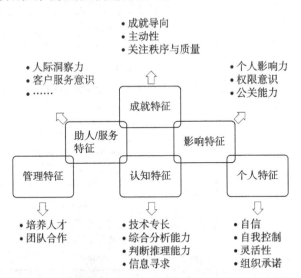

图3.1 Spencer 管理者素质

第三阶段，数据提取。最后是对62篇文献进行数据提取的工作，提取信息为编号、作者、研究时间、研究对象、胜任力因子。根据文献发表年份顺序从低到高排序编号，将符合纳入标准的文献中的胜任力因子提取出来列入表格，文中提及的与编码一致的因子记分为 1，没有提及的因子记分为 0。全部文献数据提取完毕后，使用 SPSS 软件对数据进行统计分析。

3.3　资料的统计学处理

3.3.1　胜任特征频次分析

通过归纳已有的企业中层管理者胜任力实证研究成果，本研究得到 50 种胜任力特征，对这 50 种胜任力特征的频率进行统计并得出排名。其中在 62 篇文献中出现频次最多的胜任力特征是专业技能、沟通能力与创新，均出现 39 次，紧随其后的是专业知识（37 次），责任心（34），组织协调能力（33 次），学习能力（32 次），决策能力（30 次）。频次在 20～29 次的有人际关系，正直诚信，团队合作，主动性，执行能力，领导能力，成就导向，自信，全局意识、自律；频次在 11～19 次的有战略思考，影响力，韧性，培养他人，冲突、危机管理，激励下级，人际洞察力，信息获取，授权，综合分析能力，判断推理能力，适应，客户导向，自我控制，团队建设能力，公关能力；频次在 10 次以下的有奉献精神，情绪管理能力，公平性，监控，表达能力，应变能力，客户服务意识，灵活性，安全意识，尊重他人，关注秩序和质量，概括性思维，组织承诺，上进心，服务意识，热情。从频次分布上来看，研究中层管理者胜任力的学者对于胜任力的要素存在共识的同时，也存在差异。

3.3.2　胜任力的维度构成

通过探索性因素分析来寻找胜任力特征维度，并结合相关文献演绎分析得出企业中层管理者通用胜任力结构。

首先，运用项目分析对胜任力特征进行区分度分析。区分度分析的目的是找出具有鉴别力的胜任力因子。通过基于所有胜任力特征的总分将全部文献从大到小按照前 27% 与后 27% 分为高分组与低分组，之后进行独立样本 t 检验。从表 3.2 可以发现，综合分析能力，责任心，适应，创新，主动性，公平性，学习能力，灵活性，服务意识，自我控制，情绪管理能力，奉献精神，概括性思维，组织承诺，团队建设能力，上进心，监控，专业技能，冲突、危机管理，领导能力，沟通能力，应变能力均在 0.05 水平上不显著。其中在 0.01 水平上显著的有团队合作，决策能力，授权，自信，成就导向，组织协调能力，激励下级，人际洞察力，自律，信息获取，判断推理能力，表达能力，全局意识，战略思考，韧性，公关能力，客户导向；在 0.05 水平上显著的有培养他人，正直诚信，执行能力，专业知识，客户服务意识，尊重他人，人际关系，影响力，安全意识，关注秩序和质量。

表 3.2　胜任力特征区分度分析

胜任力特征	t	sig.	胜任力特征	t	sig.
团队合作	−4.01	0.000	安全意识	−2.05	0.048
决策能力	−4.58	0.000	关注秩序和质量	−2.05	0.048
授权	−5.73	0.000	综合分析能力	−1.95	0.059
自信	−4.09	0.000	责任心	−1.95	0.059
成就导向	−4.09	0.000	适应	−1.85	0.072
组织协调能力	−3.65	0.001	创新	−1.84	0.074
激励下级	−3.60	0.001	主动性	−1.83	0.075
人际洞察力	−3.60	0.001	公平性	−1.79	0.082
自律	−3.51	0.001	学习能力	−1.72	0.093
信息获取	−3.33	0.002	灵活性	−1.70	0.097
判断推理能力	−3.23	0.003	服务意识	−1.62	0.114
表达能力	−3.23	0.003	自我控制	−1.56	0.128
全局意识	−3.16	0.003	情绪管理能力	−1.27	0.214
战略思考	−3.16	0.003	奉献精神	−1.27	0.214
韧性	−3.16	0.003	概括性思维	−1.11	0.274
公关能力	−2.91	0.006	组织承诺	−1.11	0.274
客户导向	−2.91	0.006	团队建设能力	0.95	0.349
培养他人	−2.65	0.012	上进心	0.90	0.373
正直诚信	−2.64	0.012	监控	−0.77	0.446
执行能力	−2.61	0.013	专业技能	−0.77	0.449
专业知识	−2.46	0.018	冲突、危机管理	−0.71	0.482
客户服务意识	−2.44	0.019	领导能力	0.48	0.633
尊重他人	−2.44	0.019	沟通能力	−0.41	0.685

续表

胜任力特征	t	sig.	胜任力特征	t	sig.
人际关系	-2.34	0.025	应变能力	-0.21	0.837
影响力	-2.21	0.033			

其次，对于具有高鉴别力的胜任力特征进行探索性因素分析，采取主成分法抽取主成分，采取直接斜交旋转确定主成分与所属胜任力特征之间的关系。删除具有交叉载荷以及在所有主成分上载荷均小于 0.40 的胜任力特征，最后得到的结果见表 3.3。探索性因素分析的 KMO 值为 0.686，0.686 > 0.5，Bartlett球型检验的结果为 $\chi^2 = 138.69$，显著性为 0.000，上述结果说明胜任力特征中存在共同因素，适合进行因素分析。

表3.3 胜任力特征因素分析结果

胜任力特征	因子1	因子2	因子3
组织协调能力	0.784	-0.044	-0.04
专业知识	0.559	-0.028	-0.163
激励下级	0.113	0.834	0.073
客户导向	-0.235	0.793	-0.250
人际关系	0.310	0.499	0.09
成就动机	0.119	-0.248	-0.791
自信	-0.066	0.242	-0.740
韧性	0.282	0.274	-0.637

因素分析结果显示，胜任力特征可以归纳为 3 个因子，3 个因子共解释了胜任力总体变异的 62.38%，大于 50%，表明抽取出的因子能够较好地体现整体胜任力的变异。组织协调能力、专业知识组成了胜任力的第一个维度，客户导向、激励下级、人际关系组成了胜任力的第二个维度，成就动机、自信、韧性组成了胜任力的第三个维度。

胜任力的第一个维度包括组织协调能力和专业知识，这两个因子是蕴含在个体身上的知识、技能、能力，符合人力资本的内涵，因此，我们把第一个维度称为人力资本胜任力。胜任力的第二个维度包括客户导向、激励下级、人际关系，这三个因子反映了中层管理者面对的社会关系和人际关系，符合社会资本的内涵，社会资本就是管理者与其主要利益相关者在社会网络中所构建起的特定社会关系，因此，我们将第二个维度称为社会资本胜任力。胜任力的第三个维度包括成就动机、自信、韧性，这些是个体在成长和发展过程中表现出来的积极心理品质，我们称为心理资本胜任力。

3.3.3 胜任力各维度的异质性

异质性检验常采取 Q 检验进行，Q 值服从自由度为研究数减一的卡方分布，Q 值不显著表明效应值之间不存在异质性，Q 值显著表明效应值之间存在异质性。

$$Q = \sum_i W_i (Y_i - \overline{ES})^2$$

其中，Y_i 表示每个研究中的效应值；$\overline{ES}$ 表示加权平均后的效应值；W_i 为权重。由于本研究中所有研究均是基于因素分析得出的胜任力特征的理论模型，故每个研究应该被视作是权重相等的研究。因此，本研究中将 W_i 设定为常数 1，所有研究权重相等。Y_i 则表示每个研究在维度上的因子得分，$\overline{ES}$ 表示因子得分均值。

对中层管理者通用胜任力维度进行异质性检验，Q 检验的结果均不显著，表明上述三个主成分均不存在异质性（见表3.4）。

表3.4 企业中层管理者通用胜任力因素异质性检验

指　标	维度1	维度2	维度3
Q	53. 55	54. 37	51. 27
$Sig.$	0.796	0.773	0. 855

3.4 元分析结果

3.4.1 中层管理者胜任力模型

通过对以往中层管理者胜任力实证研究文献进行挖掘和量化分析，本研究获悉企业中层管理者胜任力结构由人力资本胜任力、社会资本胜任力和心理资本胜任力组成，得到企业中层管理者胜任力模型，见图 3.2 所示。

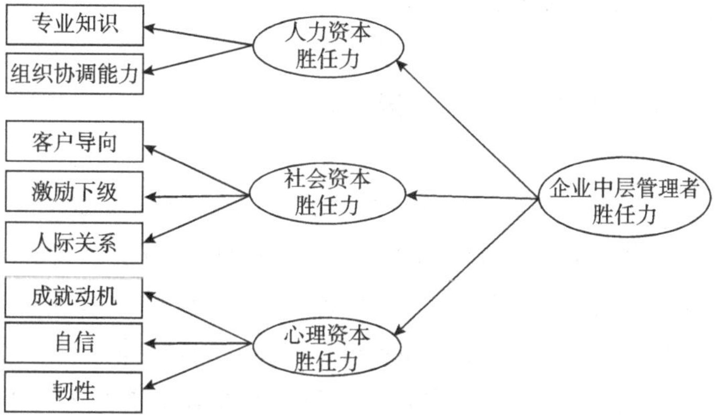

图 3.2　企业中层管理者胜任力模型

　　管理者胜任力是指基于管理任务的工作能力，具有层次性和结构性的特点。Boyatzis（1982）认为管理者胜任力具有不同的层次性，主要包括动机特质、自我形象、社会角色等。这些不同的要素加上特定知识（Specialized Knowledge）形成一个整合的胜任力模型。基础的胜任力主要包括知识、技能、动机等，这些因素均包括在本研究建构的模型中。Boyatzis 认为，仅仅具备了这些能力元素不一定产生高绩效，对管理者胜任力进行组合、结构化以及建立模型，就得到了区分一般绩效管理者和绩优管理者的胜任力模型。

　　本研究基于元分析结果而构建的模型可以清晰地表明，企业中层管理者的胜任力包括三个维度：人力资本胜任力、社会资本胜任力和心理资本胜任力。这是不同于已有研究的全新模型，但这一模型也可以得到一定的理论和实证支撑。Katz（1974，2009）最先提出三种管理技能模型：专业技能、人际技能和观念技能。专业技能（technical skills）是指熟悉和精通某种特定专业领域的知识和能力。Katz 提出的专业技能的内涵与本研究的人力资本胜任力维度吻合。人际技能（human skills）是与其他人能够一起有效开展工作的能力。具有良好人际技能的管理者能够鼓舞员工的热情和信心，善于激励员工，维护与客户的关系，同时处理好内外部的各种利害关系，这些技能对于各个层次的管理者都是必备的。Katz 提出的人际技能的内涵与本研究的社会资本胜任力维度吻合。胜任力的冰山模型和洋葱模型都指出了胜任力的要素，包括知识、技能、自我概念、特质、动机。其中，知识、技能属于人力资本的范畴，动机、特质和自我概念，如自信，属于心理资本的范畴，部分支持了本研究所建构的企业中层管理者胜任力模型。

3.4.2　人力资本胜任力内涵阐释

西方经济学将人力资本定义为劳动者通过受教育和培训获得的知识技能、文化技术与健康状况等的总称。例如，Becker（1964）主张人力资本是通过教育、培训及医疗保健等投资形成的，影响未来货币收益和消费能力的知识、才干、技能、时间、健康和寿命。Bruce 和 Youndt（2004）把人力资本定义为个体雇员的知识、能力和经验。国内的人力资本研究者李建民（1999）、丁栋虹（1999）、冯子标（1999）等均认同人力资本是蕴含在人身上的知识、技能的综合的概念，同时明确了人力资本的一些性质，如人力资本只有进行后天的投资才能获得，通过劳动生产过程才能体现出来。综上所述，人力资本是个人所拥有与经济活动密切相关的，应用于生产、管理、服务等方面的知识、技术、能力及健康等因素。

然而，中层管理者人力资本胜任力不同于一般人力资本的概念，其更强调中层管理者通过教育、职业培训等投资方式而凝结在管理者身上的专业知识、管理技能，进而更好地胜任工作内容。具有较高人力资本胜任力的中层管理者，一般具备更好地管理知识和专业知识与技能，能够充分发挥指挥、组织、协调和控制的功能，提高部门成员工作质量，提升组织绩效。优秀的中层管理者所具备的人力资本胜任力是企业重要的战略资源，具有高价值性、稀缺性和不可模仿性等特点。根据本研究对人力资本胜任力的内涵提炼，其主要包括专业知识和组织协调能力两个方面。

1. 专业知识

懂得专业知识是管理发展的一种必然趋势。只懂管理，是时代特殊的产物。随着社会进步、时代发展、社会变得更加发达，大家期望有更好的管理标准，这就需要管理人员一定是复合型人才，既要懂管理，又要有专业知识。如果管理标准仅仅是就管理谈管理，那么，管理标准就不再是标准，而是思想工作。作为一个企业的中坚力量，每个中层管理者必须拥有最基本的从业素质——专业知识，从某种程度而言，很多关键的时候，专业知识将极大地影响管理决策依据和管理标准制定。

首先，部门越精细，专业化程度越高，就越需要掌握专业知识的管理人员。管理人员应掌握本部门的业务知识，具备与自己本职工作相关的专业知识，并且能将拥有的专业知识熟练地运用到工作中去，为组织创造价值。掌握相关的专业知识与技能是从事管理类工作必需的基本要求，是发挥管理者素质和作用的基础，它包括：在对未来进行预测的基础上制定有挑战性的目标；有效地培养人才；在下属和团队中树立影响与权威等。每个中层管理者可以根据不同的行业性质、自身需求进行有针对性的专业知识与技能的学习与积累，包括财务知识、行业知识；专业知识、产品知识、商务经营管理知识和一些行业的相关法律、规定和规则方面的知识，以适应组织不断发展的需要。"知识化—专业化—职业化"是每个管理者的必然之路。

其次，组织开展的工作往往需要深入系统的理论知识支持。充分运用管理者的专业知识和技能，有利于组织专业化的生产和经营。比如，某组织如果实施将产品推进亚太地区的战略，那么，所用的人才一定是对亚太地区消费市场研究深透且观点认同的人。很多组织关键战略目标无法实现，关键业务难以深入开展，并不是组织没有战略目标，而是执行层面的管理人员的专业知识欠缺。没有专业知识，对于所推进的工作，自然很难有系统思考，也就没有专业能力和实现目标的具体方法，也就不可能做出有效的决策，更不可能培养出相关领域的优秀下属。

2. 组织协调能力

法国管理学家法约尔在 1916 年所写的《一般管理与工业管理》一书中，提出了管理的五项职能，即计划、组织、协调、指挥和控制。组织职能就是为实现组织目标，对每个组织成员规定在工作中形成的合理的分工协作关系。协调就是统一与调和企业资源以及各个员工的活动，使所有工作都能和谐地进行。

就中层管理者而言，在管理运行过程中实际负责上层决策方案的落实，这要求其有一定的组织能力。另外，还要做好上引下联的作用，这要求其具有相当的协调能力。具体而言，中层管理者的组织协调能力体现在以下几个方面：将上层下达的工作目标进行正确的解读并切合实际地制订本部门的周密工作计划。根据部门员工的能力和素质，合理、妥善地将工作任务进行分工，落实各项具体任务，运用激励机制充分调动员工的工作积极性和创造性，达到人职匹配，各尽其职、才尽其力。在所有过程中及时有效地进行信息沟通，消除群体内外的摩擦和"内耗",达到团结共事、协同行动的目的。简而言之,组织协调就是中层管理者把自己管辖范围内的人力、物力、财力统筹安排,实施合理有效的组合调配,使之发挥出最大效能。

3.4.3 社会资本胜任力内涵阐释

20世纪80年代至90年代,法国社会学家布迪厄(Pierrer Bourdieu),美国学者科尔曼(James S. Coleman)、普特南(Robert D. Putnam)等人先后提出社会资本理论,在社会科学领域造成了广泛的影响。学者们也陆续对社会资本的定义展开了热议,布迪厄(1986)认为社会资本是一种真实或潜在的资源总和,而这种资源源自长期稳定的网络关系。科尔曼(1990)从社会资本功能的角度指出社会资本在不同的个体彼此间共有的社会结构的某些方面,可以帮助个体行动;社会资本也具有生产性,它使得某些目的实现成为可能,在缺乏它时,目标的实现将有困难。Adler(2000)将其定义为经由长期稳定的社会关系所产生的个人和集体资源。世界银行(2002)指出社会资本是蕴藏在社会结构内的某些规范和社会关系,它们能够促使大家合作以达成既定的目标。上述研究者对社会资本的定义虽指涉有所不同,但不少学者认为它是属于群体间所发生的社会关系或强调它是人际合作的网络,同时也强调它是一种真实或潜在的资源,更能促进成员彼此间的信任与建立相互合作的社会规范。

中层管理者的社会资本胜任力具有更为独特的含义,中层管理者在管理层次中处于中间位置,在高层管理者和部门员工之间起着沟通桥梁的作用,人际网络资源的多少和人际关系的好坏对其工作目标的达成起到至关重要的作用。Judge(2004)研究也发现,员工对管理者的信任与其工作绩效、离职意向、组织承诺、工作满意度相关。因此,借鉴传统社会学关于社会资本的定义,本研究将中层管理者社会资本胜任力定义为中层管理者利用自身上传下达的优势位置,通过在组织内部和外部维持长期稳定的工作关系,进而获得工作效率的极大提升。根据本研究元分析结果,社会资本胜任力包括客户导向、激励下级和人际关系三个方面。

1. 客户导向

所谓客户导向,最简单的理解就是把满足客户需求作为一切工作展开的目标和中心,致力于理解服务客户,围绕客户的需求调节企业的生产。随着对客户服务的深人，对"以客户为导向"这个问题的理解实际是永无止境的。不仅仅是对客户有清晰准确的定位，为其提供精细的服务价值，设身处地为客户着想，使其成为永久的潜在客户。要做到这点，就要与客户建立良好的人际关系，管理者或员工与客户的关系首先是朋友，没有永久的客户，只有永久的朋友。把客户变成朋友关系就要与客户在交往中抛弃任何功利目的，真诚地关心他及其家人，设身处地地理解对方，尊重对方的需要、人格和价值观，竭尽所能帮助对方。这些做法既能直接帮助中层管理者完善客户服务细节，又可以进入客户的朋友圈，与其建立稳定长久的关系，成为真正的朋友。而一旦实现这些，当他有对产品或服务的现实需求，你可以提供具体的满足其需求的解决方案时，业务上合作的事情便可以一蹴而就。只要有养成凡事总是从客户角度想问题的习惯，你的服务才会被客户认可、接受。

2. 激励下级

作为中层管理者，首要任务是要建立一支团结高效的团队，使团队成员能够自觉自律、热情高效地工作是每个中层管理者的首要职责。中层管理者在实践中需要持续激励下属，通过设计适当的外部奖酬形式和工作环境、提供有挑战性的工作、给予认同和鼓励等方式，借助信息沟通来激发、引导、保持和规范组织成员的行为，赋予他们工作的热情，为下属带来正面能量，同时提升团队效率及氛围，以有效地实现组织及其部门目标。作为中层管理者，应该懂得如何促进下属工作，了解激励下属的方式，并确认自己在激励下属的过程中所扮演的角色。一个有效的中层管理者，应能创造促使下属达成各自目标的条件，最重要的是，针对不同的人采取不同的激励方式。激励下级贯穿在情感建立、相互信任和信息沟通的过程中，因此属于社会资本胜任力的组成要素。

3. 人际关系

中层管理者作为组织、团体的中间阶层，处在一个承上启下、连接左右的位置：面对组织的高层管理者，中层管理者是下级，要拥护上级的战略思想，严格执行上级的决策指令，维护上级和组织的利益；在下属面前，中层管理者的角色是管理者、领导者，要制定部门制度和工作目标，组织部门人力、物力、财力，协调整合资源，执行上级决策，完成工作目标，并激励和帮助下属成长；面对平级，中层管理者是协作者，相互之间要理解、支持、合作、尊重；面对外部客户，中层管理者作为企业中某个部门的代言人，应代表企业去诚心维护对外关系，以服务的心态为双方利益找到一个平衡点，互惠互利，合作共赢，做好一个价值传递者的角色。可见，组织的中层管理者不但在决策层和执行层之间起着桥梁作用，而且在处理和维护内外部关系中有着不得替代的地位。

拥有良好人际关系的中层管理者会不断扩大他们的关系网络，以便在需要时得到必要的支持。和上司、同级别的同事或下属，以及与外界所有工作上往来的对象保持紧密而频繁的联系，巩固良好畅通的人脉关系。因此，中层管理者平时就要以电话、微信、传真、信件等方式，和部门内外的人士保持往来互动。当中层管理者建立人脉网络的广度、深度都足够时，许多困难的事务可以迎刃而解。

3.4.4　心理资本胜任力内涵阐释

来自积极组织行为学的研究证实，相对于人力资本和社会资本而言，心理资本能更大程度地预测员工绩效、工作态度与行为。具有强大心理资本的管理者，在面对充满挑战性的工作时，有信心并能付出必要的努力来获得成功；当遇到问题和困境时，能够持之以恒、很快恢复并超越（韧性），以取得成功。Luthans（2009）指出，从个体层面来说，心理资本是促进个体提升绩效和成长发展的重要因素；从组织层面来说，心理资本能够帮助组织获取竞争性优势并充分发挥它们人力资源的全部潜能。企业中层管理者带领团队成员完成部门工作，取得较高的绩效水平离不开他所拥有的积极心理品质。

对于中层管理者而言，心理资本胜任力同样是其胜任力的构成要素，具有积极心理资本的中层管理者，不仅能够更好地完成上级交代的任务，而且能够很好地带动团队的积极氛围。基于此，本研究将中层管理者心理资本胜任力定义为，中层管理者在成长和发展过程中，通过关注自身的心理优势、开发个体的内在潜能而形成的积极心理品质，进而获得工作效率的有效提升和工作职位的出色表现。根据本研究元分析结果，中层管理者心理资本胜任力包括成就动机、自信和韧性三个方面。

1. 成就动机

成就动机是个体追求自认为重要的有价值的工作，并使之达到完美状态的动机，即一种以高标准要求自己力求取得活动成功为目标的动机。具有高成就动机的管理者喜欢自己变得优秀，渴望获得成功，他们给自己设立具有挑战性的目标，然后整合并运用一切资源让自己能够完成甚至超越这个目标。他们的生活内容丰富而充实，工作主动积极，生机勃勃，精力充沛，心情愉快，有事业心、进取心，永远不满足于现有的成就，其思维活动独立，创造力强，富有竞争意识，自信心强，敢于承担具有一定难度的工作并力求做好。

中层管理者一般都是从基层提升的工作成绩出色的人。他们本身对工作就具有很高的期望值和很强的成就动机，居于中层领导者岗位后，一般会比大多数员工获得更高的薪酬，但他们并不会满足于高薪，而是希望得到进一步的提升，追求成就感成为他们不断自我学习和培训的最主要动力。积极、稳定的成就动机水平可以促使中层管理者在行动过程中积极、主动地调整行为，增强行为的针对性和有效性，提高组织目标完成的高效性。同时，成就动机激励他们在不断的追求中感受到自我价值实现的愉悦，不断体验挑战和创造的价值，使其心理素质和领导技能在动态的锤炼中不断提高，臻于成熟。成就动机成为企业家和管理者在任职资格中所必备的胜任素质之一。

2. 自信

做任何事情都必须自信，管理也是如此。在所有领导力特质中，自信是研究者第一个界定出来的。自我效能是与自信相近的概念，Stajkovic 和 Luthans（1998）用元分析的方法综合了以前人们对自我效能感的实证研究，把自我效能感定义为"人们对自己激发动机，认知资源并且在既定的环境中采取必要行动来完成特定行为的能力"。具有信心的个体选择挑战性的任务，自我激励并且努力实现自己的目标，当遇到危机和障碍时会坚定信心。

自始而终，自信作为对领导效能有主要贡献的特质之一，获得了广泛的关注。自信的中层管理者往往能承认自己的魅力并相信自己的能力，总是能够大胆、沉着地处理各种棘手的事情。一位自信心强的中层管理者能将他的信心带给团队的每一个成员。自信的中层管理者充满了坚定和力量，能赢得大家的赞赏和敬重，而这种类型的人似乎总是特别值得信任，特别让人觉得可靠，往往也容易取得管理的成功。

3. 韧性

韧性是指从逆境、冲突、失败、责任和压力中迅速恢复的心理能力。英国皇家特许管理协会（Chartered Management Institute）将韧性确定为成功管理者和领导者的十大特征之一。工作的世界需要拥有韧性的管理者——他们能够公开谈论错误和危机，而且这样做还有助于他们更好更快地卷土重来。大多数克服逆境的管理者都认为自己从经历中吸取了教训。84%的受访管理者表示，作为管理者，他们在未来应对类似的危机时会准备得更充分；85%的管理者认为他们个人有了更充分的准备。

现代的组织是一个动态和变化的环境，组织要不断创新、变革才能生存和发展下去，这是一个充满矛盾冲突和循环反复的过程，中层管理者必须付出持之以恒的努力才能成功。在实施组织战略和工作计划的过程中，中层管理者也会遭遇失败、挫折和打击，这需要他们具有足够的心理承受能力和抗打击能力，能够面对困难坚韧不拔地持续努力，朝着既定目标前进并取得最后的胜利。另外，组织的长远发展、市场空间的延伸、自身管理水平的提高都是一个长期的过程，需要中层管理者坚持不懈的奋斗，因此必须具备韧性这种积极的心理品质。

3.5　本章小结

本章通过系统的整合以往研究者对中国情境下企业中层管理者胜任力要素实证研究成果，利用元分析方法对所获资料进行挖掘和量化分析，提取了企业中层管理者通用胜任力要素，构建了企业中层管理者胜任力要素基本模型。运用元分析方法得到了企业中层管理者胜任力要素的三个维度：组织协调能力和专业知识组成了胜任力的第一个维度，命名为人力资本胜任力；客户导向、激励下级、人际关系组成了胜任力的第二个维度，命名为社会资本胜任力；成就动机、自信、韧性组成了胜任力的第三个维度，命名为心理资本胜任力。

第4章 胜任力、组织激励
对工作绩效作用的研究假设

4.1 胜任力对中层管理者工作绩效的影响

资源基础观指出，组织是各种有形资源和无形资源的集合，并通过各种独特资源获取持续的竞争力。个体的工作绩效同样是由其周围各种有形资源和无形资源共同决定的，个体所拥有资源的独特性和丰富性强弱决定了是否能够取得较高的工作绩效。由人力资本、社会资本和心理资本组成的个体资源被看成个体工作绩效和组织成功的关键。本章通过现有文献研究，进一步剖析不同维度的胜任力对中层管理者工作绩效的作用。

4.1.1 人力资本胜任力与工作绩效

人力资本是对生产者进行教育、职业培训等支出及其在接受教育时的机会成本等的总和，表现为蕴含于人身上的各种生产知识、劳动技能以及健康素质的存量总和。在知识经济时代，人是各种知识和技术的载体，个体的人力资本胜任力是形成工作绩效的基础。

早期的人力资本研究由于存在计量上的难度，只重点考虑了高层管理人员的人力资本。高阶管理理论认为，企业高管的人口统计学特征，如年龄、职位任期、工作经验、受教育程度等可以有效解释和预测企业的管理结果，这一结论已经得到了实证研究相当广泛的支持。早在20世纪70年代，Taylor（1975）就提出管理团队成员信息资源整合能力的增强，对于提升企业绩效是非常有益的。Snell和Dean（1992）表示对于企业而言，具有实质经济价值的技能、经验及知识的人员能增加企业价值。Penning 和 Woiceshyn（1987）曾分别针对法律顾问与会计公司加以实证，皆得出人力资本对经营绩效具有正面且直接的影响之结论。Gates 和 Langevin（2010）对人力资源主管进行调查和访谈，根据人力资源经理的说法，公司在人力资源措施方面越先进，公司业绩越高。高素英等（2011）对大陆企业人力资源部的经理和有关管理人员的调查结果显示，人力资源管理实践通过人力资本对企业绩效产生影响，即管理者的人力资本直接影响企业绩效。

具有较强人力资本的中层管理者，可以凭借其丰富的知识、技能和经验有效地完成工作任务，进而提高其工作绩效，这一影响的主要机制表现为增加企业竞争资源、降低委托代理成本和降低企业资源依赖。

首先，资源基础理论指出，企业由各种有形和无形的资源组成，而这些资源构成了企业独特的竞争力（Barney，1991；Wernerfelt，1984）。中层管理者的人力资本则是企业无形资产的重要组成部分，中层管理者人力资本胜任力为提升企业竞争力提供了支持，提高了企业在整个价值链中的议价能力，进而有助于中层管理者提升自身的工作绩效。

其次，中层管理者人力资本胜任力有助于降低委托代理成本。根据委托代理理论，委托人和被委托人之间，由于信息不对称而产生各种监督成本。具有人力资本胜任力的中层管理者，由于其自身具备较高的专业和工作素养，在很大程度上能够改善委托代理问题（李维安等，2014），一方面，中层管理者自身可以有更多的时间和精力投入到工作中；另一方面，企业可以将节省的委托代理成本中的各种资金和资源进一步分配给中层管理者，这对于提升其工作绩效具有重要作用。

最后，降低对外部资源的依赖。从资源依赖的视角分析，中层管理者为实现工作目标，与外部始终保持着各种信息和资源的交换，而其获取和控制外部资源的能力在很大程度上决定了其工作绩效实现的水平高低（买生等，2015）。对于具备较高人力资本胜任力的中层管理者而言，由于其在工作领域的专业知识积累和经验积累更丰富，因而其更容易获取和掌握外部资源，并将这些资源应用到实际工作中，实现更好的工作绩效。

综上所述，本研究提出以下假设：

H1－1：人力资本胜任力对中层管理者工作绩效存在显著正向影响。

本研究元分析结果显示人力资本胜任力包括专业知识和组织协调能力。为此，以下从人力资本胜任力的专业知识和组织协调能力两个方面来进一步论述人力资本胜任力对中层管理者工作绩效的作用机制。

1. 专业知识与中层管理者工作绩效

知识经济时代，作为一个中层管理者，不但要有管理才能，更要有专业知识，管理者所积累的专业知识与他的管理效果是成正比的。以斯腾伯格（Sternberg）为代表的研究者对管理者的研究表明，隐性知识水平与管理成功的很多方面显著相关，如平均加薪比例（$r = 0.48$，$p < 0.05$），绩效评估（$r = 0.56$，$p < 0.05$），福利、职务等级、工作满意度（$r = 0.23 \sim 0.29$），以及管理潜力测评结果（$r = 0.26$）。连旭等（2007）探讨中国背景下管理者隐性知识对绩效的预测作用，研究结果分析发现，管理他人的隐性知识对管理潜力、任务和周边绩效均有递增预测效度，管理自我的隐性知识对周边绩效也有递增预测效度。Hui 等（2016）的研究指出中国国际企业管理者对国际市场的感知风险和经验知识对企业营销能力的形成有积极影响，管理者的经验知识对公司的国际绩效产生了积极的影响。Corrêa 等（2014）以巴西南部某组织中的中层管理人员为样本，研究了成本管理知识、预算参与和管理者绩效之间的关系，结果表明成本管理知识、预算参与对管理者绩效有影响。

根据本研究对中国情境下中层管理者专业知识的定义，认为通过专业知识提出解决方案、降低搜索成本和创新管理机制三个方面来提升工作绩效。

首先，中层管理者的专业知识，有助于针对专业技术问题提出相应解决方案。中层管理者的知识来自教育和经历，管理者的专业知识包括工作前获得的知识、工作后通过干中学获得的管理知识和参加管理培训获得的知识体系。完备的技术知识体系有助于管理者在实际工作中为一线人员提供技术解决方案，进而提升部门和个人的工作绩效。

其次，降低知识搜索成本。知识是人类资讯的汇集以及经验的累积，其所产生的价值不仅仅是反映过去历史事件的样貌与脉络，更因其再利用性，可以用来解决目前的问题或预防未来可能面对的状况。当中层管理者遇到自身的知识无法直接解决的问题时，往往需要进行知识搜索和求助，而具备专业知识的管理者不仅可以降低重复学习及搜寻的成本（应洪斌，2016），还能将个人最专精的专业知识、经验与组织内其他成员分享，达成提升工作绩效的目的。

最后，创新管理机制，提高工作绩效。专业知识体系强调的是"正确"，强调真理和科学；而管理知识体系强调"有效"，专注目标和结果。对于掌握专业技术知识的中层管理者而言，不仅要正确解决技术问题，而且还要将解决问题过程中积累和掌握的隐性知识转化为技术管理实践（王仙雅等，2014），通过对工作流程优化和管理体制创新来提升工作效率。

由此，本研究提出如下假设：

H1-1（a）：专业知识对中层管理者工作绩效存在显著正向影响。

2. 组织协调能力与中层管理者工作绩效

组织协调能力是指管理者根据部门目标和工作任务，对所辖范围内的人员和资源进行合理调度和配置，同时控制、激励和协调群体活动使团队成员实现团结协作，提高工作运作效率，从而成功实现组织目标的能力。组织协调能力有助于中层管理者顺利高效地完成组织目标，它是中层管理者成功有效地完成工作的保证。曹建彤等（2017）考察了 IT 企业领导者胜任力模型对企业绩效的影响机制，研究建构了 IT 企业领导力模型，把沟通协调作为领导者胜任力中管理能力的一个因子。研究结果表明，IT 企业领导者个人特质、管理能力、专业能力通过心理资本与企业绩效正相关，其中管理能力与企业绩效的相关系数最大，对企业绩效影响显著。郑生钦等（2016）研究了施工企业项目经理胜任力对绩效的影响，在建构项目经理胜任力模型时，同样把组织协调能力作为综合管理技能的一个因子，施工企业项目经理胜任力包括综合管理能力、领导能力、专业知识背景、个人特质四个因素，其中，综合管理能力是最关键的因素，且施工企业项目经理胜任力对绩效具有显著的正向影响。

与专业知识不同，组织协调能力作为人力资本胜任力的另一个维度，侧重对工作的组织、管理和协调等方面的知识和能力。基于现有研究和人力资源管理实践，本研究认为，组织协调能力对中层管理者工作绩效的提升主要表现在提高资源配置效率、合理安排人职匹配和保障组织信息畅通三个方面。

首先，资源基础理论指出，企业由各种有形和无形资源构成，这些资源形成了企业独特的竞争优势。管理者工作绩效的提升在很大程度上是对组织资源的优化配置。在组织环境中的大量实践表明，即使是在环境和资源等各有关方面运作良好包括下属全体成员都有积极性的条件下，如果中层管理者欠缺一定的组织协调能力，则无法使资源得到合理配置，出现组织资源错配。而具有较高组织协调能力的中层管理者，能够通过对组织资源的优化配置，使现有资源实现最高效率的分配和利用（沈建文等，2020），提高工作绩效和组织竞争能力。

其次，中层管理者的组织协调能力能够促进组织内部人职匹配。人职匹配理论指出，每个人都有自己独特的个性特征，而每一种职业对工作者的知识、技能、性格、心理素质的要求也不同，只有根据一个人的个性特征选择与之相对应的职业种类，才能够提升组织的运行效率（李刚，2015）。中层管理者的组织协调工作开展得准确、到位，就可以起到"黏合"、凝聚作用，就可以使部门员工在同心协力、井然有序的节奏中把工作搞得有声有色，使人力、物力、财力发挥出最大效能（陆晓光，朱东华，2013），避免出现由于人职不匹配、人浮于事等导致的整个工作场所紊乱、低效的局面。

最后，具有组织协调能力的中层管理者能够保障企业内部信息畅通。根据委托—代理理论，企业委托人与代理人之间存在信息不对称，同样，高层管理者与基层工作人员之间也存在信息不对称现象，因此导致企业相关政策无法顺利实施，同时基层人员的诉求无法得到满足，进而降低组织运行效率。中层管理者恰好起到承上启下、协调左右、打通内外的作用（樊耘等，2012）。中层管理者通过有效地组织计划与分工，协调部门成员、化解矛盾冲突、处理好各部门间的关系，促进沟通与合作，实现互助互动、流程顺利衔接，实现协同工作，使部门内形成一种团结、协作、互助、积极向上的氛围，让每个员工的能量得到最佳发挥。进一步，中层管理者组织协调能力的提升有助于得到同事的配合与帮助，能够更好地取得上级的信赖与支持，更有助于得到下属的拥戴。

由此，本研究提出如下假设：

H1-1（b）：组织协调能力对中层管理者工作绩效存在显著正向影响。

综合上述假设，得出人力资本胜任力对中层管理者工作绩效作用的模型，如图 4.1 所示。

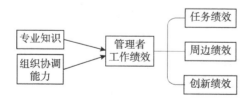

图 4.1　人力资本胜任力对中层管理者工作绩效的作用模型

4.1.2　社会资本胜任力与工作绩效

社会资本是个体在人际交往、工作关系网络等社会网络、互惠规范和由此而带来的各种资源的集合。工作绩效并非一个人的成果，而是一个部门甚至是多个部门共同协作完成的，因此，个体的社会资本是提升其工作绩效的重要因素。Li 等（2008）和王迪等（2015）的研究显示，管理者的社会资本对提升企业绩效具有显著的正向影响。陈爱娟等（2010）研究了民营公司企业家的社会资本对企业绩效的影响，实证结果证实企业家社会资本对企业财务经营绩效、发展能力都有显著的正向作用。祝学华和霍国庆（2012）以中国科技外交人员为研究对象，同样发现社会资本与工作绩效之间具有正向关系。

管理者的社会资本存在着多样化和多元化特征，社会资本既是企业管理者的个人资源，又是企业的社会资源，它可以影响到企业的绩效水平。管理者的社会资本可以帮助企业获取社会资源，从而降低不确定性，提升企业的绩效水平。在社会资本的相关研究中，社会网络理论为社会资本提供了重要支撑。Acquaah（2007）指出，社会资本来源于管理网络和社会关系，社会资本能够有效提高组织绩效。Moran（2005）从社会网络的视角实证检验了社会资本与工作绩效之间的关系，结果表明，社会资本的各维度均对工作绩效具有显著的促进作用。

为此，本研究基于社会网络理论，从社会资本胜任力为中层管理者带来的位置优势和信息优势、降低路径依赖和增加互惠规范等方面阐述社会资本对工作绩效的作用机制。

首先，中层管理者社会资本胜任力为其带来位置优势和信息优势。根据社会网络理论，具有更多社会资本的个体一般在网络中占有更多的优势位置，并有助于个体之间的相互合作和资源共享，进而使个体在完成任务时能够获取更多有效资源，从而提高工作绩效；同时，社会资本为个体提供信息优势，能够有效降低合作中的机会主义风险，而不需要在合作中投入过多时间和精力，有效提升合作的成功率。

其次，社会资本通过减少个体工作中的路径依赖来提高工作绩效。个体在工作中，随着工作经验的逐渐积累，可能因为"惯性"而被锁定在某一固定轨道上，而不进行改进和创新（杨博旭等，2019）。这种"惯性"很可能导致个体在工作中忽略外界的相应变化，无法及时地对外界技术和商业环境的变化做出调整，容易产生工作的偏差而不利于工作绩效的提高，而个体的社会资本越多，则与外界的联系和互动频率越高，越有助于拓展中层管理者工作思路，进而打破个体工作中原有的路径，形成更加高效和正确的路径（杨博旭等，

2019），提高个体的工作绩效。

最后，社会资本有助于中层管理者和其他合作者之间的互惠规范，提升工作绩效。社会资本是存在于各种社会关系与网络结构中，有利于社会中的个体或组织实现某种特定目的的资源。社会资本是一种无形资本，一种存在于人们关系之中的资本。而这种资本促使个体之间形成良好的社会规范，个体为了在社会网络中维持社会资本，并持续获取相关资源，在获取资源的同时必须对网络给予相应的回馈，互惠规范维系了社会网络的持久运营（周志民等，2014）。拥有丰富社会资本的企业中层管理者更加愿意展示助人的行为，拥有更高的工作积极性与社会奉献精神，借此回馈朋友的帮助及维护良好社会网络的延续。因此，社会资本胜任力对互惠规范的促进也是提升中层管理者工作绩效的重要机制。

由此，本研究提出如下假设：

H1-2：社会资本胜任力对中层管理者工作绩效存在显著正向影响。

1. 客户导向与中层管理者工作绩效

与中层管理者有密切关联的人际对象除了组织内部的上下级和同级别同事外，还有来自企业内、外部的其他利益相关者，其中，客户就是最重要的利益相关对象。客户导向作为胜任力的一个因子，对员工工作绩效的影响已经得到相应的实证支持，谢刚（2011）构建了中国城市商业银行经营管理层胜任力与经营绩效的结构模型，把客户导向作为胜任力模型中管理技能胜任力的一个项目，结果显示经营管理层管理技能胜任力对经营战略与财务绩效间的关系起到完全中介作用。黄勋敬和赵曙明（2011）也将客户导向作为商业银行行长胜任力模型中的要素，并得出团队意识与自我提升、责任感、组织协调、客户导向与服务意识是商业银行行长提升关联绩效的关键驱动因素的结论。

客户导向是把满足客户需求作为一切工作展开的目标和中心，致力于理解和服务客户，将客户作为社会资本的重要组成部分。客户导向的中层管理者通过强化客户关注、建立良好的客户关系和引导客户参与等途径提升工作绩效。

首先，客户导向的社会资本胜任力能有效强化中层管理者的客户关注度。积极主动地了解客户的期望与要求，善于换位思考，站在顾客的角度分析问题，把握不同客户的需求，并根据顾客需要的满足情况预见客户需要的变化趋势（李瑜、谢恩，2014），以此为客户提供高品质的产品和服务，维护和提升客户的满意度（孔婷等，2013），并能以亲切、和蔼的态度有效地与客户沟通，对客户的咨询、疑虑或反对情况做出及时、针对、有效的回复或解答。

其次，一个高效的中层管理者，会明确了解公司外部和内部的客户群体，经常正式和非正式地与客户会面，与客户之间建立正式和非正式的网络关系（Acquaah，2010）。一般而言，客户通过与公司之间的业务网络与公司建立正式关系，中层管理者通过维系正式客户关系，取得长期绩效。而在中国经济转型的背景下，非正式的客户关系对于维持客户关系也起着重要作用。非正式客户关系是管理者在工作时间之外，通过非正式会面与客户保持良好关系。非正式客户关系在一定程度上营造了相对宽松的环境（Colgate & Lang，2005），更有利于中层管理者与客户之间的沟通和交流。

最后，客户导向的中层管理者会通过引导客户参与到公司的生产、管理等流程中，进而提高管理绩效。具备客户导向胜任力的管理者，会主动征求客户的反馈意见，并引导客户参与到公司的不同流程中，与客户共同对生产和流程进行改造（丁志慧等，2017；Drăgan et al.，2020），以达到客户服务的方法和效率的共同提升，致力于与客户建立长期的双赢伙伴关系。通过引导客户参与，中层管理者可以有效把握产品和服务趋势，制订符合市场实际的工作计划和方案（Siebert et al.，2020），在执行中排除障碍，保障工作计划和方案的顺利执行和实施，从而提升工作绩效。

基于此，本研究提出如下假设：

H1-2（a）：客户导向对中层管理者工作绩效存在显著正向影响。

2. 激励下属与中层管理者工作绩效

中层管理者管理工作的好坏，管理意图实施情况的优劣，在很大程度上取决于一线员工能否把工作做好。管理心理学理论表明，及时适度的正面激励能非常有效地激发下属的工作积极性，对下级所取得的进步和成绩，管理者应及时给予奖励予以强化。Bass（1999）认为，管理者通过"价值引导"激励下属，通过让员工意识到所承担工作的重要意义和责任来激发员工的高层次需要，使员工为团队、组织贡献自己最大的潜力，实现最高的绩效水平。

首先，具备激励下属胜任力的中层管理者能够正确激励下属，以激发下属工作潜力。麦克雷戈的 XY 理论对人性做出了不同的假设，其中 X 理论代表"性本恶"，假设人性是懒惰和负面的，必须利用强制、惩罚的办法，才能迫使他们为实现组织目标而工作；Y 理论代表"性本善"，假设人性是勤奋和正面的，通过自我指导和自我监督来完成组织工作（McGregor，2008）。具备激励下属胜任力的中层管理者，能够根据不同的人性假设和个体特征，有针对性地实行激励政策，提升个体的工作绩效。

其次，激励下属胜任力的中层管理者可以配合不同的激励方式，实现工作绩效的提升。马斯洛需要层次理论指出，人是有需要的，且这种需要是分层次的，只有满足低一级别的需要，才会向高层次递进。就具有较强激励下属胜任力的中层管理者而言，要能够明确了解不同员工的需要阶段，正确采用不同的激励方式（严鼎程，2019）。激励包括精神激励和物质激励。不同类型的员工对激励的需要也存在差异，如对知识型员工来说，中层管理者在对其进行物质激励的同时还应重视精神激励。有关调查表明，员工工作的主要动机，不是钱、物等经济性因素，而是组织对其存在价值的肯定与认同。优秀的管理者在物质激励的基础上，通过奖励和荣誉，安排工作人员参与管理，参与决策；赋予员工更大的权利和责任；安排员工做具有挑战性的工作；让员工掌握多种工作技能等方式让员工在各自的工作岗位上体验到成功的感觉，产生自我实现的成就感，进而发挥主动性、自觉性和创造性，加倍努力为实现组织目标而工作（毛杰，2016）。

基于此，本研究提出如下假设：

H1 – 2（b）：激励下属对中层管理者工作绩效存在显著正向影响。

3. 人际关系与中层管理者工作绩效

人与人在交往中建立起来的关系称为人际关系，它是以人的情感联系为纽带的，不同的人际关系引起人们不同的情感体验。亲密的关系使人感到愉快；疏远或对抗的关系，会引起人们烦恼、厌恶等情感体验，因此，人际关系是集群绩效的关键驱动力（Kayley，2017）。Paul 等（2004）尝试了解人际信任对虚拟协作关系绩效的影响，研究结果发现综合人际信任与绩效之间存在正相关关系。梁建和王重鸣（2001）研究了中国背景下组织中的人际关系对组织绩效的重要性，指出组织内的关系模式有别于西方，中国背景下人际关系（或简称关系）的独特性在组织运作中起着独特而微妙的作用，组织间的良好关系是确保实现组织绩效的一个重要因素。程鸿群等（2014）构建了工程项目人际关系和项目管理绩效的关系模型，结果显示，过程绩效和各方满意绩效受人际关系各因子的正向影响。

在中层管理者社会资本胜任力中，人际关系通过消除员工不满因素、培养组织互惠规范和促进组织信息沟通等方面提升工作绩效。

首先，1959 年美国心理学家赫茨伯格提出了双因素理论，将影响员工绩效的因素分为激励因素和保健因素。激励因素是使员工感到满意的因素，而保健因素则是使员工没有不满的因素。在赫茨伯格的双因素理论中，人际关系属于典型的保健因素。人际关系对人们在管理中的行为会产生积极和消极两种作用：对工作效率而言，人际关系好，上下协调，员工之间感情融洽，人的心情舒畅，有助于发挥员工的积极性与创造性，从而提高工作效率；人际关系不好，人与人之间相互猜疑，相互防范，不能在信任的基础上相互合作，因而降低工作的热情和工作效率，管理目标也无从实现（侯楠楠，2010）。因此，具备社会资本胜任力的中层管理者，通过协调员工之间的人际关系，消除不满因素，进而提升工作绩效。

其次，具备人际关系胜任力的中层管理者，能够有效培养组织互惠规范，提升组织绩效。互惠规范是指由于互惠的存在，人们更倾向于帮助曾经帮助过自己的人。在组织中，互惠规范是良好人际关系的重要表现和维系纽带，组织内部的高效运转需要员工之间的相互配合和帮助，具备良好人际关系的中层管理者促进组织内部相互配合、协调一致，使上下级相互沟通，同级相互信任，直接关系到管理工作的顺利进行，最终达到提升组织绩效的目的（Paul，2004）。Carter 等（2011）的实证研究结果也表明人际关系能力能增加组织内员工与经理和其他利益相关者之间的交流，从而提高其绩效和员工满意度。

最后，中层管理者的人际关系能促进企业内部信息沟通，降低信息不对称可能带来的风险。由于个体对信息的理解偏误和信息损耗，信息在传递过程中容易出现失真现象。中层管理者的人际关系胜任力可以搭建上下畅通的沟通渠道和信息交流的平台，企业从而可以削减管理层次，缩短权力距离；提高员工积极性，实现有效管理（张泰城、陈剑林，2008）。

基于此，本研究提出如下假设：

H1-2（c）：人际关系对中层管理者工作绩效存在显著正向影响。

综合上述假设，得出社会资本胜任力对中层管理者工作绩效的作用模型，如图4.2所示。

4.1.3　心理资本胜任力与工作绩效

心理资本是指个体在成长和发展过程中表现出来的一种积极心理状态，被

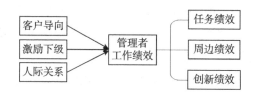

图 4.2　社会资本胜任力对中层管理者工作绩效的作用模型

视为超越人力资本和社会资本的一种核心心理要素，同时也是促进个人成长和绩效提升的心理资源（孙鸿飞等，2016）。Luthans 等（2007）提出了心理资本的四维度结构，并通过实证研究发现，心理资本的四个维度与工作绩效和工作满意度之间均存在正向关系。Avey 等（2011）的一项元分析发现，心理资本对通过不同方式测量的工作绩效均具有显著的促进作用。Peterson 等（2011）通过对 179 名财政咨询员工的长期跟踪调查结果发现，心理资本对工作绩效具有显著的正向影响。

首先，心理资本胜任力作为中层管理者重要的心理资源，对其工作绩效的提升具有重要影响。从资源保存理论（Conservation of Resource Theory，COR）的视角分析，个体的心理资本也是其重要的资源，这些资源会表现出增值螺旋效应和丧失螺旋效应（曹霞、瞿皎姣，2014）。拥有较高心理资本的个体，会表现出增值螺旋效应，他们不但有能力获得更多资源来提高工作绩效，而且还能够使所获得的这些资源产生更大的资源增量，使已有资源对工作绩效的促进作用进一步放大；相反，心理资本水平较低的个体，往往会表现出丧失螺旋效应，这些个体更易遭受资源损失带来的压力而不利于其工作绩效的提升，另外，这种压力的存在致使防止资源损失的资源投入往往入不敷出，从而会加速资源损失，而资源损失会影响个体工作的顺利进展进而不利于工作绩效的提升。

其次，从积极组织行为学的视角来看，中层管理者心理资本胜任力作为一种积极组织行为，能够促进工作绩效提升。心理资本作为从积极组织行为学（Positive Organization Behavior，POB）的基础和标准推导出来的构念，必须符合 POB 的准则要求之一，即心理资本的构成要素对工作绩效具有积极的影响（Avey et al.，2011）。而在心理资本的相关维度方面，自信、乐观、希望与韧性等积极心理品质对员工任务绩效、关系绩效及组织绩效、创新绩效均具有积极影响（Luthans，2005；周浩，2011）。以管理者为样本的研究也证实，管理者较高的希望水平，对部门的工作绩效影响程度较高。其他研究结果也表明，乐观的积极心理品质与有效管理和工作绩效呈显著正相关关系。

由此，本研究提出如下假设：

H1-3：心理资本胜任力对中层管理者工作绩效存在显著正向影响。

1. 自信与中层管理者工作绩效

提升一个人的适应能力并帮助其明确身份的一个重要因素是自信，即相信自己能够成功地完成一项特定的任务（Hollenbeck & Hall, 2004；Bandura, 1997）。如果职业任务对个人来说代表着新的领域和一定程度的风险，那么自信就尤为重要（Betz, 1994），尤其在当前个人职业变换频繁的情况下，只有那些能够应对变化多端的职业环境的人才能在职业发展中苗壮成长。正如 Betz（1994）、Hollenbeck 和 Hall（2004）所指出的，自信对职业成功比以往任何时候都重要。

领导力文献中常被报道的是管理者的自信和成功的领导力之间的关系，许多领导力相关文献综述都将自信列为有效领导力的基本特征（House & Aditya, 1997；Northouse, 2001）。Locke（1991）在评论中讲到自信是成功领导的基本特质，这一点是毋庸置疑的。在许多关于魅力型领导的理论分析中，管理者的自信表现被认为是领导有效性的一个重要因素，也是魅力属性的先决条件（Conger & Kanungo, 1987；Shamir et al., 1993），在实践中的观察结果似乎也证实了这一点（Khurana, 2002）。通过传达对成功的期望，管理者的自信可能会使他更有吸引力和魅力，并激励他们参与工作（Bandura, 1986）。因此，一个管理者展现出的自信可能会提高他的效率。然而，当前研究并没有具体说明自信影响管理者工作绩效的内在机制，由于自信与 Bandura（1986）的自我效能感在结构上具有一定程度的相似性，其他领域的研究人员通常通过自我效能来处理这个问题，以解释自信是如何影响绩效的。例如，在运动心理学领域，自信是被认为影响运动表现的常被引用的心理因素之一。考虑到两个词汇在概念上的相似，这种用自我效能代替自信的做法是可以理解的。其他研究人员也注意到了这一点（Hollenbeck, 2004）。Bass（1990）宣传：自我效能感与自信密切相关。实证研究结果和理论表明，一般的自我效能感（或自信）影响个体对其情境特异性自我效能感的估计（Williams, 1997）。此外，Chemer（1993）的领导力综合理论认为，管理者的自信在一定程度上决定了管理者的自我效能信念，而自我效能信念又会影响管理者的行为意图。因此，自信通过管理者自我效能感（对自己成功领导能力的信心）的中介机制影响管理绩效（McCormick，2001）。

自信有两个方面：一般的自信，这是在儿童早期形成的一种稳定的性格特征；具体的自信，是与手头的具体任务或情况相关的一种不断变化的精神和情绪状态。虽然这两种类型的自信都深刻地影响着我们的思想、情感和行为，但我们的总体自信水平在新的环境中很重要，而我们的特定自信则与我们的日常表现有关。这两种类型对于有效的管理是必不可少的，并使管理者能够影响他的合作者或追随者，建立特定任务的自信，从而加强他们的工作绩效（Axelrod，2017）。

由此，本研究提出如下假设：

H1-3（a）：自信对中层管理者工作绩效存在显著正向影响。

2. 韧性与中层管理者工作绩效

韧性是指个体从逆境、失败、冲突以及压力中迅速恢复的心理能力。韧性是可以被发现、测量、维持与培养的日常技能和心理优势，已有研究表明韧性可以通过压力缓冲效应等对组织绩效和员工个人绩效产生正向影响（周小虎，曹甜甜，2011），心理韧性与工作绩效和达成目标之间存在关联（冯缙，2012）。

韧性对中层管理者工作绩效的影响主要可以从两个方面来分析，即从逆境中迅速复原和寻找新挑战的勇气（Luthans et al.，2007）。

一方面，具备韧性胜任力的中层管理者具有能够从困境、逆境中迅速复原的能力，包括渡过日常工作的困难与压力，如提升工作绩效的压力、与同事间的冲突等，或是从重大的挫败中（如被降职）重新站起来的毅力。具有高韧性的中层管理者，即使是处在高度压力的环境或挫折情境中，仍能运用内外在资源化解困境，朝向积极正面发展。

另一方面，具备韧性的中层管理者具有追寻新的意义或新挑战的勇气（杨博旭，2016；马志强等，2014）。位居组织关键职位的中层管理者，在现今企业面临的多样化、压力大、节奏快、不断变化的环境中，要接受不同形式的挑战，寻求机会来学习如何能不断妥协、承受压力，以及测试自己执行不同策略与容纳不同观点的能力；在接受组织所提供的一系列挑战性的活动时，可能要经历过去从未经历过的管理难题，如面对问题员工或观念不同的团队成员，目标难以达成、无法运用过去的经验解决问题，在目标达成过程中会充满艰辛、失落、挫折与失望。优秀的中层管理者在当中必须能挑战个人想法，思考他人的观点，继而发展新观点来化解冲突。在失败中激发个人意志力，寻求新的诠释与理解。

由此，本研究提出如下假设：

H1-3（b）：韧性对中层管理者工作绩效存在显著正向影响。

3. 成就动机与中层管理者工作绩效

成就动机是指个人去追求、完成自己所认为重要或有价值的工作，并努力达到完美的一种内在推动力。高成就动机的个体从事某项活动时会以一种高标准要求自己，高度投入、精益求精，力求取得活动成功。因此，成就动机对中层管理者工作绩效的提升具有很大的推动作用。Hackman 和 Lawler（1971）的研究对象包括普通工人和领导者，结果发现，个人的工作投入与其重视成就满足的相关系数 $r=0.39$ 且达到统计学显著水平。张学和等（2013）调查了科技型企业、科研单位和高校等组织的员工，实证结果也发现，目标导向越高的员工，其创新绩效也越高。周兆透（2008）以大学教师为样本的研究结果也证实了成就动机对工作满意度和工作绩效的积极影响。

心理资本胜任力中的成就动机在提升工作绩效中扮演着重要的角色。

首先，成就动机强化中层管理者的工作动机。对无论任何行业、任何岗位的每一个员工来说，成就动机都是最重要的工作动机。对于中层管理者而言，较强的成就动机可以促进其更加积极主动地投入到工作中，不断提升自己的工作绩效。

其次，高成就动机的中层管理者更倾向于设立更高的目标，提高工作绩效。高成就动机的管理者倾向于从事有挑战性的、高目标的工作，并期待通过努力完成任务后获得成就感。Atkinson（1957）把成就动机区分为追求成功的动机和避免失败的动机，对于不同的人来说，两种动机在强度上是不同的：如果一个人追求成功的动机高于避免失败的动机，他就会克服困难努力去追求特定的目标。如果一个人避免失败的动机强于追求成功的动机，那么这个人就有可能选择减少失败机会的目标。无论哪种成就动机，都能够在很大程度上使人提升工作绩效。

由此，本研究提出如下假设：

H1-3（c）：成就动机对中层管理者工作绩效存在显著正向影响。

综合上述假设，得出心理资本胜任力对中层管理者工作绩效的作用模型，如图 4.3 所示。

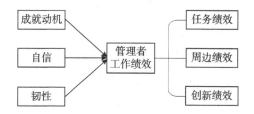

图 4.3　心理资本胜任力对中层管理者工作绩效的作用模型

中层管理者胜任力对工作绩效的作用模型如图 4.4 所示。

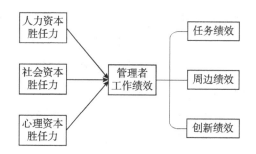

图 4.4　中层管理者胜任力对工作绩效的作用模型

4.2　组织激励对中层管理者胜任力的影响

4.2.1　组织激励与人力资本胜任力

伴随着经济的迅速发展，人才成为了企业最关键的资源，人力资本在企业发展过程中发挥的作用越来越大，对人力资本的投入力度和效率影响着企业的竞争力。Bertrand 和 Schoar（2003）通过对美国最大的 600 家公司和 1500 名高管的面板数据进行分析，发现公司经理对公司战略行为和业绩的影响效应非常大。"人"代表了观念、品质、技术以及人际关系，拥有优秀的人才能使企业具有更高的价值，因此，有具体愿景的企业莫不致力于招聘优秀人才，然后提供激励性的措施及环境，使员工能人尽其才，才尽其用。Noe 等（2008）提出，人力资本是员工通过有效的训练、经验的累积、判断力的提升、智能的强化、关系的坚固与洞察力的具备，实际增加企业的经济价值的，而企业的人力资本是通过训练与激励带来提升的。

本研究认为，组织激励对于提升员工人力资本胜任力发挥着重要作用。在完善且有效的激励制度下，组织成员的工作动机与潜力能够最大限度地被挖掘出来。员工为了满足其基本需要和相关的工作目标，会通过积极地参加相关培训和积累工作经验来提升自身的人力资本胜任力。张文菁（2000）的研究发现，组织建立有效的酬赏制度，能帮助员工提升相关知识技能，给予员工发挥才能的机会。

另外，效率工资理论（Efficiency Wage Theory）强调，企业可以经由给予员工较高的薪资，提高员工的生产力，进而创造企业的经济价值。Rebitzer 和 Taylor（1995）认为，效率工资理论为企业愿意提供高于劳动力机会成本的薪资给员工提供了理论基础，对于一定的工资激励，除了满足员工日常生活的基本需要外，还为员工提升人力资本提供了充足的物质保障。因此，薪酬福利等外部激励对于提高中层管理者人力资本胜任力具有重要作用。

由此，本研究提出如下假设：

H2-1：外在激励对中层管理者人力资本胜任力存在显著正向影响。

鉴于中层管理者人力资本胜任力在提升企业绩效方面的重要作用，公司需要提供特别的激励措施来留住他们，并且通过更加有效的内在激励手段强化其人力资本胜任力。不同于培训、轮岗、薪酬股权奖励等外部激励手段，内部激励注重对人力资本的细分及差异化对待，关注每位员工作为个体的存在有其各自独特的特点，并通过多种激励方式的协同，提升人力资本胜任力。李振伟（2013）探讨了激励方式对企业中层管理者人力资本的影响，在其研究中将激励方式分为四个维度，分别为个人发展激励、环境文化激励、工作激励和保障激励；把企业中层管理者的人力资本区分为健康资本、能力资本和精神资本。研究结果表明文化激励、个人发展激励、工作激励、保障激励与精神资本显著正相关；工作激励、个人发展激励、保障激励与能力资本显著正相关。

首先，内在激励通过组织授权提升中层管理者人力资本胜任力。Gambardella（2010）的研究模型展示了雇主如何通过授权（即员工对技术项目的自主选择）的方式为员工提供最优的激励。通过对中层管理者的充分授权，调动和发挥中层管理者的组织协调能力，并在此过程中积累经验。

其次，内在激励充分关注个人发展。个人发展激励是企业为中层管理者的职业发展提供个人发展的机会和空间。工作激励就是在工作中赋予中层管理者权利和地位，提供具有挑战性的工作，使其感受到在公司中的价值与地位（陈冬华等，2015）。为了更好地胜任现有职位以及谋求更高的工作职位，中层管理者会不断提升自己的人力资本胜任力。

最后，内在激励通过打造良好的组织文化激励中层管理者提升人力资本胜任力。在良好的组织文化和工作氛围中，中层管理者能够与上级、平级和下级进行更好的沟通，并相互学习专业知识和管理技能，提升人力资本胜任力（金辉等，2013）。

由此，本研究提出如下假设：

H2-2：内在激励对中层管理者人力资本胜任力存在显著正向影响。

4.2.2 组织激励与社会资本胜任力

社会心理学家 Schutz（1958）提出了人际需要的三维理论，该理论认为每个人都有与别人建立人际关系的愿望和需要，有人表现得明显，有人表现得不明显。每个人在与他人的交往互动中，都有三种基本的需要，即包容、支配和情感需要。包容的需要是指个体希望与别人接触、交往并建立和维持和谐关系的需要。支配的需要，是指个体控制他人或者被他人控制的需要。情感的需要，是指在感情上与别人建立和维持亲密联系的需要。马斯洛在其《动机与潜能》中表明，人的社会需要是一种除生理性需要外的最为基本最为重要的需要。社会需要主要包括社交的需要、归属的需要以及对友谊、情感和爱的需要。社会需要处于马斯洛需要层次理论的第三层次。当一个人的生理和安全的需要基本满足之后，社会需要便开始成为人们行为的主要动机。人们一般都希望与他人保持友谊与忠诚，同伴、同事之间关系融洽，得到别人的理解和支持、信任和尊重。另外，人们在归属需要的支配下，希望自己隶属于某个团体或群体而获得安全感，参加社团或集体活动而获得社会完整性，希望自己的能力在团体中得到承认而获得自我价值感。

首先，组织激励能够促进中层管理者提升社会资本胜任力。组织激励对于满足人们的社会性需要具有越来越重要的作用。企业给中层管理者提供薪酬、奖金福利等物质性激励。在吃穿住用等基本需要满足后，中层管理者的交往的需要紧随其后自然而然地成为他们行为的动力。企业给中层管理者提供成长、发展的空间，布置挑战性的工作，促使员工之间团结合作，信息共享并交换理念和资源，使个体、群体和组织产生相互理解与信任的和谐关系，消除沟通中的阻碍，使中层管理者与上级之间、与下属之间，中层管理者与同级别同事之间、与客户之间产生良好、有效率的合作关系，从而在不知不觉中建立起信任、合作、融洽、多元的人际关系。

其次，组织激励本身就是提升中层管理者社会资本的过程。企业在对中层管理者实施激励措施的过程中可以实现其社会资本的建立和维护，如在企业组织的内部培训、参加行业会议论坛、参观访问形式的交流活动中，中层管理者有机会与上司、下属，企业各部门，供应商及客户、同行以及其他行业企业的管理者会面、交流，在多种互动方式中加强与利益相关者联系的数量和频率，进而建立相互信任的情感关系。

由此，本研究提出如下假设：

H2－3：外在激励对中层管理者社会资本胜任力存在显著正向影响。

H2－4：内在激励对中层管理者社会资本胜任力存在显著正向影响。

4.2.3　组织激励与心理资本胜任力

在我国当前的经济生活水平下，薪酬、奖金等外在的物质激励措施能保证中层管理者自身及其家人基本的生存和生活条件，可以满足中层管理者的低层次需要，是发挥其工作积极性的必要基础。企业给中层管理者提供有竞争力的薪酬、绩效工资，使他们感受到自己的能力和薪酬等经济利益相匹配，就会肯定自己的能力而产生自信，愿意从事具有挑战性的工作，在工作中能取得优异的结果和成绩，努力使自己的表现对得起企业给予的报酬。

首先，组织激励构建起中层管理者与组织之间的心理契约。心理契约理论指出，员工为组织全力奉献，因为他们相信组织能满足他们的需求与愿望；组织也了解员工的发展期望，并尽量予以满足。（郑子林，2014；徐光等，2016）。组织激励其实就是中层管理者与组织的心理契约，这份期待不仅是经济契约，还有精神的内容。企业通过内在激励和外在激励，满足中层管理者的期待。这种遵守契约、履行规则的行为会使人产生满足的感觉（郑子林，

2014），并会伴随着希望、乐观、自信的情绪。这样的情绪会导致中层管理者对个人与组织的关系做出积极评价。

其次，组织激励激发中层管理者乐观和韧性的工作态度。组织通过给中层管理者授权、通畅的晋升渠道，设置有挑战性的工作等措施，使中层管理者从工作本身获得成就感、价值感和被赏识、被信任并委以重任的精神褒奖，会产生满足其高层次需要的激励作用（吕慧等，2020）；能激发中层管理者的兴趣、好奇、自我实现、成就动机等内部动力，使中层管理者在面对困难挫折时能不屈不挠、坚韧顽强，激发潜能，有效突破困境。

以上我们从理论和经验的角度对组织激励和中层管理者心理资本胜任力的关系做出了一定的推测，遗憾的是此方面的研究结果还未曾见到，比较相近的文献仅有魏荣等（2013）的研究。魏荣在研究中强调，企业在对知识型员工实施激励措施时，应侧重于创造适宜的条件，使用内在激励策略激发知识型员工的内部动机，同时给予他们一定的薪酬福利等物质奖励加以强化，此时员工就会认为获得的物质报酬源于其工作能力，因此，物质激励也会增强他们的自我效能感。

由此，本研究提出如下假设：

H2-5：外在激励对中层管理者心理资本胜任力存在显著正向影响。

H2-6：内在激励对中层管理者心理资本胜任力存在显著正向影响。

组织激励对中层管理者胜任力的作用模型如图4.5所示。

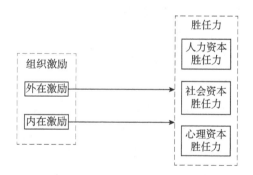

图4.5　组织激励对中层管理者胜任力的作用模型

4.3　组织激励对中层管理者工作绩效的影响

4.3.1　外在激励与工作绩效

赫茨伯格指出，与工作并没有直接关系的因素被称为"外在因素"或"保健因素"，包括薪酬福利、管理政策、人际关系、工作条件等。这些因素会影响员工的满意度，但并不产生直接的激励作用。然而，许多行为科学家认为，有关工作环境的因素和工作内容的因素，都可能对员工产生激励作用，而不只是使员工感到满足。在理论与管理实践上存在这样一种趋势，普遍认为在具体情境中，工作环境和条件等因素也可能有激励作用。经济学家们认为外在激励能够提高个体的努力水平和业绩，而且已经有很多研究证据表明变动薪酬对所要求的代理人的行为确实起到了积极的强化作用（Lazear，2000）。诸多学者对我国员工的大量研究表明，薪资、福利以及人际关系等外在因素具有普遍性的激励作用。吕永卫和王珍珍（2010）以企业高技能人才为对象，实证分析结果显示企业的薪酬激励对于高技能人才工作满意度有显著的影响，薪酬激励对于任务绩效和情境绩效的解释力均达到显著水平。

外在激励是组织对员工实行的最值得的客观激励，包括薪酬、福利、奖金等。这种激励在提升中层管理者工作绩效方面扮演着重要的角色。

首先，外在激励激发中层管理者的工作动力。期望理论指出，当员工意识到自身的努力与绩效之间、绩效与激励之间存在必然联系时，将会激发起工作动力，通过加倍努力提升工作绩效，以获取组织激励（王铎等，2020；毛江华等，2014）。一方面，中层管理者为了达到企业和自身的工作期望，必然会保障基本工作任务的有效完成；另一方面，中层管理者的基本职能要求其在完成任务绩效的同时，必须不断提升周边绩效，以保障组织内部的工作协调和相关任务的顺利完成。

其次，外在激励通过强化中层管理者的组织承诺提升工作绩效。组织承诺是中层管理者对所属组织的目标和价值观的认同和信任，以及由此带来的积极情感体验。Yousaf等（2015）的研究结果显示，外在激励与任务绩效和情境绩效有关，这些关系由情感组织承诺调解。对于中层管理者而言，组织外部激励强化了其对组织的情感承诺和规范承诺，由于外在激励程度往往与中层管理者的工作年限和职位有关系，因此，外在激励还能够有效提升其持续承诺，即持续保留在组织内，并为提升工作绩效做出努力。

最后，外在激励中的工作考核和晋升也是提高工作绩效的重要保障（姜付秀等，2014）。一方面，考核是根据中层管理者的工作职责，设定合理的工作目标和要求，根据实际工作情况进行考核并给予相应的激励。另一方面，晋升是根据中层管理者的工作表现，对岗位级别进行的升迁，主要体现了对中层管理者工作成绩的肯定。如果要完成工作考核和实现晋升，中层管理者就必须努力完成任务绩效，并结合周边绩效来更好地实现其工作目标。

据此，本研究假设：

H3 - 1：外在激励对中层管理者任务绩效有显著的正向影响。

H3 - 2：外在激励对中层管理者周边绩效有显著的正向影响。

外部激励与创造绩效的关系这一领域的早期研究认为，像薪酬这样的物质激励在本质上被认为是可控的，因此会削弱内在动机，继而损害整体绩效，尤其是创造力。另一组研究对这一观点提出了挑战（Eisenberger & Judy，1996；Eisenberger & Michael，1994），他们认为"外部奖励会降低创造力"的观点与长期以来的行为观点相冲突，后者认为绩效可以通过系统的外在奖励来提高。Mehta 等（2017）在其研究中表明，早期研究报道的金钱奖励对创造力的有害影响可能是奖励的模糊偶然性的作用，而不是奖励本身的作用。研究表明，在日常生活中，人们通常因传统而不是创造性的表现而得到奖励，因此，人们通常专注于产生更传统和社会可接受的解决方案（Eisenberger et al.，1999）。然而，当金钱奖励与创造性联系在一起时，例如，公司将奖励建立在创造性表现的基础上（Eisenberger & Rhoades，2001；Eisenberger & Shanock，2003）或者提供创造性训练以获得奖励（Burroughs et al.，2011），金钱奖励可以加强内在动机，从而产生更高的创造力。

本研究认为，外在激励对于中层管理者的创新绩效更多地表现出正向的促进作用。

一方面，外在激励是对中层管理者创新损失的良好补偿（Eisenberger，1996）。由于创新行为普遍存在着风险性和不确定性，中层管理者会因为担心创新失败而创新行为受到一定限制。外在激励可以补偿在创新行为中由于付出努力而产生的认知损失，提高个体在创新中的乐趣和努力水平，促进和鼓励中层管理者的创新行为，进而提升其创新绩效。

另一方面，外在激励有助于缓解创新的逆向选择问题。由于创新的风险性和不确定性，具有创新偏好的管理者在遭遇创新失败时，往往表现出较差的工作绩效；而不进行创新的管理者则可以避免因创新失败而导致的低绩效表现，进而面临道德风险和逆向选择的双重困境。良好的外在激励制度安排则通过组织激励，对创新失败高度容忍，鼓励员工创新行为，提升其创新绩效（Malik，2015）。黄秋风和唐宁玉（2016）研究结果显示，外在激励和内在激励均通过正向影响个体内在动机进而促进个体的创新行为。

据此，本研究提出假设：

H3-3：外在激励对中层管理者创新绩效有显著的正向影响。

4.3.2　内在激励与工作绩效

内在激励更加关注的是如何从员工自身激励其自觉主动地为组织工作。当员工在工作过程中对工作产生浓厚的兴趣，感受到工作的职责、自主性和对个人成长的意义时，这种认知的变化会使个体产生一系列内在积极情感体验，如成就感、自我价值感、幸福感等，他们就会产生积极的工作态度与行为。Cerasoli（2014）以大学生为对象的实证研究发现，大学生的内在激励对其工作绩效具有显著的正向影响作用。Thomas（2009）在其研究中指出内在激励对员工的情感承诺具有显著正向影响。Kuvaas（2006）通过对金融企业职员进行实证分析也指出，内在激励对员工的工作绩效、组织承诺均具有显著正向影响。张伶和张正堂（2008）的研究结果显示，内在激励通过工作满意度、组织承诺对工作绩效有显著的正向影响。Yousaf（2015）的研究结果同样认同内在动机与任务绩效有关。

内在激励主要通过激励管理者从事具有挑战性的工作、强化自主工作动机和获得上级支持等路径提升任务绩效和周边绩效。

首先，内在激励反映了个体个性中积极向上的一面。在内在激励作用下，员工将会主动为自己设置具有挑战性的工作目标。为了完成具有挑战性的工作，中层管理者会用更多的精力去完成现有工作任务，并积极调动周边各种资源来共同推动工作进展，努力完成任务目标。

其次，内在激励强化工作动力。根据自我决定理论，自主动机是指由于个体具有自己的决断力，能够主动地控制自己的行为而产生行为动力，即个体之所以行动，是因为个体对行为具有主动权，可以由自身主动操控行为，而非被动地受外界的控制（Yousaf，2015）。内在激励属于自主动机的重要组成部分（Hu & Qiu，2016），因此，当个体觉得自己对有趣或有意义的任务能自由地操控，具有很大的自主权时，该个体将会主动地、努力地去从事工作完成任务。内在激励程度高的员工，不仅会积极主动地完成本职工作，而且还会主动承担本职工作范围以外的任务，严格遵守组织的规章制度、主动帮助他人等，做出很多利于同事、组织和团队的事情。

最后，上级支持是提升中层管理者工作绩效的重要方式。上级支持也是内在激励的一种重要形式。对于中层管理者而言，由于具备一定的工作能力和经验，其在组织中不仅扮演打工者的角色，更需要获得自身的发展前景和组织内部领导的支持（刘德鹏等，2020）。当中层管理者的工作得到上级支持时，他就会有更大的动力去贡献自己的力量，提升组织承诺，更好地完成任务并与同事协作提升绩效。

据此，本研究提出假设：

H3 - 4：内在激励对中层管理者任务绩效有显著的正向影响。

H3 - 5：内在激励对中层管理者周边绩效有显著的正向影响。

学者们对内在激励与个体创新绩效关系的研究成果较多，最具代表性的是 Amabile 的研究。Amabile（1983）提出了创新成分模型，该模型指出创新技巧、创新行为过程、任务激励三者共同对个体的创新行为产生影响。其中，任务激励是指让个体从事他感兴趣的、有一定挑战性的工作，也就是所说的内在激励。

内在激励会促进中层管理者创新绩效的过程可以这样解释：当个体感知到任务是有挑战性的且充满乐趣和意义的，会激发他们享受工作和挑战自己的欲望时，他们就会主动且自觉地投入更多的时间和精力，发挥主观能动性和聪明才智。从不同的视角看待和理解问题，更广泛地收集信息，进而整合不同信息进行思维发散，从而产生更多的创意和方案，更可能创造性地解决问题（王辉、常阳，2017）。而创新行为实现后能给个体带来满足感和成就感，使个体达到高层次的精神满足和享受（Kuvaas，2006），因此内在激励是个人创新行为的原动力。据此，提出假设：

H3-6：内在激励对中层管理者创新绩效有显著的正向影响。

中层管理者任务绩效、周边绩效和创新绩效均属于工作绩效结构中的要素，综合以上文献分析，提出如下假设：

H3-7：内在激励对中层管理者工作绩效有显著的正向影响。

H3-8：外在激励对中层管理者工作绩效有显著的正向影响。

组织激励对中层管理者工作绩效的作用模型如图4.6所示。

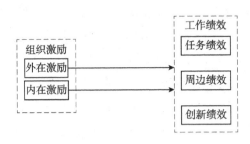

图4.6　组织激励对中层管理者工作绩效的作用模型

通过上文的文献梳理和分析可知，外在激励因素、内在激励因素对中层管理者人力资本胜任力、社会资本胜任力和心理资本胜任力起促进作用，人力资本胜任力、社会资本胜任力和心理资本胜任力对中层管理者工作绩效有积极影响。通过如下假设尝试探索可能存在的中介效应：

H4-1：人力资本胜任力在内在激励与中层管理者工作绩效间起中介作用。

H4-2：人力资本胜任力在外在激励与中层管理者工作绩效间起中介作用。

H4-3：社会资本胜任力在内在激励与中层管理者工作绩效间起中介作用。

H4-4：社会资本胜任力在外在激励与中层管理者工作绩效间起中介作用。

H4-5：心理资本胜任力在内在激励与中层管理者工作绩效间起中介作用。

H4-6：心理资本胜任力在外在激励与中层管理者工作绩效间起中介作用。

4.4 整体理论模型的构建

在质性研究和元分析的基础上，根据本章对组织激励、中层管理者胜任力和工作绩效三者之间关系的理论演绎，本研究提出了如图 4.7 所示的整体理论模型，明确了研究变量之间的关系。该模型包含多个潜变量，其中，组织激励因素有外在激励和内在激励两个外生潜变量。中层管理者胜任力包括人力资本胜任力、社会资本胜任力、心理资本胜任力三个潜变量，人力资本胜任力因素包括专业知识、组织协调能力两个潜变量；社会资本胜任力因素包括客户导向、激励下级和人际关系三个潜变量；心理资本胜任力包括成就动机、自信和韧性三个潜变量。胜任力的三个因素所包括的八个潜变量以及中层管理者的任务绩效、周边绩效和创新绩效均为内生潜变量。

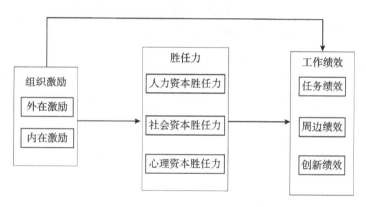

图 4.7 整体理论模型

4.5 本章小结

本章提出的组织激励因素和中层管理者胜任力对其工作绩效作用的假设一共 4 组，其中，中层管理者胜任力与其工作绩效的关系假设有 11 条，组织激励因素对中层管理者工作绩效作用的假设研究有 8 条，激励因素与中层管理者胜任力的关系假设有 6 条，胜任力的中介效应模型为 6 条，总体情况汇总于表 4.1 中。

表 4.1　研究假设汇总表

编　号	假设内容
H1-1（a）	专业知识对中层管理者工作绩效存在显著正向影响
H1-1（b）	组织协调能力对中层管理者工作绩效存在显著正向影响
H1-2（a）	客户导向对中层管理者工作绩效存在显著正向影响
H1-2（b）	激励下属对中层管理者工作绩效存在显著正向影响
H1-2（c）	人际关系对中层管理者工作绩效存在显著正向影响
H1-3（a）	自信/自我效能对中层管理者工作绩效存在显著正向影响
H1-3（b）	韧性对中层管理者工作绩效存在显著正向影响
H1-3（c）	成就动机对中层管理者工作绩效存在显著正向影响
H1-1	人力资本胜任力对中层管理者工作绩效存在显著正向影响
H1-2	社会资本胜任力对中层管理者工作绩效存在显著正向影响
H1-3	心理资本胜任力对中层管理者工作绩效存在显著正向影响
H2-1	外在激励对中层管理者人力资本胜任力存在显著正向影响
H2-2	内在激励对中层管理者人力资本胜任力存在显著正向影响
H2-3	外在激励对中层管理者社会资本胜任力存在显著正向影响
H2-4	内在激励对中层管理者社会资本胜任力存在显著正向影响
H2-5	外在激励对中层管理者心理资本胜任力存在显著正向影响
H2-6	内在激励对中层管理者心理资本胜任力存在显著正向影响
H3-1	外在激励对任务绩效有显著的正向影响
H3-2	外在激励对中层管理者周边绩效有显著的正向影响
H3-3	外在激励对中层管理者创新绩效有显著的正向影响
H3-4	内在激励对中层管理者任务绩效有显著的正向影响
H3-5	内在激励对中层管理者周边绩效有显著的正向影响
H3-6	内在激励对中层管理者创新绩效有显著的正向影响
H3-7	内在激励对中层管理者工作绩效有显著的正向影响
H3-8	外在激励对中层管理者工作绩效有显著的正向影响
H4-1	人力资本胜任力在内在激励与中层管理者工作绩效间起中介作用
H4-2	人力资本胜任力在外在激励与中层管理者工作绩效间起中介作用
H4-3	社会资本胜任力在内在激励与中层管理者工作绩效间起中介作用
H4-4	社会资本胜任力在外在激励与中层管理者工作绩效间起中介作用
H4-5	心理资本胜任力在内在激励与中层管理者工作绩效间起中介作用
H4-6	心理资本胜任力在外在激励与中层管理者工作绩效间起中介作用

第5章 组织激励、胜任力
对工作绩效作用的研究设计

本章基于前面章节研究基础对理论模型中涉及的各个变量指标进行量化，从调查问卷的设计、个人访谈到数据收集的过程加以详细阐述。本研究严格按照问卷开发程序，在借鉴前人相关研究成果以及征求专家意见的基础上，设计了研究变量的测度指标，通过小规模访谈修订完善后形成初始问卷，然后通过预调研对问卷的有效性和可靠性进行评估并进行必要的调整和修正，最终形成用于正式测量的问卷，并据此开展正式调查分析。

依据 Dunn 等（1994）、杨国枢（2006）学者提出的问卷设计的原则和步骤，结合本研究的内容，本研究按照以下四个步骤完成对问卷的设计工作。

（1）明确变量的概念和维度。

通过第3章整合分析我国企业中层管理者胜任力要素的研究成果，构建中层管理者胜任力模型，获取胜任力的三个维度并对其内涵进行深入阐释。通过第2章文献梳理、分析明确中层管理者工作绩效的三个维度并进行界定。关于组织激励的维度和概念在第2章中的核心概念界定部分进行了论述。至此明确了本研究涉及的相关变量的概念和维度。

（2）确定变量的测量题项。

明确相关变量的概念和维度，查阅国内外相关研究中被广泛使用的变量测量量表，尽量多使用已有的成熟量表来形成本研究的问卷测量题项，同时根据我国企业中层管理者的实际特点修改部分题项的描述，使之符合国人的阅读习惯。对于有些变量没有成熟量表可供参考的，我们首先查阅相关研究文献广泛收集信息，在此基础上和同行、专家进行讨论，综合多方面的意见，对参考的测量题项进行修改，并加入与变量相关的关键词，形成适用于本研究的初始问卷。

（3）个人访谈与专家座谈。

初始问卷形成后，通过小规模中层管理者个人访谈和专家座谈就问卷的人口学变量的设置、指导语，问卷内容、文字表述等与相关人员进行交流、讨论，以发现问卷存在的问题，并对有异议的问题进行修正，进一步完善初始问卷。首先，研究人员与同领域专家学者进行交流，就调查问卷的变量和题项是否能达到研究目的进行讨论，并就问卷中变量的安排次序、题项内容、语言文字表述、问卷排版等问题征求意见，采纳合理意见对问卷进行初次修改。其次，与具有丰富的管理经验以及良好的技术和知识背景的企业中层管理人员进行深度访谈，就问卷涉及的变量是否符合中层管理者实际情况、问卷的描述措辞是否容易理解等问题征求了他们的意见。对访谈获得的意见与建议一一斟酌，反复推敲，再次改进和完善初始问卷。

（4）小样本预测试。

初始问卷形成后，选取江南大学 2015 级和 2016 级 MBA 班的 100 位中层管理人员进行预测试。使用预测试问卷所得的有效数据对各个变量及其测量题项进行项目分析和探索性因子分析，删除项目分析和探索性因子分析未达到信度和效度要求的测量题项，形成正式的调查问卷。

5.1　变量测量

根据第 1 章提出的研究目标和研究内容，本研究中层管理者胜任力需要测量的变量包括人力资本胜任力（包括专业知识和组织协调能力），社会资本胜任力（客户导向、激励下级和人际关系三个方面），心理资本胜任力（包括自信、成就动机和韧性三个方面），中层管理者工作绩效（包括任务绩效、周边绩效和创新绩效三个维度），以及组织激励因素（包括内在激励因素和外在激励因素）。其中，自变量为组织激励因素和中层管理者人力资本胜任力、社会资本胜任力、心理资本胜任力，因变量为中层管理者工作绩效，控制变量为研究对象的人口学特征的变量，包括企业性质，被调查对象的性别、年龄、学历、工作年限。

在变量的测量方式上，采用 Likert 式 6 级量表对变量进行测量。其中，1 表示非常不符合，2 表示比较不符合，3 表示不符合，4 表示符合，5 表示比较符合，6 表示非常符合。调查问卷的第一部分为人口学变量，包括被调查对象所在企业的性质，被调查对象的性别、年龄、学历、工作年限。第二部分为人力资本胜任力、社会资本胜任力、心理资本胜任力、组织激励和工作绩效问卷。

5.1.1　胜任力要素的初始题项

本研究在第 3 章中使用元分析的方法获得了企业中层管理者通用胜任力要素，它们是人力资本胜任力（包括专业知识和组织协调能力两个方面）、社会资本胜任力（包括客户导向、激励下级和人际关系三个方面）以及心理资本胜任力（包括自信、成就动机和韧性）。以下根据元分析的结果、相关文献研究及专家意见拟定中层管理者胜任力要素初始测量题项。

1. 人力资本胜任力初始问卷

目前学术界用于衡量人力资本的指标主要有年龄、受教育程度、工作经验与培训、工作年限、组织任期、认知能力、周工作时数、工作知识与技能、情绪智力、学习能力、创新能力等（Ng et al. ，2005；Wong & Law，2002；周文霞等，2015）。

受教育程度、工作年限、组织任期等人力资本衡量指标易观察，可量化，称为显性人力资本。工作知识与技能、工作经验与培训等衡量指标不能直接观察，需要通过特殊的技术处理才能量化，称为隐性人力资本。柯江林等（2010）指出当关联变量为薪酬、企业客观绩效时，人力资本通常是客观衡量方式；而当关联变量为主观的变量，如人格特质、个人绩效时，通常采用主观衡量。本研究中，人力资本的关联变量是个人绩效，因此适宜采用主观衡量方式，即隐性人力资本。

隐性人力资本收集被试知识、技能等评价性信息。根据第 3 章元分析的结果，本研究采用专业知识和组织协调能力来衡量中层管理者的隐性人力资本。参考柯江林等（2010）、Defillippi 和 Arthur（1994），专业知识包括 4 个题项。参考谌珊（2015）、倪渊和林健（2012），组织协调能力包括 3 个题项。具体测量题项见表 5.1。

表5.1　中层管理者人力资本胜任力初始测量题项

维　度	编　号	测量题项	依据或来源
专业知识	RL1	我有丰富的学科专业知识	柯江林等（2010）；Defillippi & Arthur（1994）
	RL2	我有丰富的企业管理知识	
	RL3	我精通本专业知识	
	RL4	我具备企业管理的相关知识，懂得专业领域与工作的规律	
组织协调能力	RL5	我有很强的组织管理能力	谌珊（2015）；倪渊、林健（2012）
	RL6	我有很强的协调沟通能力	
	RL7	我能按工作任务分配资源，并控制协调团队活动过程	

2. 社会资本胜任力初始问卷

根据社会资本的理论和概念，以及第3章中元分析的结果，本研究从客户导向、激励下级和人际关系三个方面测量中层管理者的社会资本胜任力。参考Nahapiet 和 Ghoshal（1998）、王慧琴和罗瑾琏（2011），客户导向包括4个题项。参考 Nahapiet 和 Ghoshal（1998）、柯江林等（2010），激励下级包括4个题项。参考 Chen 和 Chen（2004）、王慧琴等（2011），人际关系包括4个题项。具体测量题项见表5.2。

表5.2　中层管理者社会资本胜任力初始测量题项

维　度	编　号	测量题项	依据或来源
客户导向	SH1	我与客户的联系频繁	Nahapiet & Ghoshal（1998）；王慧琴等（2011）
	SH2	我与客户的关系密切	
	SH3	我以客户为中心，积极满足客户需求	
	SH4	我为客户提供最佳的专业服务，以提高客户满意度	
激励下级	SH5	我与下属员工的联系频繁	Nahapiet & Ghoshal（1998）；柯江林等（2010）
	SH6	我与下属员工的关系密切	
	SH7	我帮助下属设定具体而又富有挑战性的目标，发挥下属的潜能	
	SH8	我针对不同下属的特点进行多种激励，调动下属积极性	

维　度	编　号	测量题项	依据或来源
人际关系	SH9	我努力和组织中的各方建立和谐、融洽的关系	Chen & Chen（2004）；王慧琴等（2011）
	SH10	我积极与组织外部的利益相关者建立和谐、融洽的关系	
	SH11	我与组织内、外部的相关利益者相互信任	
	SH12	我与组织内、外部的相关利益者沟通顺畅	

3. 心理资本胜任力初始问卷

对于心理资本胜任力的测量，目前主要采用的是自我报告的量表法。现有的测量工具比较有代表性的有 Luthans 和 Avolio 等（2007）的心理资本问卷（PCQ-24），Luthans 等（2005）的心理资本量表，以及我国研究者开发的本土心理资本量表（柯江林等，2009；侯二秀，2012）。

Luthans 和 Avolio（2007）建构了包含自信、希望、乐观和韧性的心理资本四维结构，据此编制了包含 24 个项目的心理资本问卷（Psychological Capital Questionnaire，PCQ）。每个维度 6 个项目，PCQ 是目前在西方乃至全世界使用最广泛的一套心理资本测量工具。Luthans 等（2005）在早期测量心理资本时使用仅包含希望、乐观和韧性的三维结构，形成了包含 30 个题项的总量表，三个分量表可以归为一个高阶因子，即心理资本。

基于上述学者的研究成果，结合本研究元分析的结果，本研究从自信、韧性和成就动机三个方面测量中层管理者的心理资本胜任力。参考 Luthans 和 Avolio（2007）、柯江林等（2009），自信包括 6 个项目；参考 Luthans 和 Avolio（2007）、Luthans 等（2005）、侯二秀（2012），韧性包括 6 个项目。参考王慧琴等（2011）、叶仁敏和 Hagtvet（1992），成就动机包括 6 个项目；具体测量题项见表 5.3。

表 5.3　中层管理者心理资本胜任力初始测量题项

维　度	编　号	测量题项	依据或来源
自信	XL1	我相信自己能分析长远的问题，并找到解决方案	Luthans & Avolio（2007）；柯江林等（2009）
	XL2	与管理层开会时，在陈述自己工作范围之内的事情方面我很自信	
	XL3	我相信自己对公司战略的讨论有贡献	
	XL4	在我的工作范围内，我相信自己能够帮助设定目标/目的	
	XL5	我相信自己能够与公司外部的人（比如，供应商、客户）联系，并讨论问题	
	XL6	我相信自己能够向一群同事陈述信息	
韧性	XL7	在工作中遇到挫折时，我总是很快从中恢复过来，并继续前进	Luthans & Avolio（2007）；Luthans et al.（2005）；侯二秀（2012）
	XL8	在工作中，我无论如何都会去解决遇到的难题	
	XL9	在工作中如果不得不去做，我也能独立应战	
	XL10	我通常对工作中的压力能泰然处之	
	XL11	因为以前经历过很多磨难，所以我现在能挺过工作上的困难时期	
	XL12	在我目前的工作中，我感觉自己能同时处理很多事情	
成就动机	XL13	我喜欢给自己不断设定更高的目标	王慧琴等（2011）；叶仁敏 & Hagtvet（1992）
	XL14	我喜欢新奇的、有困难的任务	
	XL15	我经常思考如何把工作做得更好	
	XL16	我希望承担有挑战性的工作任务	
	XL17	面对能测量我能力的机会，我感到是一种鞭策和挑战	
	XL18	我具有追求成功的持续性愿望	

5.1.2　组织激励因素的初始题项

激励的测量有两种，一是可观察的量化因素，如年度薪酬、持股比例；二是自陈问卷调查，如工作自主权、晋升机会、上级支持、工作满意度、感知的人与组织匹配等变量的测量量表。

借鉴 Price（2001）、张术霞等（2011）、张伶和张正堂（2008）对激励因素的测量，本研究从外在激励和内在激励两个维度对组织激励因素进行测量。外在激励因素包括薪酬福利、培训学习、管理制度、人际关系、工作条件 5 个方面，内在激励因素包括工作自主性、岗位适配性、工作成就、职位晋升、工作认可、能力展现、工作挑战性 7 个方面。具体测量题项见表 5.4。

表 5.4　组织激励因素初始测量题项

维　度	编　号	测量题项	依据或来源
外在激励因素	JL1	组织给予员工公正合理的薪酬、良好的福利	Price（2001）；张术霞等（2011）
	JL2	组织创造良好的学习环境，提供正式和非正式的培训学习机会	
	JL3	组织的管理制度科学、有效	
	JL4	组织内部工作氛围和谐，上下级、同事间关系融洽	
	JL5	工作场所舒适美观，办公设施齐全	
内在激励因素	JL6	我在工作中拥有较大的自主权	张伶，张正堂（2008）；Price（2001）；张术霞等（2011）
	JL7	组织根据个人才能安排恰当的工作岗位	
	JL8	我在工作中能够获得成就感	
	JL9	我因工作出色获得晋升或奖励	
	JL10	我的工作成绩得到上级、同事及下属的肯定	
	JL11	我的工作可以提供展现自己才能的机会	
	JL12	我经常参与具有挑战性的工作	

5.1.3　中层管理者工作绩效的初始题项

对企业中层管理者工作绩效结构的相关研究还不多见，人们对于中层管理者工作绩效结构还缺乏清晰统一的认识。本研究参考前人研究，结合访谈结果，对企业中层管理者工作绩效的评价拟从三个方面进行，分别是任务绩效、周边绩效与创新绩效。

（1）任务绩效。任务绩效是指完成管理工作任务所表现出来的工作行为和所取得的工作结果，其主要表现在工作效率、工作数量与质量等方面。任务绩效是管理者核心的、本质的工作任务，同普通员工的工作任务相比，中层管理者的工作很大程度上是通过部门员工的工作实现的，他们并不需要自己直接进行业务操作，而是要进行计划、组织、协调与监督等工作，以保证员工的工作更加顺利、有效。因此，中层管理者的任务绩效包括组织与计划、指挥与实施、监督与评价、激励与沟通等方面。

（2）周边绩效。周边绩效是支持中层管理者完成其承担任务的重要的人际活动，它可以促进任务绩效，起到润滑作用，从而提高整个组织的有效性。研究发现周边绩效应包括人际技能、维持良好工作关系和帮助他人完成任务、坦然面对逆境、主动加班等人际因素和意志动机因素。周边绩效不会随着岗位的不同而有所改变，借鉴以往研究成果，本研究中层管理者的周边绩效包括人际促进与工作奉献，具体包含工作付出额外的努力、工作热情高、自愿做职责外的工作、助人与合作、调节下属纠纷、公平公正对待他人等方面。

（3）创新绩效。在当前全球化竞争愈加激烈和环境的不确定性背景下，竞争优势将主要来源于企业的创新能力，创新成为一个组织生存和发展的灵魂。尤其是组织的管理者的创新意识和行为对于组织的运行是非常必要的。因此，Pulakos 等在工作绩效中导入了创造性解决问题这一维度，Janssen 和 Van Yperen 则从创新愿望、创新行动、创新成果和成果应用四个方面开发了创新绩效问卷。Scott 和 Bruce 建立了个体创新行为的路径模型，该模型为后来的创新绩效研究提供了研究基础。在 Scott 和 Bruce 的研究基础上，Janssen 对创新行为进一步归纳，提出个体创新绩效概念和量表。个体创新绩效包括三个维度：创新思维产生（generation）、创新思维促进（promotion）和创新思维实现（realization）。并将创新绩效和标准的传统绩效作为工作绩效的两个维度进行实证检验。这些创造性的思想，为本研究创新绩效维度提供了坚实的基础和有益启发。

中层管理者的工作具有综合性、复杂性、多变性的特点，尤其是在现代科学技术日新月异、信息瞬息万变的时代，中层管理者工作的多变性和动态性更加显著，中层管理者只有善于顺应新形势，解决新问题，开拓新领域，才能使自己的工作免于被动。新形势下，单纯有知识、会管理、能力强已经不能适应现代知识经济发展的需要，中层管理者还要懂创新、会创新才能实现有效的管理。鉴于此，本研究将创新绩效纳入中层管理者工作绩效结构框架。

综上所述，本研究拟构建由任务绩效、周边绩效和创新绩效组成的企业中层管理者绩效评价体系。参考王广新（2005）、Borman 和 Motowidlo（1997），任务绩效包括 6 个项目。参考 Van Scotter 和 Motowidlo（2000）、王广新（2005）、王辉等（2003），周边绩效包括 8 个项目。参考 Janssen（2001）、韩翼等（2007），创新绩效包括 5 个项目，具体题项见表 5.5。

表 5.5　中层管理者工作绩效的初始测量题项

维　度	编　号	测量题项	依据或来源
任务绩效	JX1	组织下属共同完成某项工作任务时，指挥有度，安排得当	王广新（2005）；Borman & Motowidlo（1997）
	JX2	根据下属的特点进行激励，促进部门或小组业绩的提高	
	JX3	认真听取上、下级意见和建议，为本部门发展做出科学决策	
	JX4	能有效指导并监督下属完成工作任务	
	JX5	对工作任务总能准时、保质保量地完成	
	JX6	客观、准确地评价下属的工作绩效	
周边绩效	JX7	充满热情地工作并且愿意为工作付出额外的努力	Van Scotter & Motowidlo（2000）；王广新（2005）；王辉等（2003）
	JX8	主动提出改进部门运作的合理化建议	
	JX9	积极克服困难，解决工作中存在的问题	
	JX10	主动为有需要的同事提供帮助	
	JX11	公平、公正地对待他人	
	JX12	调节下属和工作团队之间的纠纷，形成合作的氛围	
	JX13	看到他人的优点而友好相处	
	JX14	同事取得成功时对他们予以称赞	
创新绩效	JX15	在工作中能提出新的建议、设想，尝试新的程序	Janssen（2001）；韩翼等（2007）
	JX16	能用独创且可行的方法解决问题	
	JX17	可以把创新思想转化成有益的应用	
	JX18	能动员各种力量促进新思想、技术、方案的实施	
	JX19	工作中，提出的解决方案受到好评	

5.2　个人访谈

经过文献梳理得到初始调查问卷后，研究者先与同领域一位学者和两位博士生进行交流，就调查问卷的变量和题项是否能达到研究目的进行讨论，并就问卷中变量的安排次序、题项内容、语言文字表述、问卷排版等问题征求意见，采纳合理意见对问卷进行初次修改。之后对企业中层管理者进行个人访谈。访谈内容包括两部分：第一部分旨在了解中层管理者的胜任力及组织激励的实际情况；第二部分就初始问卷涉及的变量是否符合中层管理者实际情况、问卷的描述措辞是否容易理解、完成时间等问题征求他们的意见。

由于访谈占用时间较长，很难大范围全面开展。因此，根据全面、广泛和代表性的原则，选取了8家企业的中层管理者进行重点访谈。这些访谈对象，若按企业性质划分，国有、私营、有限责任公司各1家，股份有限公司5家；按所属行业划分，制造业3家，建筑业2家，交通运输仓储和邮政业1家，电力热力燃气及水生产和供应业的1家，批发和零售业1家，房地产业1家；按企业员工人数分，100人以下的1家、100～500人的2家、500～1000人的3家、1000人以上的2家；按企业所在区域划分，华东片区4家、华北片区2家、华南片区2家；按访谈对象的学历划分，专科（高职）2人，本科4人，研究生2人。现将3位个人访谈全文附下，具体访谈提纲见附录B。

5.2.1　访谈一

Z经理在某建筑集团江苏分公司担任项目经理，主要负责建筑项目的具体实施工作。

访谈者："您是一直在项目经理这个岗位吗？"

Z经理："之前是从预算做到商务经理，做了几个项目的商务经理，后来又做了项目经理。"

访谈者："您认为自己在工作中表现如何？有哪些因素是您能做好这份工作的原因？"

Z经理："表现方面，我们领导对我的工作还是比较认可的。领导对我的综合能力评价比较好，比较认可我的业务能力、沟通的能力，还有职业素质这几块。我们这个工作在国内，与派出所、城管、交警、质监，还有监理、业主（即客户），我们都要打交道，都要搞好关系，所以交流这一块很重要。除了和外面的人搞好关系以外，和员工也要有比较好的交流。我是去年刚升的项目经理，我以前是做商务经理，也兼着工会主席，那时候大家就平时有什么事情啊，谁和谁吵架了或者谁又做什么了或者谁又跑出去了，那时候我比项目经理知道得多。反而到了现在这个位置，下边的听不见，他们也不和我说。但是我也跟他们座谈，了解一下青年员工心理有没有松动。我有时候去工地，他们有时候看见我就不好意思或者害怕，我就说不用害怕，你们来了以后就跟着我，我跟你们讲讲有些东西怎么做，有些事情注意什么，然后你在现场看见什么东西，知道怎么处理。看见我你躲得远远的你学啥，包括我们公司领导来了你躲得远远的，领导怎么认识你？我现在是向其他项目学习，也向有经验的领导学。我是比较喜欢和领导聊天的，在我这边无论多大的事，到我们领导屋里，领导也就一句话，你要这么做，我就一下豁然开朗。领导经历的多，见识多，经历的人也多，他在这个位置上，看的东西也不一样。"

访谈者："您刚才提到了和政府部门、客户、下属还有领导的沟通交流，除了这个您还认为您哪些方面做得比较好？"

Z经理："对我们来说专业知识这块也比较重要，如怎么管理项目。我们单位95%的项目经理都是施工出身，我就是剩下的5%，所以我在这块上就比较欠缺。现在我们领导对我的评价，开会的时候在会上提过，也许我现在是项目经理中做得不是最好的，也只能说中等偏上，但我是比较爱学习的。学习的不光是我，还带着我这个团队，因为我是商务出身，施工我不懂，我先看做得比较好的项目，把人家这种方式方法都琢磨透。我先带一批人，总工再带一批人，去看看人家怎么做、现场怎么做好的、怎么管理怎么协调，一边看一边问。回来以后，他们给施工队就有要求了。包括我们分公司内部的，还有其他单位的，我们都去转过——工地干得比较好的我都去了，确实学到了非常多的东西。"

访谈者："您觉得您身上有什么特质让您能在一群专业人士中表现得比较优秀呢？"

Z经理："我这个人比较自信，而且就是这种，荣誉感吧，还是比较强的。我们公司这个品牌已经很好了，我不希望我做的项目给集团抹上一个污点。我可以做得比大家以前做得更好，因为年轻，我有信心能做好。我对业主、对公司领导也说，我肯定要把这个项目做得漂亮。如果我做不了，下个项目我肯定还有很多改进的地方，很多地方我比之前做得还好。就是这样，我在施工上包括管理都在慢慢地成长。"

访谈者："刚刚谈到了您在工作中做得比较好的地方，那么您会不会遇到什么问题呢？"

Z经理："我们这个工作就是有时候会很累、压力很大。我有一天早上给老婆打电话，就说不想干了，没什么体力活，就心累。然后我老婆说，不干就算了。不干了，不行，我不甘心。我年轻，我才30岁刚出头，有这个机会，如果我失败了，我认了，但是我如果主动放弃，我觉着我会后悔一辈子，所以咬咬牙又过来了。"

访谈者："还是要靠自己的坚持和来自家人的关心是吧？"

Z经理："嗯嗯，有时候我们领导也会给我做参谋。领导就一直跟我说，有问题跟他说，他说你解决不了到我这儿肯定给你解决，他说可能你其他项目我说了不算，但到我这儿我肯定给你解决了。"

访谈者："那咱们公司的薪资待遇怎么样呢？包括各种福利之类？有哪些满意的和不满意的地方呢？"

Z经理："我老婆经常讲，就是现在存款没有多少，但该有的东西都已经有了。工资在我们同学和朋友中，不能说是最好，但是也应该知足。我们逢年过节还有过节费，然后加上其他项，包括我老婆的绩效等，我觉着反正就是想吃什么想买什么，至少这个可以达到。想买件衣服，想出去吃个火锅、找个高档的地方吃个西餐都可以，我觉得这个工资能达到，这方面还是很满意的。所以在这边工作我的感觉就是比较踏实。"

访谈者："您认为所在公司的氛围和文化环境如何？您有哪些比较满意的地方，有哪些不满意的地方？"

Z经理："氛围还是不错的，相处起来都比较融洽，同事之间，包括我们和领导之间，关系都不错。再就是我们公司在这边认可度普遍也比较高，我们前段时间去政府部门开会，他们介绍的时候，业主单位一听我们公司就说你们肯定没有问题。这个就让我感觉挺自豪的。包括我的同学和朋友一问，你是哪个单位的，我一说单位人家不会说没听说过。我挺自豪，对这个企业我感觉有归属感，我觉着就是你有多大的能力都会有你的舞台。"

5.2.2　访谈二

G 经理是某电力公司山东分公司的商务经理，主要负责公司的招标与结算等业务，G 经理工作至今已有 16 年，在工作中表现比较出色。

访谈者："您认为自己在工作中表现怎么样呢？您能做好这份工作的原因是什么？"

G 经理："工作了这么多年，我的整体工作的状况还是不错的，能做好工作最重要的还是知识和丰富的经验吧。我一直在做商务经理，做的时间长了，我对下边大部分的东西都比较了解，我的知识面和这个专业程度可以说是比较全面的。经验就非常丰富，我的经验就可以代替我好多的日常工作。比如，一个项目，你拿给我一看，大体需要做什么、会遇到哪些问题、该怎么解决，这些我很快就心里有数了。再比如，那些工作了很多年的老同志，他有丰富的经验，这个楼的图纸拿来，他就估摸估摸，比那些小年轻算得还准。"

访谈者："那您在工作中会不会遇到问题？"

G 经理："现在很少有什么问题了，毕竟我做了这么多年，各种问题该怎么处理都很清楚，这方面我还是很有信心的。"

访谈者："那有没有什么比较困扰您的事情呢？比如压力之类的。"

G 经理："压力的确是个问题，我们的压力是分阶段的。到了年底的时候，底下员工都比较忙，领导也催得很紧，这时候压力就比较大，但是我们的抗压能力还是挺强的。"

访谈者："压力大的时候一般怎么解决呢？您有没有什么比较好的方法？"

G 经理："就叫上几个朋友去喝两杯，喝完之后该干嘛干嘛。"

访谈者："会和家里人倾诉吗？"

G 经理："尽量不告诉家人，因为本身自己压力够大了，你还和家人说，无形中也会给他们增加负担。我觉得，在家里尽量多说好事，少传递压力负能量之类。本身对象也工作，还得在家看孩子，所以都不容易，尽量不给她增加压力……就一直说我这边挺好的，这样她也觉得开心。"

访谈者："咱们公司的薪资福利怎么样？"

G 经理："公司的福利待遇在本市不算最高，但我觉得应该在中等偏上。福利方面，我们工会做得也非常好，每年还会给我们发衣服，送电影票等，到了节日比如八月十五，还给我们的家人送月饼，各种福利待遇特别好。"

访谈者："公司的氛围怎么样呢？有哪些好的地方或者不好的地方？"

G经理："人文环境不错。有好多企业内部的内耗特别厉害，整天勾心斗角。在我们公司很少有这种情况，大家的相处都比较和谐。公司也会经常举办一些活动。比如，我们分公司有个篮球协会，每年会举行一场篮球赛，有时还会有其他区域公司一起进行比赛。我们的装饰公司还有一个乒羽协会，就是乒乓球羽毛球的一个协会，也是定期举行比赛的。再比如，五四青年节啊，组织青年去拓展训练，攀岩等，还组织竞走。这些活动还挺多的，正好符合我们的需求。它不仅仅可以锻炼身体、对员工的个人健康有好处，还能缓解一部分压力。"

访谈者："咱们公司对员工有没有一些激励措施？您觉得效果怎么样？"

G经理："激励措施？"

访谈者："就是一些奖惩制度，包括物质上的、精神上的，您都可以讲讲。"

G经理："我们现在是这样的，我们这个项目，就是我们交分利抵押金，交分利抵押金之后，根据最后的盈利额，来分这个剩下的。就比如，我接这个项目的时候给公司挣了1000万，按公司规定我给公司交500万，剩下500万，拿出一半来，按照分配比例，分剩下的钱。总的来说还是比较公平的。"

访谈者："在晋升方面怎么样呢？"

G经理："我是从事商务的，就目前公司的发展情况来看，商务系统其实是晋升的空间的非常小的。在商务系统，现在到我这个职位再往上的可能就比较小了，因为职位只有那一两个，但是我们竞争还是很激烈的。我觉得80%的人没有这个机会，本来有好多比较优秀的同事，干一段时间，随着年纪越来越大，往上进取的积极性就越来越小。对很多同事来说，在这个岗位做了十几年，这个岗位上的所有东西都了解，不用费很大劲儿，不会出太大的成绩但也不会犯太大的错误，所以就失去了前进的动力。"

访谈者："那您有什么建议吗？"

G经理："晋升通道的问题，我觉得用轮岗制度就可以解决。为什么可以解决呢？现在晋升通道不是很窄吗，我做上3年商务经理，商务经理的经历比较丰富后，我就可以去试着做别的岗位工作，这样一轮岗呢，我又得到了全新的挑战；如果我再做3年，在这个系统又干得很出色，那领导能不能考虑从这个系统再继续提拔我呢。所以我觉得轮岗制就能够很大地解决这个问题。我就做了3年或者5年，他就让我去做生产口了，生产口对我来说就是个全新的挑战，那我肯定就会尽心尽力地去做，得去做点成绩出来，这样才能对得起这份工资和领导对我的看重。"

5.2.3　访谈三

X总工在某高新技术股份公司华南分公司担任项目总工程师，在广州工作了10年。

访谈者："您平时主要负责什么？"

X总工："总工这一块我负责科技管理、图纸方案；生产这块主要是盯着一些大节点，现场过程监督；平时在项目上兼任的党政这一块，多了精神文明方面的工作。在项目上主要就是这三部分。"

访谈者："一般来说，您觉得自己工作完成得怎么样？工作中有什么让您特别满意的事吗？"

X总工："我自己觉得工作做得还是不错的。满意的事……刚毕业的时候比较年轻，一心在工作上，过得比较充实。不像现在想得那么多，那个时候感觉工作是最舒服的。通过自己的努力，帮助甲方顺利交付。因为我们和绿地合作，绿地当时全国第一个提前完成竣工备案，交付使用，是我们共同来完成的。当时为了顺利交付，大概有大半年时间的状态是一天都不休息，包括周六周末，每天晚上开会到10点多。虽然过程很艰苦，很难熬，但是最终的结果是让我们感觉特别开心的。这个项目在最终结算的时候，也算是给公司创造了可观的利润。这算是我在工作当中最有成就感的事情，自己的辛苦得到了回报。"

访谈者："您觉得自己做得比较好的原因都有哪些呢？"

X总工："做我们这个工作，你首先要专业，这种专业的实践技能很重要。我们这块很多东西是理论实践相结合的，得亲自干。纯理论当然很重要，能让你更快地理解，比如让你知道术语是什么，不会出现说了术语或者公式你还不知道的情况。光是纯理论只是知道了这个流程，但过程中如果出了错怎么解决，这都得在实践中才能知道。因为我们是工科，不像一些文科是以理论为基础的，我们更多的是以实践为基础的。如果我光告诉你理论你当时可能记住了，但没操作的话你过个两三天就忘了。"

访谈者："项目上的这些岗位是不是还需要一些证书？"

X总工："对。比如，建筑项目经理要有一级建造师证，做安全工作的要有安全工程师证，技术也有一级建造师证，商务有经济师证，各部门都有。相对来说施工这方面多一些，有很多不同的方向，你要想在这方面干得好肯定是要考的。"

访谈者："那您作为一个管理者，您觉得什么比较重要呢？"

X总工："如果做管理，项目上的问题、员工的问题，管理好了效率就高，就不会出错；但是你协调不好，就会出现各种状况。还有就是要加强各个部门的沟通，只有沟通了你才知道这个人怎么样，和自己合不合拍。平时每个人提出的问题我都会以这种方法解决。比如，你一两次迟到个一两分钟我不会怎么样，但如果一直这样是不行的。我们也不会强制规定就是八点下班，比较有灵活性，不像机关那样打卡什么的，比较严格。"

访谈者："您在工作中有没有遇到过一些问题？您是怎样解决的呢？"

X总工："和人打交道方面的问题吧。那些业主啊、经理啊、城管啊、交警啊，都是需要协调的，我们是处于弱势地位，困难在你这边，有时候又不知道该怎么做，压力就比较大。把这方面的工作做好了，就能解决很大一部分难题。我刚到这边来的时候，就觉得和本地人沟通是有一些问题的，南北差异嘛，南北要求不一样，就按本地习惯做了。一些政策什么的就算其他地方都有不一样，但问题不大，开个会定个标准就行了。这些东西都是，你和领导、客户，还有涉及的地方上的人沟通好了，问题就不大。"

访谈者："公司的薪资福利怎么样呢？有什么满意的或者不满意的地方吗？"

X总工："像我这个岗位，工资水平算是中上吧，在广东这边。但也因各自家庭原因，会有些异同。按我这个消费水平，维持现状还是没问题的，挺满足的。除了工资，还有个奖金类的，就是风险抵押奖。这个得等项目结算后才能拿到。每个参与建设的员工都交一个风险抵押，因为你交了钱就得为项目负责。如果项目赚钱了你就有回报，不赚钱就没了。如果有加班就有加班费。我们多少都会给员工考虑。现场这块比较累，相比来说现场的加班费比较多一点，这边是五百，那边就是三百。这几年项目越来越多，员工也多。企业发展一个是看员工数量，一个是看业绩。我们每年都在增长。像工程师，我刚入职的时候才两三百人，现在都快翻一倍了。项目也多了很多，企业也有活力。企业会越来越好吧，前景也是让人蛮有信心的。"

访谈者："在这工作挺有安全感的吧?"

X 总工："对，归属感好。我性格这样，一进来就当家一样，进来就想干得最好。我不想到处换工作，你能到处换工作可能是你能力好，但也会有很多不好的方面。我想在一个公司待下去，不想考虑那么多。有能力就升，没能力就这么干。我有全国各地这个领域的朋友，一起聚的时候也说，你们公司没有干不成的活儿，全国都有你们的项目。我也和他们客套一番，和他们聊也没什么压力。确实公司这方面的影响力还是比较大的，人家觉得我们公司出来的人就是技术好。"

访谈者："那您觉得咱们公司的文化氛围怎么样呢?"

X 总工："这方面都挺不错的。和同事们相处起来都比较融洽，公司的各种活动也比较多，我们'六一'有集体看话剧的活动，还有三八妇女节之类的，一些工会的活动，都能带着家人和孩子一起参加。周六周日项目部不忙的时候有郊游啊，烧烤啊，都可以带着家里人。有时候去公园野炊，也去游乐场、水上乐园玩。我们也是组织过很多次了，这些都是自愿的，而且是公司报销。在公司时间长了就有一种家的感觉，和大家的这种情谊是很难得的。"

访谈者："公司在激励措施方面有什么举措吗? 效果怎么样呢?"

X 总工："公司是有规定的，有标准化手册的。哪些是该奖的哪些是该罚的。它都有标准，按照标准就行。不会乱奖乱罚，这方面做得比较好。"

访谈者："除了物质上的这种奖励，有没有什么别的呢?"

X 总工："荣誉方面可能发个局里的通告奖励，物质方面就是奖金，还有其他物品的一些发放。有时候这种领导的肯定可能会比发钱让人更有干劲吧。"

5.2.4　个人访谈小结

对 8 位中层管理者的深度访谈结束后，就访谈录音中管理者提到的有关组织激励和胜任力表述中的关键词进行提取、整理、归纳，可以发现组织激励和胜任力对中层管理者工作绩效的影响。第一，胜任力对于工作绩效具有重要的作用。例如，访谈中提到，丰富的知识和工作经验、组织协调能力、对成就目标的追求、与客户及员工的良好人际关系、自信等诸多因素，都是促进个人顺利开展工作，取得良好绩效的重要条件。第二，激励对于中层管理者提升自身的胜任力、达到较高的工作绩效具有重要的作用。一方面，良好的薪酬奖励、福利待遇等外在激励和职位晋升、工作认可等内在激励能够有效地促进中层管理者不断地提升自己，努力为公司创造价值。另一方面，当中层管理者对自身待遇或者个人发展前景感到不满时，也会变得消极懒散，从而不利于工作绩效的提升。第三，中层管理者胜任力特征是多维度多层次的，表明本研究提出的胜任力三维度模型，即人力资本胜任力、社会资本胜任力、心理资本胜任力是符合中层管理者现状的。第四，问卷中涉及的变量如专业知识、组织协调能力、客户导向、人际关系、成就动机、自信、内在激励、外在激励等也得到了企业中层管理者的认同，在一定程度上保证了问卷的内容效度。

5.3 样本与数据

5.3.1 数据收集方法

问卷法是指调查者运用问卷向调查对象了解情况或征询意见的一种书面调查方法。在调查研究中，调查者将想要了解的问题制成表格，以邮寄、当面作答或者追踪访问等方式让被调查者填答，从而获取被调查者对问题的看法及意见。问卷调查法可以突破时空限制，在更广阔范围内，对众多被调查对象同时进行调查，费时少、成本低，能够快速有效地收集到研究资料。设计合理，实施得当的问卷调查，可以收集到高质量的研究数据，这些优点使得问卷法在国内外社会调查中被广泛使用。

本研究涉及的组织激励因素、中层管理者胜任力、工作绩效等假设构念都是无法直接进行测量或观测的潜变量，因此主要采用问卷调查的方式进行数据收集。本研究采用的是结构化自填式问卷，通过集中统一发放现场回收和手机APP两种方式将问卷发送给受访者，受访者独自填写完成调查问卷。为了确保问卷调查结果的有效性和准确性，采取了一些技术手段来提高问卷调查的效度和信度：（1）在问卷设计中对问卷的顺序进行了平衡，以此防止问卷顺序效应；（2）设置了部分逆向问题，防止受试者回答的一致性；（3）采用匿名测试的方式，消除了受试者的顾虑，保护了个人信息的隐私性；（4）测试结束后赠送小礼物或随机数额的金钱报酬，激发受试者参与的积极性和作答的客观性。对回收的有效数据采用统计方法，如剔除极端数据、共同方法偏差检验等保障数据的有效性。

5.3.2　小样本预调研

小样本预调研是在开展正式研究之前，根据研究需求，选择与正式样本要求相同的人员，开展小范围内的调研。其目的是通过对小样本预调研的结果，测试调查问卷的有效性，并在此基础上对问卷进行调整和修改，进一步提升问卷的信度和效度。避免因问卷信效度不高而导致正式调研结果无效。

1. 预调研样本

小样本调研是在 2016 年 10 月进行的，调查对象为江南大学 2015 级和 2016 级 MBA 班学员中的企业中层管理者。小样本调查发放形式为现场发放，现场回收。共发放调查问卷 100 份，共收回问卷 92 份，回收率为 92%。对回收的问卷，剔除作答明显规律性、多处缺失作答、前后矛盾及非企业中层管理者的问卷，最终获得 70 份有效问卷，有效问卷回收率为 76%。小样本调研对象基本情况见表 5.6。

表 5.6　小样本调研对象基本情况（$n = 70$）

被试基本特征	类别	样本数	百分比（%）
企业性质	国有	34	48.6
	民营	25	35.7
	合资或外独资	11	15.7
年龄	30 岁以下	2	2.9
	31~35 岁	15	21.4
	36~40 岁	42	60
	41~45 岁	10	14.3
	46~50 岁	1	1.4
性别	男	40	57.1
	女	30	42.9

续表

被试基本特征	类别	样本数	百分比（%）
	3 年及以下	22	31.4
	4~6 年	29	41.4
本岗位工资年限	7~10 年	6	8.6
	10 年以上	12	17.1
	系统缺失	1	1.4

2. 统计处理的方法与标准

在小样本预测阶段，数据分析方法主要有项目分析、信度分析和探索性因素分析。项目分析和信度分析（Reliability Analysis）的目的是删除对测量变量毫无贡献的题项，从而精简问卷以及增加每个测量变量的信度。探索性因子分析（Exploratory Factor Analysis，EFA）的目的是将具有错综复杂关系的变量综合为少数几个核心因子，找出多元观测变量的本质结构并进行降维处理，从而确定问卷的基本构念与测量题项。

在项目分析上，由于预测试样本量较少，依据 Noar（2003）的建议，将单题与所有题目 – 总分相关（Corrected Item – Total Correlation，CITC）小于 0.3 且不显著的题项删除。至于信度分析则采用 Nunnally（1978）的看法，Cronbach'α 系数高于 0.6 为接受，大于 0.7 则可信度高。探索性因素分析时，首先估计 KMO 值和 Bartlett's 球型检验结果，以确定数据是否适合进行因素分析。根据 Kaiser 等（1974）的观点，当 KMO 的值小于 0.50 时，不宜进行因子分析；KMO 的值至少要在 0.60 以上，才可以进行因子分析，最好在 0.7 以上。同时，Bartlett's 球型检验的统计值显著性概率小于等于 0.05 的显著性水平。对变量进行探索性因子分析，本研究采用主成分分析法（Principle Component Methods）对剩余测量题项进行因子提取，用方差最大（Varimax）法进行因子旋转，并将特征值（Eigenvalue）大于 1 作为提取因子的标准。为了能提取到因子，必须对不符合要求的题项予以删除，删除题项的标准有三：题项自成一个因子；题项在所属因子的载荷小于 0.5；题项在所有因子的载荷都小于 0.5。符合以上标准之一的题项就予以删除。将不符合要求的题项删除后，剩余题项的因子载荷都大于 0.5，且解释方差的累计比例（Cummulative % of Variance）大于 50%，则表示剩余的测量题项是符合要求的，予以保留。

3. 初始问卷的信度与探索性因子分析

（1）人力资本胜任力初始问卷的信度分析与探索性因子分析。

从表5.7可以看到，人力资本胜任力问卷测量题项RL7的单题与所有题目 – 总分相关系数低于0.3，故将RL7题项删除。其余题项都大于0.5，分别是RL1为0.628，RL2为0.722，RL3为0.706，RL4为0.552，RL5为0.677，RL6为0.602。人力资本胜任力问卷的信度系数大于0.7，表明问卷信度较高。

表5.7 人力资本胜任力初始问卷的信度检验结果

题项	题项 – 总分相关系数（CITC）	删除此题项后的 Cronbach's α 系数	α 系数	备注
RL1	0.628	0.789		保留
RL2	0.722	0.743		保留
RL3	0.706	0.752	0.824	保留
RL4	0.552	0.820		保留
RL5	0.677	0.779		保留
RL6	0.602	0.790	0.723	保留
RL7	0.283	0.844		删除

对人力资本胜任力测量问卷剩余的6个题项进行探索性因子分析，见表5.8。*KMO* 值为0.740大于0.7，Bartlett's球型检验显著，因此，可以对这6个测量题项进行探索性因子分析。探索性因子分析显示不需要删除任何题项，共抽取出两个因子，因子1命名为专业知识，因子2命名为组织协调能力。两个因子总共解释变异量为73.072%，效度堪称良好。

表5.8 人力资本胜任力的探索性因子分析结果

变量名称	题项	因子1	因子2
专业知识	RL1	0.552	0.345
	RL2	0.779	0.418
	RL3	0.617	0.469
	RL4	0.897	− 0.190
组织协调能力	RL5	0.186	0.917
	RL6	0.118	0.921
特征根植		3.108	1.276
方差解释率（累积百分比）		37.306	73.072

变量名称	题项	因子1	因子2
KMO 值		0.740	
Bartlett's 检验卡方值		145.452	
显著性		0.000	

（2）社会资本胜任力初始问卷的信度分析与探索性因子分析。

从表5.9可以看出，由客户导向、激励下级和人际关系组成的社会资本胜任力量表12个测量题项的初始CITC都大于0.3，三个维度的信度系数分别为0.848、0.844和0.875，均大于0.7。表明测量题项具有较高的内部一致性，符合研究要求。

表5.9　社会资本胜任力初始问卷的信度检验结果

变量名称	题项	题项 - 总分相关系数（CITC）	删除此题项后的 Cronbach's α 系数	Cronbach's α 系数	备注
客户导向	SH1	0.658	0.822	0.848	保留
	SH2	0.822	0.745		保留
	SH3	0.620	0.837		保留
	SH4	0.680	0.818		保留
激励下级	SH5	0.806	0.742	0.844	保留
	SH6	0.807	0.742		保留
	SH7	0.590	0.838		保留
	SH8	0.531	0.861		保留
人际关系	SH9	0.733	0.842	0.875	保留
	SH10	0.795	0.815		保留
	SH11	0.704	0.851		保留
	SH12	0.703	0.852		保留

对社会资本胜任力初始问卷进行探索性因子分析，结果见表5.10。*KMO*值为0.821，大于0.7，Bartlett's 球型检验显著，因此，可以对这12个测量题项进行探索性因子分析。探索性因子分析发现不需要删除任何题项，共抽取出

三个因子，因子 1 代表人际关系，因子 2 代表激励下级，因子 3 代表客户导向。三个因子总共解释变异量为 64.919%，效度良好。

表 5.10 社会资本胜任力初始问卷的探索性因子分析结果

变量名称	题项	因子 1	因子 2	因子 3
客户导向	SH1	0.088	0.127	0.778
	SH2	0.035	0.205	0.803
	SH3	0.233	0.200	0.803
	SH4	0.290	0.215	0.768
激励下级	SH5	0.235	0.840	0.211
	SH6	0.249	0.877	0.141
	SH7	0.261	0.846	0.197
	SH8	0.307	0.716	0.259
人际关系	SH9	0.815	0.253	0.209
	SH10	0.870	0.209	0.173
	SH11	0.844	0.306	0.075
	SH12	0.815	0.223	0.107
特征根		7.416	2.351	1.487
方差解释量累积百分比		28.426	48.584	64.919
KMO 值		0.821		
Bartlett's 检验卡方值		671.303		
显著性概率		0.000		

（3）心理资本胜任力初始问卷的信度分析与探索性因子分析。

从表 5.11 可以看出，心理资本胜任力的所有测量题项的 CITC 均大于 0.5，心理资本胜任力问卷中的自信因子的信度系数为 0.854，韧性因子的信度系数为 0.879，成就动机因子的信度系数为 0.880，三个维度的信度系数均大于 0.7，表明测量题项具有较高的内部一致性，符合研究要求。

表 5.11　心理资本胜任力初始问卷的信度检验结果

变量名称	题项	题项 – 总分相关系数（CITC）	删除此题项的Cronbach's α 系数	Cronbach's α 系数	备注
自信	XL1	0.679	0.824	0.854	保留
	XL2	0.619	0.833		保留
	XL3	0.554	0.845		保留
	XL4	0.557	0.846		保留
	XL5	0.752	0.808		保留
	XL6	0.700	0.818		保留
韧性	XL7	0.721	0.852	0.879	保留
	XL8	0.723	0.852		保留
	XL9	0.667	0.862		保留
	XL10	0.673	0.86		保留
	XL11	0.745	0.848		保留
	XL12	0.603	0.874		保留
成就动机	XL13	0.625	0.872	0.880	保留
	XL14	0.589	0.875		保留
	XL15	0.806	0.839		保留
	XL16	0.734	0.852		保留
	XL17	0.682	0.861		保留
	XL18	0.710	0.856		保留

对心理资本胜任力初始问卷的 18 个测量题项进行探索性因子分析，KMO 值为 0.641，小于 0.7，这 18 个测量题项不太适合做探索性因子分析，故根据前文提到的三个原则对题项进行删除，删除题项 XL1 – 3、XL7、XL15、XL18。对剩余 12 个题型进行第二次探索性因子分析，结果见表 5.12，KMO 系数为 0.918，大于 0.7，Bartlett's 检验显著，表明剩余的 12 个题项很适合做探索性因子分析。

第二次探索性因子分析共抽取出三个因子，因子 1 代表韧性，因子 2 代表成就动机，因子 3 代表自信，见表 5.12。三个因子总共解释变异量为 72.640%，效度较理想。

表 5.12 心理资本胜任力问卷的探索性因子分析结果

变量名称	题项	因子 1	因子 2	因子 3
自信	XL4	0.208	0.138	0.874
	XL5	0.274	0.279	0.767
	XL6	0.187	0.317	0.789
韧性	XL8	0.774	0.232	0.149
	XL9	0.794	0.296	0.098
	XL10	0.813	0.262	0.23
	XL11	0.735	0.149	0.267
	XL12	0.742	0.303	0.266
成就动机	XL13	0.29	0.755	0.257
	XL14	0.152	0.802	0.23
	XL16	0.455	0.66	0.199
	XL17	0.332	0.781	0.207
特征根		6.389	1.317	1.011
方差解释量（累积百分比）		29.714	52.599	72.640
KMO 值		0.918		
Bartlett's 检验卡方值		2275.530		
显著性概率		0.000		

（4）中层管理者工作绩效初始问卷的信度分析与探索性因子分析。

从表 5.13 可以看出，中层管理者工作绩效的测量题项的 CITC 指数均大于 0.5，三个维度的 α 系数为分别为 0.910、0.941、0.867，均大于 0.7，表明测量题项具有较高的内部一致性，符合研究要求。

表 5.13 中层管理者工作绩效的信度分析结果

变量名称	题项	题项 - 总分相关系数（CITC）	删除此题项后的 Cronbach's α 系数	Cronbach's α 系数	备注
任务绩效	JX1	0.780	0.893	0.910	保留
	JX2	0.749	0.895		保留
	JX3	0.732	0.897		保留
	JX4	0.725	0.899		保留
	JX5	0.732	0.898		保留
	JX6	0.661	0.903		保留

变量名称	题项	题项－总分相关系数（CITC）	删除此题项后的 Cronbach's α 系数	Cronbach's α 系数	备注
周边绩效	JX7	0.741	0.937	0.941	保留
	JX8	0.787	0.934		保留
	JX9	0.792	0.934		保留
	JX10	0.807	0.933		保留
	JX11	0.799	0.934		保留
	JX12	0.778	0.935		保留
	JX13	0.812	0.933		保留
	JX14	0.788	0.934		保留
创新绩效	JX15	0.650	0.860	0.867	保留
	JX16	0.759	0.801		保留
	JX17	0.719	0.816		保留
	JX18	0.749	0.839		保留
	JX19	0.741	0.832		保留

对中层管理者工作绩效初始问卷的 19 个测量题项进行探索性因子分析，结果显示 KMO 系数为 0.840，大于 0.7，Bartlett's 检验显著，表明这 19 个测量题项适合做探索性因子分析。探索性因子结果显示，JX6 和 JX12 自成一个因子，JX13 在两个因子的载荷大于 0.5，JX14 在所属因子的载荷小于 0.5，根据因子分析对题项删除的原则将它们予以删除。删除这 4 个题项后的因子分析结果见表 5.14。探索性因子分析共抽取出三个因子，因子 1 代表周边绩效，因子 2 代表任务绩效，因子 3 代表创新绩效，三个因子总共解释变异量为 68.706%，效度符合测量要求。

表 5.14 中层管理者工作绩效问卷的探索性因子分析结果

变量名称	题项	因子 1	因子 2	因子 3
任务绩效	JX1	0.046	0.843	0.107
	JX2	0.292	0.788	0.306
	JX3	0.477	0.686	0.247
	JX4	0.308	0.757	0.325
	JX5	0.426	0.678	0.333

变量名称	题项	因子 1	因子 2	因子 3
周边绩效	JX7	0.702	0.349	0.264
	JX8	0.728	0.348	0.276
	JX9	0.780	0.201	0.332
	JX10	0.800	0.194	0.275
	JX11	0.837	0.158	0.238
创新绩效	JX15	0.315	0.235	0.849
	JX16	0.416	0.265	0.729
	JX17	0.238	0.291	0.813
	JX18	0.29	0.232	0.863
特征根		8.945	2.065	1.357
方差解释量（累积百分比）		29.128	50.645	68.706
KMO 值		0.840		
Bartlett's 检验卡方值		860.052		
显著性概率		0.000		

（5）组织激励因素初始问卷的信度分析与探索性因子分析。

从表 5.15 可以看出，激励因素测量题项的单题与所有题目 - 总分相关值均大于 0.5，外在激励维度的 α 系数为 0.889，内在激励维度的 α 系数为 0.896，均大于 0.7，表明测量题项具有较高的内部一致性，符合研究要求。

表 5.15　组织激励因素问卷的信度分析结果

变量名称	题项	题项 - 总分相关系数（CITC）	删除此题项后的 Cronbach's α 系数	Cronbach's α 系数	备注
外在激励	JL1	0.747	0.861	0.889	保留
	JL2	0.793	0.850		保留
	JL3	0.807	0.847		保留
	JL4	0.734	0.864		保留
	JL5	0.576	0.897		保留

续表

变量名称	题项	题项–总分相关系数（CITC）	删除此题项后的Cronbach's α 系数	Cronbach's α 系数	备注
内在激励	JL6	0.643	0.887	0.896	保留
	JL7	0.667	0.884		保留
	JL8	0.780	0.872		保留
	JL9	0.708	0.880		保留
	JL10	0.665	0.885		保留
	JL11	0.776	0.872		保留
	JL12	0.668	0.885		保留

对组织激励因素初始问卷的 12 个测量题项进行探索性因子分析，结果显示 KMO 系数为 0.921，大于 0.7，Bartlett's 检验显著，表明这 12 个测量题项适合做探索性因子分析。探索性因子结果显示，JL7 在两个因子的载荷都大于 0.5，根据因子分析对题项删除的原则将它予以删除。删除这 1 个题项后的因子分析结果见表 5.16。探索性因子分析共抽取出两个因子，因子 1 代表内在激励因素，因子 2 代表外在激励因素。两个因子总共解释变异量为 66.381%，效度符合测量要求。

表 5.16　组织激励因素问卷的探索性因子分析结果

变量名称	题项	因子 1	因子 2
外在激励因素	JL1	0.172	0.857
	JL2	0.246	0.843
	JL3	0.310	0.829
	JL4	0.312	0.764
	JL5	0.450	0.539
内在激励因素	JL6	0.564	0.451
	JL8	0.741	0.388
	JL9	0.767	0.254
	JL10	0.787	0.183
	JL11	0.839	0.231
	JL12	0.729	0.238

变量名称	题项	因子1	因子2
特征根		6.626	1.340
方差解释量（累积百分比）		34.237	66.381
KMO 值		0.921	
Bartlett's 检验卡方值		2425.937	
显著性概率		0.000	

5.3.3　正式问卷的维度及题项

根据项目分析和探索性因素分析的规则，对组织激励因素问卷、中层管理者胜任力问卷、工作绩效问卷逐一进行项目分析和探索性因素分析，删除不符合标准的题项后剩余共 55 个测量题项，分属于 13 个潜变量，形成正式问卷，见表 5.17。

表 5.17　中层管理者工作绩效相关因素调研的正式问卷

变　量	维　度	编　号	测量题项
人力资本胜任力	专业知识	RL1	我有丰富的学科专业知识
		RL2	我有丰富的企业管理知识
		RL3	我精通本专业知识
		RL4	我具备企业管理的相关知识，懂得专业领域与工作的规律
	组织协调能力	RL5	我有很强的组织管理能力
		RL6	我有很强的协调沟通能力
社会资本胜任力	客户导向	SH1	我与客户的联系频繁
		SH2	我与客户的关系密切
		SH3	我以客户为中心，积极满足客户需求
		SH4	我为客户提供最佳的专业服务，以提高客户满意度
	激励下级	SH5	我与下属员工的联系频繁
		SH6	我与下属员工的关系密切
		SH7	我帮助下属设定具体而又富有挑战性的目标，发挥下属的潜能
		SH8	我针对不同下属的特点进行多种激励，调动下属积极性
	人际关系	SH9	我努力和组织中的各方建立和谐、融洽的关系
		SH10	我积极与组织外部的利益相关者建立和谐、融洽的关系
		SH11	我与组织内、外部的相关利益者相互信任
		SH12	我与组织内、外部的相关利益者沟通顺畅

变 量	维 度	编 号	测量题项
心理资本胜任力	自信	XL4	在我的工作范围内，我相信自己能够帮助设定目标/目的
		XL5	我相信自己能够与公司外部的人（比如，供应商、客户）联系，并讨论问题
		XL6	我相信自己能够向一群同事陈述信息
	韧性	XL8	在工作中，我无论如何都会去解决遇到的难题
		XL9	在工作中如果不得不去做，我也能独立应战
		XL10	我通常对工作中的压力能泰然处之
		XL11	因为以前经历过很多磨难，所以我现在能挺过工作上的困难时期
		XL12	在我目前的工作中，我感觉自己能同时处理很多事情
	成就动机	XL13	我喜欢给自己不断设定更高的目标
		XL14	我喜欢新奇的、有困难的任务
		XL16	我希望承担有挑战性的工作任务
		XL17	面对能测量我能力的机会，我感到是一种鞭策和挑战
组织激励因素	外部激励因素	JL1	组织给予员工公正合理的薪酬、良好的福利
		JL2	组织创造良好的学习环境，提供正式和非正式的培训学习机会
		JL3	组织的管理制度科学、有效
		JL4	组织内部工作氛围和谐，上下级、同事间关系融洽
		JL5	工作场所舒适美观，办公设施齐全
	内部激励因素	JL6	我在工作中拥有较大的自主权
		JL8	我在工作中能够获得成就感
		JL9	我因工作出色获得晋升或奖励
		JL10	我的工作成绩得到上级、同事及下属的肯定
		JL11	我的工作可以提供展现自己才能的机会
		JL12	我经常参与具有挑战性的工作
工作绩效	任务绩效	JX1	组织下属共同完成某项工作任务时，指挥有度，安排得当
		JX2	根据下属的特点进行激励，促进部门或小组业绩的提高
		JX3	认真听取上、下级意见和建议，为本部门发展做出科学决策
		JX4	能有效指导并监督下属完成工作任务
		JX5	对工作任务总能准时、保质保量地完成

变　量	维　度	编　号	测量题项
工作绩效	周边绩效	JX7	充满热情地工作并且愿意为工作付出额外的努力
		JX8	主动提出改进部门运作的合理化建议
		JX9	积极克服困难，解决工作中存在的问题
		JX10	主动为有需要的同事提供帮助
		JX11	公平、公正地对待他人
	创新绩效	JX15	在工作中能提出新的建议、设想，尝试新的程序
		JX16	能用独创且可行的方法解决问题
		JX17	可以把创新思想转化成有益的应用
		JX18	能动员各种力量促进新思想、技术、方案的实施

5.3.4　正式测量的数据收集与描述

调查对象为企业中层管理人员，研究人员直接进入各企业实地调查的难度较大，本研究选取江苏省多所高校管理学院招收的 MBA 学员中的企业中层管理者作为此次调查的对象。工商管理硕士（Master of Business Administration, MBA），旨在培养未来能够胜任工商企业和经济管理部门中高层管理工作需要的务实型、复合型和应用型人才。高校 MBA 往往集聚了大量企业中层管理者，由于他们有统一上课时间，能够集中进行数据收集。选取江苏省高校基于以下几点原因：（1）江苏省企业较多，2020 年年底全省市场主体总数达 1238 万户，在中国企业联合会、中国企业家协会发布的"2020 中国企业 500 强榜单"中，江苏入围 45 家，全国排名第四，具有一定代表性。（2）江苏地处大陆沿海中部和长江、淮河下游，是南北方重要的链接枢纽，同时包容南方和北方文化，吸引全国各地的企业和商家入驻。（3）江苏高校众多，且拥有 15 所"双一流"高校，能够提供良好的 MBA 等高等教育。因此，选择江苏高校 MBA 学院具有一定代表性。

调查对象来自江南大学、南京农业大学、南京理工大学的 MBA 学员。问卷的发放方式有两种：一是集中统一发放，选择课后时间现场发放并回收。现场发放问卷 400 份，回收 385 份，回收率为 96.25%。二是利用手机 APP 方式发送回收问卷，现场已作答的受试者不再作答 APP 问卷，防止重复作答。手机 APP 问卷答卷回收 117 份。

对回收的共 502 份问卷进行审查,剔除作答明显规律性、多处缺失作答、前后矛盾及非中层管理者的问卷,最终获得 318 份有效问卷。其中,来自国有企业的占 52.1%,来自民营企业的占 33.6%,来自合资或外资的占 14.3%。男性占 53.1%,女性占 46.9%。大专及以下学历占 5.4%,本科占 67.6%,硕士及以上占 27%。工作年限 10 年及以下占 53.8%,11~15 年占 20.8%,15 年以上占 25.4%。

5.4 本章小结

本章阐述研究变量的指标形成步骤及量化检验,形成正式测量问卷的过程。首先,遵循问卷设计的原则和流程,在明确变量的概念和维度基础上,借鉴现有成熟量表,并经过讨论分析确定了初始调查问卷。得到初始问卷之后,通过个人访谈对其进行修订,以保证问卷的内容效度,以便充分反映中层管理者的特点。其次,使用初始调查问卷进行小规模预测,获得 70 份有效数据,对数据进行项目分析、信度分析和探索性因素分析,删除不符合测量要求的题项。最后,本研究涉及的所有问卷均具备了良好的信度和效度,形成正式的测量问卷。

第6章 组织激励、胜任力
对工作绩效作用的假设检验

本章使用形成的正式问卷实施了大规模测试,对收集到的数据用数据分析软件 SPSS 22.0 进行信度和效度检验,保证数据的有效性和可靠性。在此基础上,用 AMOS 21.0 软件建立结构方程模型,从实证的角度对第 4 章提出的理论模型和研究假设进行检验,考察组织激励、中层管理者胜任力和其工作绩效各构面的关系,然后对实证研究结果展开讨论。

6.1 结构方程模型简介

结构方程模型(Structural Equation Modeling,SEM)是一种多元统计分析方法,它于 20 世纪 70 年代被提出。瑞典统计学家、心理测量学家 Karl G. Joreskog 和 Dag Sorbom 将矩阵模型的分析技巧用于处理协方差结构分析,进而提出了 LISREL(Linear Structural Relationships)计算软件程序,LISREL 后来成为处理 SEM 的方法之一,SEM 也逐渐被广泛应用于经济、营销、心理和社会学等的研究中。结构方程模型又称为隐变量分析模型,一般用来检验显变量与隐变量、隐变量与隐变量之间的关系。它是一种实证分析模型,需要在理论引导的前提下建构假设模型,若发现模型存在问题,还可以指出如何修正。合理的理论模型和正确的逻辑推理是 SEM 正确估计参数的前提。

对于结构方程模型的特点来说,首先,它能同时处理多个因变量。结构方程分析可同时考虑并处理多个因变量,在回归分析或路径分析中,即使统计结果的图表中展示多个因变量,在计算回归系数或路径系数时,仍是对每个因变量逐一计算。所以图表看似对多个因变量同时考虑,但在计算对某一个因变量的影响或关系时,都忽略了其他因变量的存在及其影响。其次,它容许自变量和因变量含测量误差。态度、行为等变量，往往含有误差，也不能简单地用单一指标测量。结构方程分析容许自变量和因变量均含测量误差，变量也可用多个指标测量。用传统方法计算的潜变量间相关系数与用结构方程分析计算的潜变量间相关系数，可能相差很大。再次，它能同时估计因子结构和因子关系。假设要了解潜变量之间的相关程度，每个潜变量者用多个指标或题目测量，一个常用的做法是对每个潜变量先用因子分析计算潜变量（即因子）与题目的关系（即因子负荷），进而得到因子得分，作为潜变量的观测值，再计算因子得分，作为潜变量之间的相关系数。这是两个独立的步骤。在结构方程中，这两步同时进行，即因子与题目之间的关系和因子与因子之间的关系同时考虑。除此之外，它容许更大弹性的测量模型。传统上，只容许每一题目（指标）从属于单一因子，但结构方程分析容许更加复杂的模型。最后，它能估计整个模型的拟合程度。在传统路径分析中，只能估计每一路径（变量间关系）的强弱。在结构方程分析中，除了上述参数的估计外，还可以计算不同模型对同一个样本数据的整体拟合程度，从而判断哪一个模型更接近数据所呈现的关系。

结构方程模型的理论原理开始于 20 世纪二三十年代，以后其理论原理经过逐步发展和完善。结构方程模型的应用始见于 20 世纪 60 年代发表的研究论文中，到了 90 年代初期开始得到广泛的应用。结构方程模型的应用与研究在国外虽然有比较长的时间，但它在国内的应用与研究的历史并不长。国内台湾及香港地区的学者应用结构方程模型的历史相对大陆/内地来说较长，这些地区的学者在 20 世纪 90 年代就已经有许多应用结构方程模型的研究。大陆/内地的学者对于结构方程模型的应用历史较短，在网络上能找到的资料都集中在最近几年，且主要集中于结构方程模型的应用，对其基本原理理论方面的研究很少。通过结构方程模型建模分析数据是一个动态的不断修改的过程。在建模的过程中，研究人员要用每次建模计算得到的结果去分析这个模型的合理性，然后要依据经验及前一模型的拟合结果去不断调整模型的结构，最终得到一个最合理的、与事实相符的模型。

在验证模型（SC）的应用中，从应用者的角度来看，对其所分析的数据只有一个模型是最合理和最符合所调查数据的。应用结构方程建模去分析数据的目的，就是去验证模型是否拟合样本数据，从而决定是接受还是拒绝这个模型。这一类的分析并不太多，因为无论是接受还是拒绝这个模型，从应用者的角度来说，还是希望有更好的选择。在选择模型（AM）分析中，结构方程模型应用者提出几个不同的可能模型（也称为替代模型或竞争模型），然后根据各个模型对样本数据拟合的优劣情况来决定哪个模型是最可取的。这种类型的分析虽然较验证模型多，但从应用的情况来看，即使模型应用者得到了一个最可取的模型，也仍然是要对模型做出不少修改的，这样就成为产生模型类的分析。在产生模型分析（即 MG 类模型）中，模型应用者先提出一个或多个基本模型，然后检查这些模型是否拟合样本数据，基于理论或样本数据，分析找出模型拟合不好的部分，据此修改模型，并通过同一的样本数据或同类的其他样本数据，去检查修正模型的拟合程度。整个分析过程的目的就是要产生一个最佳的模型。

陈善平等（2006）运用结构方程模型构建了基于理性行为理论、驱动理论、自我效能理论的体育消费认知决策模型。它是为体育消费行为建立的消费者决策理论模型，主要研究运动动机和体育效应对体育消费意愿的影响。赵智晶等（2010）对成都市新生代农民工进行调查，建立了农民工工作满意度高阶测量结构方程模型（HCFA），研究结果发现社会保障是提高农民工满意度最需要改进的地方，但未计算出满意度指数。姚恒等（2013）对某建筑施工企业的顾客满意度进行研究，引入 ACSI 和 CCSI 的修正模型，并用偏最小二乘 PLS 路径建模，计算出满意度指数较大，满意度较高，但是业主的预期感知度高于实际感知度，如果不改善此情况，企业的长期形象会下降。因此，结构方程除可用作验证模型和比较不同的模型外，也可以用作评估模型及修正模型。一些结构方程模型的应用人员都是先从一个预设的模型开始，然后将此模型与所掌握的样本数据相互印证。如果发现预设的模型与样本数据拟合得并不是很好，那么就将预设的模型进行修改，然后再检验，不断重复这个过程，直至最终获得一个应用人员认为与数据拟合度达到满意度的模型，而同时各个参数估计值也有合理解释的模型。

6.2　描述性统计与相关性分析

表 6.1 和表 6.2 分别是变量的相关系数表和描述性统计分析表。从表中可知，组织激励、胜任力和中层管理者工作绩效三个变量及其各构成维度的得分

均值在 4. 17 ~ 4. 95，标准差在 0. 80 ~ 1. 08，各变量得分属于中上程度。使用
Pearson 相关分析对研究所涉及的变量进行简单相关分析，以确定组织激励与
中层管理者胜任力是否存在显著相关，中层管理者胜任力与其工作绩效是否存
在显著相关，组织激励与中层管理者工作绩效是否存在显著相关关系。结果显
示人力资本胜任力的两个维度、社会资本胜任力的三个维度以及心理资本的三
个维度均和中层管理者工作绩效的三个维度存在显著的正向相关关系，人力资
本胜任力、社会资本胜任力的三个维度以及心理资本胜任力的三个维度均和组
织激励因素之间也存在显著的正向相关，组织激励因素与中层管理者工作绩效
的三个维度存在正向相关。这初步为本研究的假设预期提供了证据，后文将采
用结构方程模型对这些变量之间的关系做更为精确的验证。

表 6.1　变量各构面的均值、标准差和相关性

	M	SD	1	2	3	4	5	6	7	8	9	10	11
1	4. 46	1. 08	–										
2	4. 58	0. 93	0. 59 **	–									
3	4. 17	0. 99	0. 51 **	0. 49 **	–								
4	4. 40	0. 91	0. 38 **	0. 31 **	0. 39 **	–							
5	4. 74	0. 85	0. 43 **	0. 42 **	0. 45 **	0. 53 **	–						
6	4. 65	0. 90	0. 48 **	0. 39 **	0. 53 **	0. 58 **	0. 66 **	–					
7	4. 65	0. 88	0. 66 **	0. 40 **	0. 56 **	0. 46 **	0. 52 **	0. 59 **	–				
8	4. 95	0. 80	0. 51 **	0. 41 **	0. 43 **	0. 51 **	0. 66 **	0. 60 **	0. 67 **	–			
9	4. 69	0. 89	0. 49 **	0. 37 **	0. 50 **	0. 56 **	0. 51 **	0. 63 **	0. 65 **	0. 68 **	–		
10	4. 39	0. 92	0. 40 **	0. 41 **	0. 41 **	0. 37 **	0. 35 **	0. 43 **	0. 50 **	0. 50 **	0. 57 **	–	
11	4. 50	0. 87	0. 46 **	0. 41 **	0. 51 **	0. 62 **	0. 58 **	0. 65 **	0. 58 **	0. 64 **	0. 63 **	0. 66 **	–

注：** 表示 $P < 0.01$。1—客户导向，2—激励下级，3—人际关系，4—自信，5—韧性，6—成就动
机，7—表示任务绩效，8—表示周边绩效，9—创新绩效，10—外在激励因素，11—内在激励因素。

表 6.2　变量的均值、标准差和相关性

	M	SD	人力资本胜任力	社会资本胜任力	心理资本胜任力	工作绩效	组织激励
人力资本胜任力	4. 26	0. 89	–				
社会资本胜任力	4. 43	0. 83	0. 73 **	–			
心理资本胜任力	4. 63	0. 75	0. 53 **	0. 60 **	–		
工作绩效	4. 77	0. 75	0. 63 **	0. 66 **	0. 74 **	–	
组织激励	4. 45	0. 81	0. 50 **	0. 57 **	0. 64 **	0. 71 **	–

注：** 表示 $P < 0.01$。

6.3　信度与效度检验

6.3.1　信度检验

1. 人力资本胜任力问卷信度分析

利用 SPSS 20.0 得到人力资本胜任力问卷数据的信度分析结果见表 6.3。结果显示，人力资本胜任力问卷 6 个测量题项的 CITC 值都大于 0.5，RL1 为 0.580，RL2 为 0.640，RL3 为 0.757，RL4 为 0.687，RL5 为 0.784，RL6 为 0.681。专业知识的信度系数为 0.817，组织协调能力的信度系数为 0.862，均大于 0.7，显示内部一致性信度良好。

表 6.3　人力资本胜任力问卷的信度分析结果

变量名称	测量题项	题项 - 总分相关系数（CITC）	删除该题项后的 Cronbach's α 系数	Cronbach's α 系数
专业知识	RL1	0.580	0.873	0.817
	RL2	0.640	0.868	
	RL3	0.757	0.844	
	RL4	0.687	0.857	
组织协调能力	RL5	0.784	0.841	0.862
	RL6	0.681	0.858	

2. 社会资本胜任力问卷信度分析

利用 SPSS 20.0 得到社会资本胜任力问卷数据的信度分析结果见表 6.4。结果显示，社会资本胜任力问卷 12 个测量题项的 CITC 值都大于 0.5，显示每个题目基本上有其存在的重要性，因此不需要删除任何题目。三个维度的信度系数均大于 0.7，客户导向的信度系数为 0.877，激励下级的信度系数为 0.926，人际关系的信度系数为 0.926，表明内部一致性信度良好。

表 6.4　社会资本胜任力问卷的信度分析结果

变量名称	测量题项	题项－总分相关系数（CITC）	删除该题项后的 Cronbach's α 系数	Cronbach's α 系数
客户导向	SH1	0.733	0.845	0.877
	SH2	0.779	0.825	
	SH3	0.737	0.843	
	SH4	0.704	0.856	
激励下级	SH5	0.834	0.901	0.926
	SH6	0.884	0.884	
	SH7	0.866	0.890	
	SH8	0.728	0.934	
人际关系	SH9	0.830	0.902	0.926
	SH10	0.865	0.890	
	SH11	0.835	0.900	
	SH12	0.778	0.919	

3. 心理资本胜任力问卷的信度分析

利用 SPSS 20.0 得到心理资本胜任力问卷数据的信度分析结果见表 6.5。结果显示，心理资本胜任力 12 个题项的 CITC 指数都大于 0.5，三个维度的信度系数均大于 0.7，表明测量题项具有较高的内部一致性。

表 6.5　心理资本胜任力问卷的信度分析结果

测量题项	题项－总分相关系数（CITC）	删除该题项后的 Cronbach's α 系数	Cronbach's α 系数
XL4	0.734	0.780	0.851
XL5	0.716	0.797	
XL6	0.715	0.797	
XL8	0.700	0.876	0.892
XL9	0.738	0.868	
XL10	0.807	0.852	
XL11	0.682	0.883	
XL12	0.762	0.862	

测量题项	题项 - 总分相关系数（CITC）	删除该题项后的Cronbach's α 系数	Cronbach's α 系数
XL19	0.710	0.812	
XL20	0.673	0.832	0.856
XL21	0.677	0.827	
XL22	0.750	0.796	

4. 工作绩效问卷的信度分析

利用 SPSS 20.0 得到工作绩效问卷数据的信度分析结果见表6.6。结果显示，中层管理者工作绩效问卷的 14 个测量题项的 CITC 大于 0.5，三个维度问卷的信度系数均大于 0.7，显示内部一致性信度良好。

表6.6 工作绩效问卷的信度分析结果

维 度	测量题项	题项 - 总分相关系数（CITC）	删除该题项后的Cronbach's α 系数	Cronbach's α 系数
任务绩效	JX1	0.633	0.917	0.909
	JX2	0.833	0.875	
	JX3	0.788	0.885	
	JX4	0.812	0.879	
	JX5	0.788	0.885	
周边绩效	JX7	0.747	0.896	0.911
	JX8	0.780	0.889	
	JX9	0.793	0.886	
	JX10	0.775	0.891	
	JX11	0.775	0.890	
创新绩效	JX15	0.871	0.898	0.930
	JX16	0.795	0.922	
	JX17	0.808	0.920	
	JX18	0.876	0.896	

5. 组织激励的问卷信度分析

利用 SPSS 20.0 得到组织激励问卷数据的信度分析结果见表6.7。结果显示，激励因素问卷 10 个测量题项的 CITC 大于 0.5，两个维度的信度系数均大于 0.7，表明内部一致性信度良好。

表 6.7   组织激励因素的信度分析结果

维　度	测量题项	题项－总分相关系数（CITC）	删除该题项后的 Cronbach's α 系数	Cronbach's α 系数
外在激励	JL1	0.747	0.861	0.889
	JL2	0.793	0.850	
	JL3	0.808	0.847	
	JL4	0.734	0.864	
	JL5	0.574	0.897	
内在激励	JL6	0.608	0.879	0.884
	JL8	0.754	0.855	
	JL9	0.692	0.865	
	JL10	0.675	0.868	
	JL11	0.795	0.848	

6.3.2   效度检验

效度（Validity）是指所测量到的结果反映所想要考察内容的程度，测量结果与要考察的内容越吻合，则效度越高；反之，则效度越低。本研究主要使用聚合效度、区分效度和内容效度检验测量问卷的有效性。

1. 聚合效度检验

聚合效度又叫收敛效度，是指测量相同潜在变量的题项会落在同一构面上，且题项或测验所测得的测量值之间具有高度相关性（吴明隆，2010）。本研究对聚合效度的检验采用以下标准：第一，测量模型具有良好的拟合度。第二，观测变量在潜变量上的因素负荷量最小值为 0.5（Hair et al.，1998），并达到显著性水平，更理想的状态可高达 0.7 及以上。第三，组合信度（Composite Reliability，CR）在 0.6 之上。第四，平均变异数抽取量（Average Variance Extracted，AVE）来考察观测指标的总变异量有多少是来自潜在结构的变异量。一般而言，AVE 应该大于 0.5（Bagozzi & Yi，1988）。

测量模型的拟合度采用绝对拟合指标（Absolute Fit Index）和相对拟合指标（Relative Fit Index）来检验。其中，绝对拟合指标包括：①卡方自由度比

(χ^2/df)，值的范围可以在 1~5，小于 3 代表模型的契合度较好，较为宽松的标准是小于 5。②近似误差均方根（Root – Mean – Square Error of Approximation, RMSEA），被视为观测适配度最重要的指标（吴明隆，2010）。一般来说，*RMSEA* 值越小则模型的适配度越好，本研究采用 Steiger（1990）提出的低于 0.1 的标准。③适配度指数（Goodness – of – Fit Index, GFI），该值越大意味着模型路径与调研所得数据的适配度越好，一般判别标准大于 0.9（Hair et al., 1998）。相对拟合指标有 *CFI*、*NFI*、*IFI*。三个相对拟合指标的值越接近 1 表示模型适配度越好，一般应大于 0.9（Byrne，1998）。

（1）人力资本胜任力问卷的聚合效度。

对中层管理者人力资本胜任力这一潜变量进行验证性因素分析，得到测量模型和拟合度结果。由表 6.8 可见，卡方自由度比值为 1.568，小于 2；*RMSEA* 值为 0.042，小于 0.05；GFI 和其他相对拟合指标都在 0.9 之上，模型的拟合度较理想。

表 6.8　人力资本胜任力模型聚合效度结果

测量变量	测量题项	标准化因子负荷量	P	CR	AVE
专业知识	RL4	0.757	***	0.821	0.535
	RL3	0.781	***		
	RL2	0.711	***		
	RL1	0.672	***		
组织协调能力	RL6	0.791	***	0.851	0.743
	RL5	0.927	***		

拟合度指标：$\chi^2/df = 1.568$，$GFI = 0.990$，$CFI = 0.996$，$NFI = 0.989$，$IFI = 0.996$，$RMSEA = 0.042$

从图 6.1 可以看到，人力资本胜任力的两个因子专业知识和组织协调能力之间的相关系数为 0.60，均低于 McDonald 和 Ho（2002）提出的临界值 0.85，可以说明构念维度之间的区别效度良好。

在因子负荷方面，所有因子均在 $P < 0.001$ 的水平上显著，因子负荷量除 RL1 没有达到理想值 0.7 及以上，其余题项的标准化因子负荷量均超过 0.7。专业知识和组织协调能力的组合信度（*CR*）均在 0.6 之上（吴明隆，2010），也就是说，测量指标间有高度的内在关联。各潜变量的平均变异抽取量（*AVE*）经检验均大于 0.5，表示所测指标变量可以有效反映其潜在变量。综上所述，人力资本胜任力问卷具有良好的聚合效度。

中层管理者人力资本胜任力测量模型如图6.1所示。

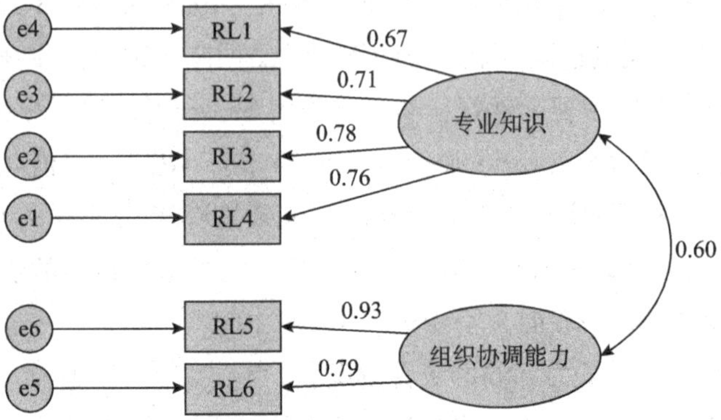

图6.1 人力资本胜任力测量模型

（2）社会资本胜任力问卷的聚合效度。

对中层管理者社会资本胜任力问卷中的客户导向、激励下级和人际关系三个潜变量进行验证性因素分析，得到测量模型和拟合度结果。由表6.9可见，$\chi^2/df = 3.182$，$GFI = 0.931$，$CFI = 0.968$，$NFI = 0.954$，$IFI = 0.968$，$RMSEA = 0.068$，表明模型拟合效果较好。

表6.9 社会资本胜任力模型聚合效度结果

测量变量	测量题项	标准化因子负荷量	P	CR	AVE
客户导向	SH4	0.859	***	0.854	0.616
	SH3	0.873	***		
	SH2	0.690	***		
	SH1	0.642	***		
激励下级	SH8	0.728	***	0.924	0.754
	SH7	0.880	***		
	SH6	0.947	***		
	SH5	0.903	***		
人际关系	SH12	0.753	***	0.918	0.740
	SH11	0.823	***		
	SH10	0.937	***		
	SH9	0.914	***		

拟合度指标：$\chi^2/df = 3.182$，$GFI = 0.931$，$CFI = 0.968$，$NFI = 0.954$，$IFI = 0.968$，$RMSEA = 0.068$

从图 6.2 可以看到，社会资本胜任力的三个因子客户导向和激励下级，客户导向和人际关系，激励下级和人际关系两两之间的相关系数为 0.52，0.50，0.59，均低于临界值 0.85，说明构念之间的区别效度良好。所有题项的标准化因子负载量均大于 0.6，且在 $P < 0.001$ 的水平上显著。客户导向、激励下级和人际关系的组合信度（CR）均在 0.6 之上。在平均变异数抽取（AVE）方面，客户导向、激励下级和人际关系的 AVE 值分别为 0.616、0.754 和 0.740，均超过 0.5 的最低标准。综上所述，社会资本胜任力具有良好的聚合效度。

中层管理者社会资本胜任力测量模型如图 6.2 所示。

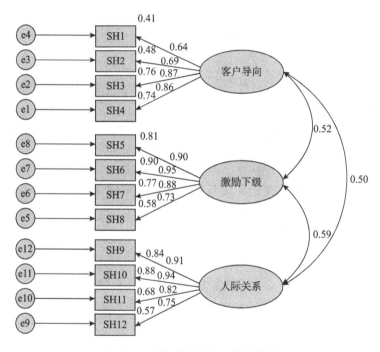

图 6.2　社会资本胜任力测量模型

（3）心理资本胜任力问卷的聚合效度。

对中层管理者心理资本胜任力问卷中的自信、韧性和成就动机这三个潜变量进行验证性因子分析，得到测量模型和拟合度结果见表 6.10。在拟合度指标方面，$\chi^2/df = 2.476$，在契合度较好标准范围之内；$GFI = 0.935$，$CFI = 0.966$，$NFI = 0.945$，$TLI = 0.957$，均大于 0.9 的临界值；$RMSEA = 0.068$，小于 0.1，表明模型拟合效果较理想。

表 6.10　心理资本胜任力模型聚合效度结果

变　量	测量题项	标准化因子负荷	P	CR	AVE
自信	XL6	0.809	***		
	XL5	0.822	***	0.851	0.656
	XL4	0.799	***		
韧性	XL12	0.818	***		
	XL11	0.728	***		
	XL10	0.868	***	0.895	0.630
	XL9	0.792	***		
	XL8	0.755	***		
成就动机	XL22	0.821	***		
	XL21	0.777	***	0.859	0.604
	XL20	0.721	***		
	XL19	0.786	***		

拟合度指标：$\chi^2/df = 2.476$, $GFI = 0.935$, $CFI = 0.966$, $NFI = 0.945$, $TLI = 0.957$, $RMSEA = 0.068$

从图 6.3 可以看到，心理资本胜任力的三个因子自信和韧性，自信和成就动机，韧性和成就动机之间的相关系数为 0.61、0.68 和 0.76，均低于临界值 0.85，说明构念之间的区别效度良好。所有题项的标准化因子载荷均大于 0.7，且在 $P < 0.001$ 的水平上显著。自信、韧性和成就动机的组合信度（CR）均在 0.6 之上，三个因子的 AVE 值分别为 0.656、0.630 和 0.604，均超过 0.5 的最低标准。综上所述，心理资本胜任力具有良好的聚合效度。

中层管理者心理资本胜任力测量模型如图 6.3 所示。

（4）工作绩效问卷的聚合效度。

对中层管理者工作绩效问卷中的任务绩效、周边绩效和创新绩效这三个潜变量进行验证性因子分析，得到测量模型和拟合度结果见表 6.11。在拟合度指标方面，$\chi^2/df = 3.330$，小于临界值 5，在标准范围之内；$GFI = 0.897$，$CFI = 0.956$，$NFI = 0.939$，$TLI = 0.956$，除 GFI 略低于临界值 0.9 外，其他指标均大于 0.9 的最低标准；$RMSEA = 0.068$，小于临界值 0.1，表明模型拟合效果良好。

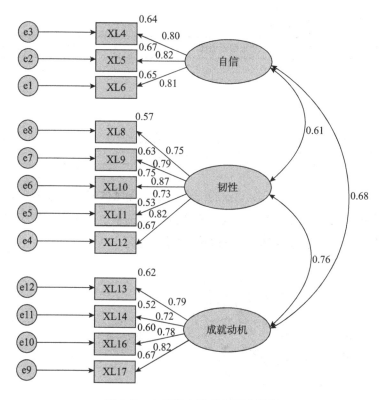

图 6.3 心理资本胜任力测量模型

表 6.11 工作绩效模型聚合效度分析结果

变 量	题 项	标准化因子负荷	P	CR	AVE
任务绩效	JX1	0.644	***	0.910	0.673
	JX2	0.872	***		
	JX3	0.855	***		
	JX4	0.859	***		
	JX5	0.848	***		
周边绩效	JX8	0.858	***	0.905	0.657
	JX9	0.842	***		
	JX10	0.773	***		
	JX11	0.766	***		
	JX7	0.809	***		

变　量	题　项	标准化因子负荷	P	CR	AVE
创新绩效	JX15	0.947	***	0.928	0.764
	JX16	0.790	***		
	JX17	0.800	***		
	JX18	0.947	***		

拟合度指标：$\chi^2/df = 3.330$，$GFI = 0.897$，$CFI = 0.956$，$NFI = 0.939$，$TLI = 0.956$，$RMSEA = 0.068$

从图 6.4 可以看到，工作绩效的三个维度任务绩效和周边绩效，任务绩效和创新绩效，周边绩效和创新绩效两两之间的相关系数为 0.76、0.67 和 0.70，均低于临界值 0.85，说明构念之间的区别效度良好。

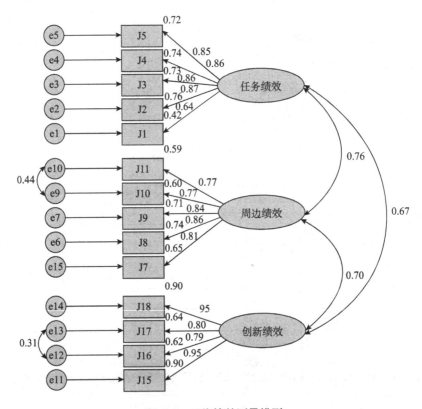

图 6.4　工作绩效测量模型

任务绩效、周边绩效和创新绩效的组合信度（CR）均在 0.6 之上。所有题项的标准化因子载荷均大于 0.5，且在 P < 0.001 的水平上显著。在平均变

异数抽取方面，任务绩效、外周绩效和创新绩效的 *AVE* 值分别为 0.673、0.657 和 0.764，均超过 0.5 的最低标准。综上所述，中层管理者工作绩效具有良好的聚合效度。

中层管理者工作绩效测量模型如图 6.4 所示。

从图 6.4 中层管理者工作绩效的测量模型发现，任务绩效、周边绩效和创新绩效三个潜变量之间存在着中高度的相关性，任务绩效与创新绩效的相关系数是 0.67，任务绩效与周边绩效的相关系数是 0.76，周边绩效与创新绩效的相关系数是 0.70。根据吴明隆（2010）高阶验证性因子分析，若一阶构念间存在较高程度的关联，同时一阶验证性因素分析模型与样本适配，则可以将低阶测量变量界定为内因潜在变量，测量更高一阶的因素构念。本研究中管理者工作绩效的三个潜变量——任务绩效、周边绩效和创新绩效两两之间的相关系数均大于 0.6，存在中高度的关联，且在一阶验证性因素分析中，测量模型与样本适配，因此可以认为三个一阶因素构念都受到高一阶潜在特质的影响。鉴于此，下面尝试将任务绩效、周边绩效和创新绩效变为内因潜在变量，二阶因素——工作绩效为外因潜在变量，同时还有 14 个观察变量均为内因变量。

对中层管理者工作绩效进行二阶因素分析，拟合度指标见表 6.12。其中，$\chi^2/df = 3.330$，$GFI = 0.897$，$CFI = 0.956$，$NFI = 0.939$，$TLI = 0.956$，除 *GFI* 略低于临界值 0.9 外，其他指标均大于 0.9 的最低标准；$RMSEA = 0.068$，小于临界值 0.1，表明模型拟合效果良好。

表6.12　工作绩效二阶因素模型路径系数分析结果

路　径			标准化因子负荷	S. E.	P
任务绩效	←	工作绩效	0.855	—	—
周边绩效	←	工作绩效	0.894	0.131	***
创新绩效	←	工作绩效	0.787	0.126	***
J1	←	任务绩效	0.644	—	—
J2	←	任务绩效	0.872	0.103	***
J3	←	任务绩效	0.855	0.100	***
J4	←	任务绩效	0.859	0.106	***
J5	←	任务绩效	0.848	0.105	***
J7	←	周边绩效	0.809	—	***
J8	←	周边绩效	0.858	0.054	—

续表

路 径			标准化因子负荷	S. E.	P
J9	←	周边绩效	0.842	0.051	***
J10	←	周边绩效	0.773	0.049	***
J11	←	周边绩效	0.766	0.053	***
J15	←	创新绩效	0.947	—	—
J16	←	创新绩效	0.790	0.041	***
J17	←	创新绩效	0.800	0.044	***
J18	←	创新绩效	0.947	0.031	***

拟合度指标: $\chi^2/df = 3.330$, $GFI = 0.897$, $CFI = 0.956$, $NFI = 0.939$, $TLI = 0.956$, $RMSEA = 0.068$

中层管理者工作绩效二阶因素模型如图6.5所示。

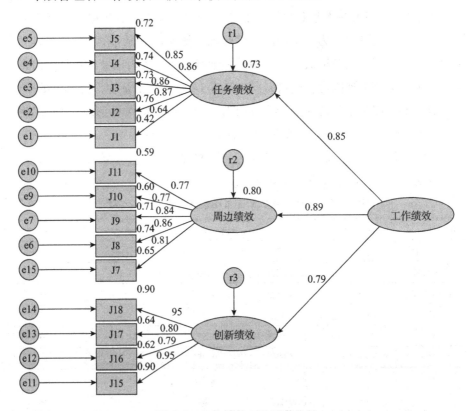

图6.5 工作绩效二阶因素分析

由表6.12可见, 中层管理者工作绩效的任务绩效、周边绩效和创新绩效三个一阶因素的因素负荷量均在 0.75 以上，同时在 $P < 0.001$ 的水平上显著。14 个测量题项对应于一阶因素的因素负荷量均介于 $0.6 \sim 0.95$ 之间，且在 $P < 0.001$ 的水平上显著。可以说，三个维度的确存在共同的高阶因素，即工作绩效。

（5）组织激励问卷的聚合效度。

对组织激励问卷中的外在激励和内在激励这两个潜变量进行验证性因子分析，得到测量模型和拟合度结果见表 6.13。在拟合度指标方面，$\chi^2/df = 3.694$，在契合度较好标准范围之内；$GFI = 0.920$，$CFI = 0.950$，$NFI = 0.933$，$IFI = 0.950$，均大于 0.9 的最低标准；$RMSEA = 0.071$，小于临界值 0.1，表明模型拟合效果可以接受。

表 6.13　组织激励因素模型聚合效度结果

变　量	题　项	标准化因子负荷	P	CR	AVE
外在激励	JL4	0.776	***	0.887	0.613
	JL3	0.886	***		
	JL2	0.828	***		
	JL1	0.769	***		
	JL5	0.634	***		
内在激励	JL9	0.746	***	0.889	0.573
	JL8	0.812	***		
	JL6	0.666	***		
	JL10	0.730	***		
	JL11	0.844	***		
	JL12	0.731	***		

拟合度指标：$\chi^2/df = 3.694$，$GFI = 0.920$，$CFI = 0.950$，$NFI = 0.933$，$IFI = 0.950$，$RMSEA = 0.071$

从图 6.6 可以看到，组织激励因素的两个维度外部激励因素和内部激励因素之间的相关系数为 0.71，低于临界值 0.85，说明构念之间的区别效度良好。所有题项的标准化因子载荷均大于 0.5，且在 $P < 0.001$ 的水平上显著。外在激励因素和内在激励因素的组合信度（CR）均在 0.5 之上。外在激励和内在激励的 AVE 值分别为 0.613 和 0.573，均超过 0.5 的最低标准。综上所述，组织激励问卷具有良好的聚合效度。

组织激励因素测量模型如图 6.6 所示。

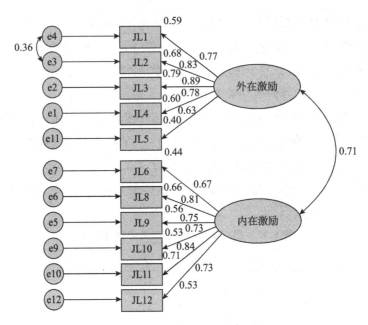

图 6.6　组织激励因素测量模型

2. 区分效度检验

区分效度是指构念代表的潜在特质与其他构念所代表的潜在特质间低度相关或有显著的差异存在（吴明隆，2009）。本研究根据 Fomell 和 Larckcr 给出的标准指出，如果一个潜变量的 *AVE* 平方根大于与它关联的潜变量之间的相关系数的绝对值，就说明区分效度满足分析要求（Fomell 和 Larckcr，1981），表 6.14 ~ 6.18 依次为人力资本胜任力、社会资本胜任力、心理资本胜任力、中层管理者工作绩效和组织激励因素的区分效度检验结果，其中括号内的值为各潜变量 *AVE* 的平方根，其余的值为两个潜变量之间的相关系数。从以下五个表格可以看到各潜变量的 *AVE* 的平方根值均大于其所在行与列的相关系数值，说明各测量问卷的区分效度较好。

表 6.14　人力资本胜任力区分效度检验结果

	专业知识	组织协调能力
专业知识	(0.731)	—
组织协调能力	0.604 ***	(0.862)

注：*** 表示 *P* < 0.001。下同。

表 6.15 社会资本胜任力区分效度检验结果

	客户导向	激励下级	人际关系
客户导向	(0.785)	—	—
激励下级	0.523 ***	(0.868)	—
人际关系	0.504 ***	0.591**	(0.860)

表 6.16 心理资本胜任力区分效度检验结果

	自信	韧性	成就动机
自信	(0.810)	—	—
韧性	0.614 ***	(0.794)	—
成就动机	0.683 ***	0.757 ***	(0.778)

表 6.17 工作绩效区分效度检验结果

	任务绩效	外周绩效	创新绩效
任务绩效	(0.820)	—	—
周边绩效	0.764 ***	(0.811)	—
创新绩效	0.673 ***	0.703 ***	(0.874)

表 6.18 组织激励因素区分效度检验结果

	外在激励	内在激励
外在激励	(0.783)	—
内在激励	0.715 ***	(0.757)

3. 内容效度检验

内容效度（content validity）是指问卷的测量题项涵盖研究主题和目的的程度，也就是测验或量表内容的适当性与代表性。如果测量问卷涵盖研究计划所要探讨的内容，能真正测量到研究者想要测量的变量，就可以认为测量的内容效度较高。本研究为了保证测量的内容效度，采取了以下控制方法：第一，严格遵循问卷设计的规则和程序，借鉴现有文献中的成熟量表，并经过专家访谈和同行讨论，就调查问卷的变量和题项能否充分涵盖所测量的内容、是否能达到研究目的进行充分的沟通，根据讨论获得的意见和建议修改完善问卷。第二，在进行小规模预测过程中，对数据进行项目分析、信度分析和探索性因素分析，使问卷符合测量学的要求。同时，对部分问卷填写者进行访谈，获得他们对问卷的反馈和评价，据此对测量题项再次修正。通过以上方法提高本研究测量的内容效度。

6.3.3 共同方法变异偏差检验

Podsakoff 等提出被试者可能受到测验背景、题目特点和同源效应等方面的影响，产生共同方法变异，需要对共同方法变异进行控制和检验。通过平衡问卷顺序效应、匿名测试和逆向问题等方法实现对共同方法变异的控制；然后，采用 Harman 单因子测试方法对多维度变量共同方法变异进行检验。对所有观察变量进行探索性因子分析，结果显示第一个因素的解释变量为 39.293%，低于临界值 40%，所以单个因子并不能有效地对变量进行解释，数据不存在严重的共同方法变异问题。

综上所述，本研究的正式结果具有较好的信度和效度，能够比较准确地反映出中层管理者的组织激励、胜任力和工作绩效，且不存在明显的共同方法变异偏差，可以以此来进一步验证组织激励、胜任力和工作绩效之间的关系。

6.4 结构方程模型假设检验

在使用结构方程模型进行验证之前，首先，对数据的信度和效度进行检验，从而保证了数据的可靠性和有效性。其次，本研究的有效样本量为 318 份，调查问卷包含的测量题项共 55 个，二者的数量比例大于 5：1，达到了学者们建议的样本容量要求，可以使用极大似然法（ML）对结构模型进行估计。因此，本研究的样本量、效度和信度均达到了结构方程模型的要求。

根据第 4 章所提出的组织激励与胜任力的假设关系、组织激励与中层管理者工作绩效的假设关系以及中层管理者胜任力与其工作绩效的假设关系建立结构方程模型，并使用 AMOS 21.0 对模型进行检验。

6.4.1 胜任力与中层管理者工作绩效的关系

1. 人力资本胜任力与中层管理者工作绩效的关系

根据前文中层管理者人力资本胜任力与其工作绩效的假设关系，建立了结构方程模型，结果如图6.7所示。

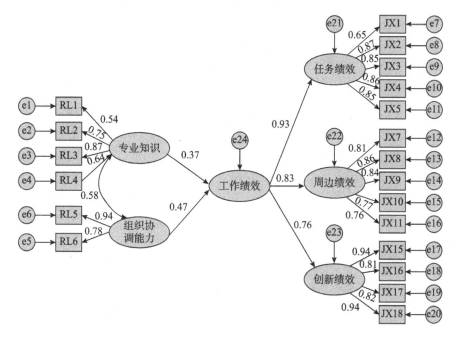

图6.7 人力资本胜任力与工作绩效的关系检验

表6.19显示，χ^2/df值为2.596，在2~3范围内，模型契合度较好。除 GFI值略低于0.9外，其他绝对拟合指标 RMSEA 和相对拟合指标 CFI、NFI、IFI 均符合参考指标，Bollen（1989）认为，在开拓性研究中，拟合指数大于0.85也是可接受的，模型的整体拟合度良好。

表6.19 人力资本胜任力与工作绩效的关系模型的拟合度指标

指标	χ^2/df	GFI	CFI	NFI	IFI	RMSEA
取值	2.596	0.872	0.947	0.917	0.947	0.068

人力资本胜任力与中层管理者工作绩效的关系模型的路径系数参见表6.20。

表6.20 人力资本胜任力与工作绩效的关系模型的路径系数

路 径			标准化路径系数	标准误	P
工作绩效	←	专业知识	0.375	0.078	***
工作绩效	←	组织协调能力	0.474	0.051	***

续表

路　径			标准化路径系数	标准误	P
任务绩效	←	工作绩效	0.930	—	—
周边绩效	←	工作绩效	0.827	0.104	***
创新绩效	←	工作绩效	0.764	0.107	***

　　人力资本胜任力与中层管理者工作绩效关系的假设检验结果如图 6.8 所示。

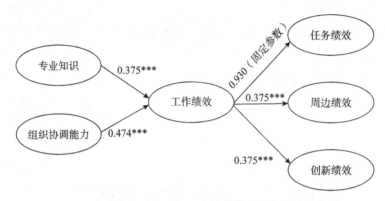

图 6.8　人力资本胜任力与工作绩效关系的假设检验结果

注：$P < 0.05$ 为 *，$P < 0.01$ 为 **，$P < 0.001$ 为 ***；下同。

　　根据结构方程模型分析所得，专业知识和组织协调能力对中层管理者工作绩效均存在显著正向影响，因素负荷量分别为 0.375 和 0.474，且在 $P < 0.001$ 水平上显著，假设 H1 – 1（a）、H1 – 1（b）通过验证。

　　2. 社会资本胜任力与中层管理者工作绩效的关系

　　根据前文中层管理者社会资本胜任力与其工作绩效的假设关系，建立了结构方程模型，结果如图 6.9 所示。

　　表 6.21 显示，χ^2 / df 值为 2.346，在 2~3 范围内，模型契合度良好。除 GFI 值略低于 0.9 外，其他绝对拟合指标 *RMSEA* 和相对拟合指标 *CFI*、*NFI*、*IFI* 均符合参考指标，根据 Bollen 的观点，在开拓性研究中，拟合指数大于 0.85 也是可接受的，模型的整体拟合度良好。

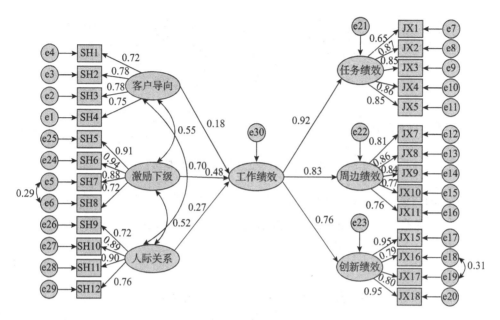

图6.9 社会资本胜任力与工作绩效的关系检验

表6.21 社会资本胜任力与工作绩效的关系模型的拟合度指标

指标	χ^2/df	GFI	CFI	NFI	IFI	RMSEA
取值	2.346	0.856	0.947	0.912	0.947	0.065

社会资本胜任力与中层管理者工作绩效的关系模型的路径系数参见表6.22。

表6.22 社会资本胜任力与工作绩效的关系模型的路径系数

路 径			标准化路径系数	标准误	P
工作绩效	←	客户导向	0.183	0.060	0.024
工作绩效	←	激励下级	0.480	0.039	***
工作绩效	←	人际关系	0.268	0.051	***
任务绩效	←	工作绩效	0.924	—	—
创新绩效	←	工作绩效	0.760	0.107	***
周边绩效	←	工作绩效	0.831	0.104	***

社会资本胜任力与中层管理者工作绩效关系的假设检验结果如图6.10所示。

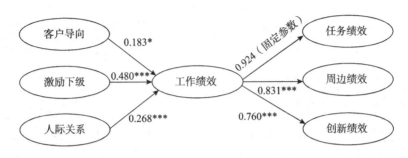

图 6.10　社会资本胜任力与工作绩效关系的假设检验结果

　　根据结构方程模型分析所得，客户导向、激励下级和人际关系均对中层管理者工作绩效存在显著正向影响，因素负荷量分别为 0.183、0.480 和 0.268，且在 $P < 0.05$ 水平上显著，假设 H1 – 2（a）、H1 – 2（b）和 H1 – 2（c）通过验证。

　　3. 心理资本胜任力与中层管理者工作绩效的关系

　　根据第 4 章建立的中层管理者心理资本胜任力与其工作绩效的假设关系，建立了结构方程模型，结果如图 6.11 所示。

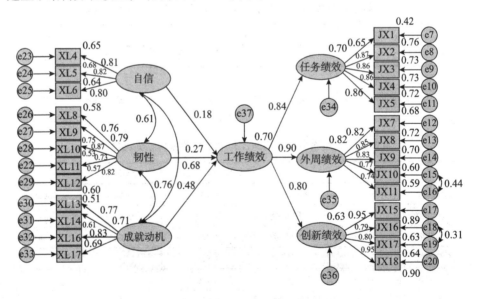

图 6.11　心理资本胜任力与工作绩效的关系检验

　　表 6.23 显示，χ^2 / df 值为 2.479，在 2～3 范围内，可以接受。除 *GFI* 和 *NFI* 值略低于 0.9 外，其他绝对拟合指标 *RMSEA* 和相对拟合指标 *CFI*、*IFI* 均

符合参考标准，根据 Bollen 的观点，在开拓性研究中，拟合指数大于 0.85 也是可接受的，模型的整体拟合度良好。

表 6.23　心理资本胜任力与工作绩效的关系模型的拟合度指标

指标	χ^2/df	GFI	CFI	NFI	IFI	RMSEA
取值	2.479	0.884	0.934	0.895	0.935	0.068

心理资本胜任力与中层管理者工作绩效的关系模型的路径系数参见表 6.24。

表 6.24　心理资本胜任力与工作绩效的关系模型的路径系数

路　径			标准化路径系数	标准误	P
工作绩效	←	自信	0.177	0.046	0.010
工作绩效	←	韧性	0.267	0.054	***
工作绩效	←	成就动机	0.482	0.061	***
任务绩效	←	工作绩效	0.838		—
外周绩效	←	工作绩效	0.903	0.126	***
创新绩效	←	工作绩效	0.796	0.125	***

心理资本胜任力与中层管理者工作绩效关系的假设检验结果如图 6.12 所示。

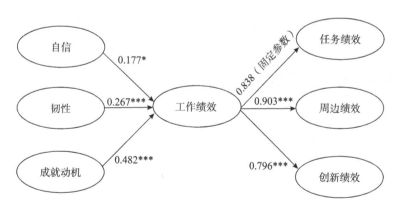

图 6.12　心理资本胜任力与工作绩效关系的假设检验结果

根据结构方程模型分析所得，自信、韧性和成就动机对中层管理者工作绩效均存在显著正向影响，因素负荷量分别为 0.177、0.267 和 0.482，且在 $P < 0.05$ 和 $P < 0.001$ 水平上显著，假设 H1 – 3（a）、H1 – 3（b）和 H1 – 3（c）

通过验证。

4. 人力、社会和心理资本胜任力与中层管理者工作绩效的关系

根据第 4 章提出的人力、社会和心理资本胜任力与中层管理者工作绩效的假设关系，建立了结构方程模型，结果如图 6.13 所示。

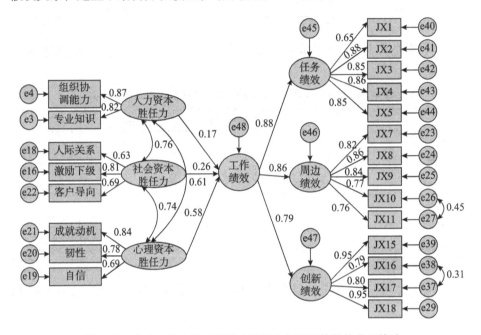

图 6.13　人力、社会和心理资本胜任力与工作绩效的关系检验

表 6.25 显示，χ^2/df 值为 2.763，在 2 ~ 3 范围内，模型契合度良好。除 *GFI* 值略低于 0.9 外，其他绝对拟合指标 *RMSEA* 和相对拟合指标 *CFI*、*NFI*、*IFI* 均符合参考指标，模型的整体拟合度良好。

表 6.25　人力、社会和心理资本胜任力与工作绩效的关系模型的拟合度指标

指标	χ^2/df	*GFI*	*CFI*	*NFI*	*IFI*	*RMSEA*
取值	2.763	0.859	0.935	0.903	0.936	0.054

人力资本、社会资本和心理资本胜任力与中层管理者工作绩效的关系模型的路径系数参见表 6.26。

表 6.26 胜任力与工作绩效的关系模型的路径系数

	路　径		标准化路径系数	标准误	P
工作绩效	←	人力资本胜任力	0.169	0.048	0.027*
工作绩效	←	社会资本胜任力	0.263	0.104	0.012*
工作绩效	←	心理资本胜任力	0.582	0.085	***
任务绩效	←	工作绩效	0.878	—	—
周边绩效	←	工作绩效	0.864	0.112	***
创新绩效	←	工作绩效	0.791	0.117	***

人力、社会和心理资本胜任力与中层管理者工作绩效关系的假设检验结果如图 6.14 所示。

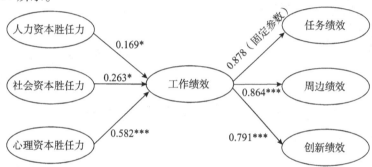

图 6.14　人力、社会和心理资本胜任力与工作绩效关系的假设检验结果

根据结构方程模型分析所得，人力资本胜任力、社会资本胜任力和心理资本胜任力对中层管理者工作绩效均存在显著正向影响，因素负荷量分别为 0.169、0.263 和 0.582，且在 $P < 0.05$ 和 $P < 0.001$ 水平上显著，假设 H1-1、H1-2 和 H1-3 通过验证。

6.4.2　组织激励与中层管理者工作绩效的关系

1. 组织激励与中层管理者工作绩效的关系

根据第 4 章提出的组织激励因素与中层管理者工作绩效的假设关系，建立了结构方程模型，结果如图 6.15 所示。

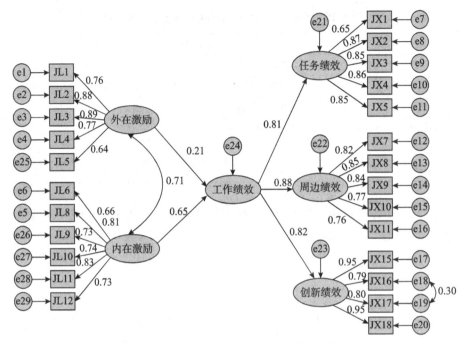

图 6.15　组织激励因素与工作绩效的关系检验

表 6.27 显示，χ^2/df 值为 2.455，在 2~3 范围内，模型契合度良好。除 *GFI* 值略低于 0.9 外，其他绝对拟合指标 *RMSEA* 和相对拟合指标 *CFI*、*NFI*、*IFI* 均符合参考指标，Bollen 认为，在开拓性研究中，拟合指数大于 0.85 也是可接受的，模型的整体拟合度良好。

表 6.27　组织激励因素与中层管理者工作绩效的关系模型的拟合度指标

指标	χ^2/df	*GFI*	*CFI*	*NFI*	*IFI*	*RMSEA*
取值	2.455	0.860	0.941	0.905	0.941	0.057

组织激励因素与中层管理者工作绩效关系模型的路径系数参见表 6.28。

表 6.28　组织激励因素与中层管理者工作绩效的关系模型的路径系数

路径			标准化路径系数	标准误差	*P*
工作绩效	←	外在激励	0.210	0.043	0.003
工作绩效	←	内在激励	0.655	0.057	***
任务绩效	←	工作绩效	0.814	—	—
周边绩效	←	工作绩效	0.884	0.128	***
创新绩效	←	工作绩效	0.819	0.132	***

组织激励因素与中层管理者工作绩效关系的假设检验结果如图 6.16 所示。

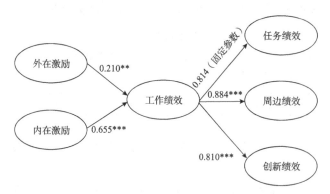

图 6.16　组织激励因素与中层管理者工作绩效关系的假设检验结果

根据结构方程模型分析所得，外在激励因素和内在激励因素对中层管理者工作绩效均存在显著正向影响，因素负荷量分别为 0.210 和 0.655，且在 $P < 0.01$ 水平上显著，假设 H3 - 7、H3 - 8 通过验证。

2. 组织激励与中层管理者任务绩效、周边绩效和创新绩效的关系

根据前文组织激励因素与中层管理者任务绩效、周边绩效和创新绩效的假设关系，建立了结构方程模型，结果如图 6.17 所示。

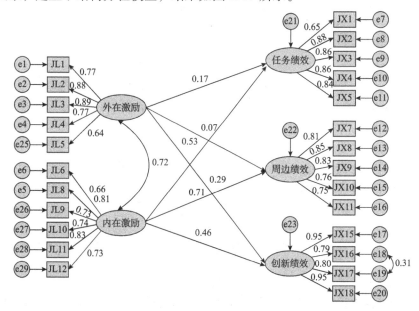

图 6.17　组织激励因素与工作绩效三个维度的关系检验

表 6.29 显示，χ^2/df 值为 2.605，在 2~3 范围内，模型契合度良好。除 GFI 值略低于 0.9 外，其他绝对拟合指标 RMSEA 和相对拟合指标 CFI、NFI、IFI 均符合参考指标，模型的整体拟合度良好。

表 6.29　组织激励因素与中层管理者工作绩效三个维度关系模型的拟合度指标

指标	χ^2/df	GFI	CFI	NFI	IFI	RMSEA
取值	2.605	0.856	0.935	0.900	0.936	0.071

组织激励因素与任务绩效、周边绩效和创新绩效关系模型的路径系数参见表 6.30。

表 6.30　组织激励因素与中层管理者工作绩效三个维度关系模型的路径系数

路　径			标准化路径系数	标准误差	P
任务绩效	←	外在激励	0.170	0.058	0.031
周边绩效	←	外在激励	0.065	0.061	0.368
创新绩效	←	外在激励	0.290	0.071	***
任务绩效	←	内在激励	0.529	0.069	***
周边绩效	←	内在激励	0.711	0.074	***
创新绩效	←	内在激励	0.463	0.079	***

组织激励因素与中层管理者任务绩效、周边绩效和创新绩效关系的假设检验结果如图 6.18 所示。

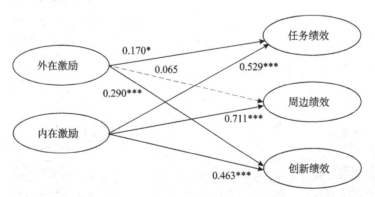

图 6.18　组织激励因素与中层管理者工作绩效三个维度关系的假设检验结果

注：$P<0.05$ 为 *，$P<0.01$ 为 **，$P<0.001$ 为 ***；图中虚线表示无显著影响。

根据结构方程模型分析所得，外在激励因素对中层管理者任务绩效和创新绩效存在显著正向影响，因素负荷量分别为 0.170 和 0.290，且在 $P<0.05$ 水平上显著。内在激励对中层管理者任务绩效、周边绩效和创新绩效均存在显著正向影响，因素负荷量分别为 0.529、0.711 和 0.463，且在 $P<0.001$ 水平上显著，假设 H3 – 1、H3 – 3、H3 – 4、H3 – 5、H3 – 6 通过验证，假设 H3 – 2 没有通过验证。

6.4.3　组织激励与胜任力的关系

根据第 4 章提出的组织激励与中层管理者胜任力的假设关系，建立了结构方程模型，结果如图 6.19 所示。

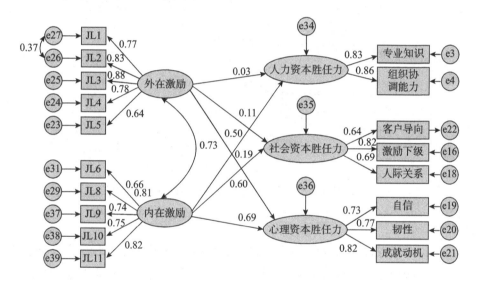

图 6.19　组织激励与中层管理者胜任力的假设关系检验

表 6.31 显示，χ^2/df 值为 2.758，在 2 ~ 3 范围内，模型契合度良好。除 GFI 值略低于 0.9 外，其他绝对拟合指标 RMSEA 和相对拟合指标 CFI、NFI、IFI 均符合参考指标，模型的整体拟合度良好。

表 6.31　组织激励因素与中层管理者胜任力关系模型的拟合度指标

指标	χ^2/df	GFI	CFI	NFI	IFI	RMSEA
取值	2.758	0.895	0.936	0.903	0.936	0.074

组织激励因素与中层管理者胜任力关系模型的路径系数参见表 6.32。

表6.32 组织激励因素与中层管理者胜任力关系模型的路径系数

路 径			标准化路径系数	标准误	P
人力资本胜任力	←	外在激励	0.034	0.124	0.704
社会资本胜任力	←	外在激励	0.113	0.085	0.207
心理资本胜任力	←	外在激励	0.194	0.079	0.015 *
人力资本胜任力	←	内在激励	0.503	0.102	***
社会资本胜任力	←	内在激励	0.596	0.075	***
心理资本胜任力	←	内在激励	0.692	0.081	***

组织激励因素与中层管理者胜任力关系的假设检验结果如图6.20所示。

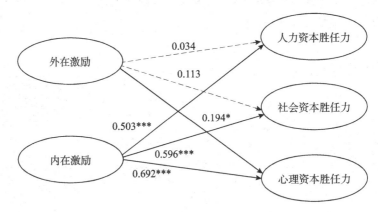

图6.20 组织激励因素与中层管理者胜任力关系的假设检验结果

注：$P < 0.05$ 为 *，$P < 0.01$ 为 **，$P < 0.001$ 为 ***；图中虚线表示无显著影响。

根据结构方程模型分析所得，外在激励因素对心理资本胜任力存在显著正向影响，因素负荷量为0.194，且在 $P < 0.05$ 水平上显著。外在激励因素对人力资本胜任力和社会资本胜任力不存在显著正向影响。内在激励因素对人力资本胜任力、社会资本胜任力和心理资本胜任力均存在显著正向影响，因素负荷量分别为0.503、0.596和0.692，且在 $P < 0.001$ 水平上显著，H2-2、H2-4、H2-5、H2-6通过验证，假设 H2-1、H2-3 没有通过验证。

6.4.4 胜任力的中介效应

本小节主要以中介分析来检验中介变量的影响，说明以中层管理者胜任力为中介变量，在前因变量组织激励与结果变量工作绩效间的中介效果。

中介效应的结构方程模型如图6.21所示。

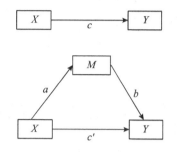

图 6.21　中介效应的结构方程模型

考察自变量 X 对因变量 Y 的影响，若 X 通过影响 M 来影响 Y，则称 M 为中介变量。从图6.21来看，系数 c 为主效应，是自变量 X 对因变量 Y 的影响；c' 为直接效应，是控制 M 后，自变量 X 对因变量 Y 的影响，中介效应就是系数 a 和 b 的乘积。

以往的中介效应研究普遍使用的是 Baron 和 Kenny（1986）提出的逐步回归法，温忠麟（2004）在此基础上提炼了中介效应的检验程序，被广大研究者所应用。然而，近年来一些研究者对 Baron 等提出的逐步回归法提出了质疑。首先，Baron 等主张主效应 c 显著是中介效应存在的前提，但很多研究指出中介效应的存在并不需要主效应显著（Mackinnon，2000；Shrout & Bolger，2002；Preacher & Hayes，2004；Zhao et al.，2010），因为可能存在两个影响效应相反的路径，两者的效应相互抵消，导致主效应不显著。其次，Baron 和 Kenny（1986）的检验方法不能直接检验中介效应。最后，Baron 等的逐步回归法仅适合一个中介变量的模型，对多重中介的检验无能无力。

近年来，学者 Zhao 等（2010）提出了一套更为合理有效的中介检验程序被国内外学者广泛参照（见图6.22）。根据 Zhao 等（2010）的中介效应检验和分析程序，中介效应不需要对主效应进行研究，只需检验 $a \cdot b$ 是否显著，若 $a \cdot b$ 显著，则存在中介效应，再继续检验 c'。如果 c' 不显著，表明中介变量是唯一的中介，若 c' 显著，则可能存在其他的中介变量仍待发现。若 $a \cdot b$ 不显著，则不存在中介效应。

基于此，本研究按照 Zhao 等（2010）提出的中介检验程序和 Zhao 等推荐的 Preacher 和 Hayes（2004）提出的 Bootstrap 方法对中层管理者胜任力的中介作用进行检验，方杰和张敏强（2012）提出 Bootstrap 的方法可以适用于大、

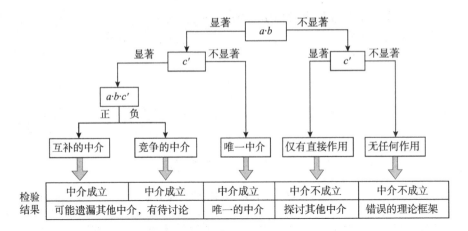

图 6.22　Zhao 等（2010）中介效应检验和分析程序

中、小样本的中介效应显著性检验。

1. 人力资本胜任力在组织激励与中层管理者工作绩效间的中介效应

根据第 4 章提出的人力资本胜任力在组织激励与中层管理者工作绩效间起中介作用的假设关系，建立了结构方程模型，结果如图 6.23 所示。

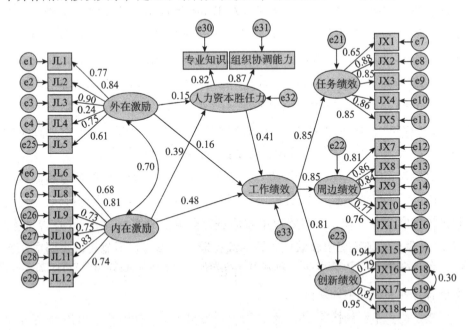

图 6.23　人力资本胜任力在组织激励与中层管理者工作绩效间的中介效应模型

表 6.33 显示，χ^2/df 值为 2.207，在 2～3 范围内，模型契合度良好。除 GFI 值略低于 0.9 外，其他绝对拟合指标 RMSEA 和相对拟合指标 CFI、NFI、IFI 均符合参考指标，Bollen 认为，在开拓性研究中，拟合指数大于 0.85 也是可接受的，模型的整体拟合度良好。

表 6.33　人力资本胜任力在组织激励与中层管理者工作绩效间中介模型的拟合度指标

指标	χ^2/df	GFI	CFI	NFI	IFI	RMSEA
取值	2.207	0.864	0.946	0.907	0.947	0.062

人力资本胜任力在组织激励与中层管理者工作绩效间中介模型的路径系数参见表 6.34。

表 6.34　人力资本胜任力在组织激励与中层管理者工作绩效间的中介模型的路径系数

路　径			标准化路径系数	标准误	P
人力资本胜任力	←	外在激励	0.154	0.078	0.074
人力资本胜任力	←	内在激励	0.390	0.087	***
工作绩效	←	外在激励	0.164	0.040	0.010
工作绩效	←	内在激励	0.479	0.052	***
工作绩效	←	人力资本胜任力	0.412	0.043	***
任务绩效	←	工作绩效	0.849	—	—
创新绩效	←	工作绩效	0.815	0.124	***
周边绩效	←	工作绩效	0.848	0.116	***

利用 AMOS 内建 Bootstrap 方法，Bootstrap 样本数设定为 2000，区间的置信水平设定为 0.95，进行直接与间接效果的检验。结果见表 6.35，内在激励对工作绩效的间接效果值为 0.161，$P=0.001$，意味着内在激励对工作绩效的间接效果已达到统计上的 0.01 显著水平，因此，存在中介效应。内在激励对工作绩效的直接效果值为 0.479，$P=0.001$，意味着内在激励对工作绩效的直接效果已达到统计上的 0.05 显著水平，人力资本胜任力的中介效应为部分中介。假设 H4－1 通过了验证。外在激励对工作绩效的间接效果值为 0.063，$P=0.110$，意味着外在激励对工作绩效的间接效果未达到统计上的显著水平，因此，不存在中介效应。假设 H4－2 没有通过验证。

表 6.35 人力资本胜任力中介模型的效果值及显著性

路 径	直接效果		间接效果	
	效果值	显著性	效果值	显著性
人力胜任力←——内在激励	0.390	0.002	0.000	—
工作绩效←——内在激励	0.479	0.001	0.161	0.001
人力胜任力←——外在激励	0.154	0.121	0.000	—
工作绩效←——外在激励	0.164	0.065	0.063	0.110
工作绩效←——人力胜任力	0.412	0.001	0.000	—

2. 社会资本胜任力在组织激励与中层管理者工作绩效间的中介效应

根据第 4 章提出的社会资本胜任力在组织激励与中层管理者工作绩效间起中介作用的假设关系，建立了结构方程模型，结果如图 6.24 所示。

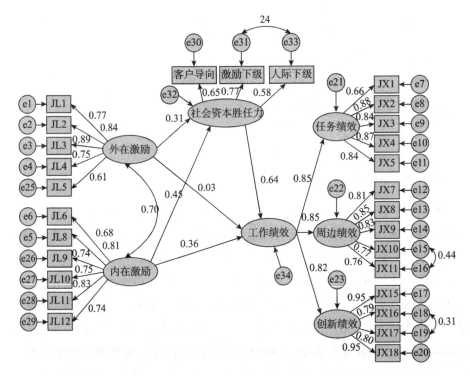

图 6.24 社会资本胜任力在组织激励与中层管理者工作绩效间的中介效应模型

表 6.36 显示，χ^2/df 值为 2.239，在 2～3 范围内，模型契合度良好。除 GFI 值略低于 0.9 外，其他绝对拟合指标 $RMSEA$ 和相对拟合指标 CFI、NFI、

IFI 均符合参考指标，模型的整体拟合度良好。

表 6.36　社会资本胜任力在组织激励与中层管理者工作绩效间中介模型的拟合度指标

指标	χ^2/df	GFI	CFI	NFI	IFI	RMSEA
取值	2.239	0.864	0.942	0.900	0.942	0.063

社会资本胜任力在组织激励与中层管理者工作绩效间中介模型的路径系数参见表 6.37。

表 6.37　社会资本胜任力在组织激励与中层管理者工作绩效间中介模型的路径系数

路 径			标准化路径系数	标准误	P
社会资本胜任力	←	外在激励	0.313	0.069	***
社会资本胜任力	←	内在激励	0.446	0.076	***
工作绩效	←	社会资本胜任力	0.635	0.094	***
工作绩效	←	外在激励	0.027	0.046	0.711
工作绩效	←	内在激励	0.360	0.056	***
任务绩效	←	工作绩效	0.849	– –	– –
周边绩效	←	工作绩效	0.845	0.112	***
创新绩效	←	工作绩效	0.821	0.120	***

利用 AMOS 内建 Bootstrap 方法，Bootstrap 样本数设定为 2000，区间的置信水平设定为 0.95，进行直接与间接效果的检验。结果见表 6.38，内在激励对工作绩效的间接效果值为 0.283，$P = 0.001$，意味着内在激励对工作绩效的间接效果已达到统计上的 0.01 显著水平，因此，存在中介效应。内在激励对工作绩效的直接效果值为 0.360，$P = 0.014$，意味着内在激励对工作绩效的直接效果已达到统计上的 0.05 显著水平，说明社会资本胜任力在内在激励与工作绩效中起部分中介作用，假设 H4 - 3 通过验证。外在激励对工作绩效的间接效果值为 0.199，$P = 0.003$，意味着外在激励对工作绩效的间接效果已达到统计上的 0.01 显著水平，因此，存在中介效应。外在激励对工作绩效的直接效果值为 0.027，$P = 0.768$，意味着外在激励对工作绩效的直接效果没有达到统计上的 0.05 显著水平，中介效应为完全中介，假设 H4 - 4 通过验证。

表 6.38　社会资本胜任力中介模型的效果值及显著性

路　径	直接效果		间接效果	
	效果值	显著性	效果值	显著性
社会胜任力←——内在激励	0.446	0.002	0.000	—
工作绩效←——内在激励	0.360	0.014	0.283	0.001
社会胜任力←——外在激励	0.313	0.003	0.000	—
工作绩效←——外在激励	0.027	0.768	0.199	0.003
工作绩效←——社会胜任力	0.635	0.002	0.000	—

3. 心理资本胜任力在组织激励与中层管理者工作绩效间的中介效应

根据第 4 章提出的心理资本胜任力在组织激励与中层管理者工作绩效间起中介作用的假设关系，建立了结构方程模型，结果如图 6.25 所示。

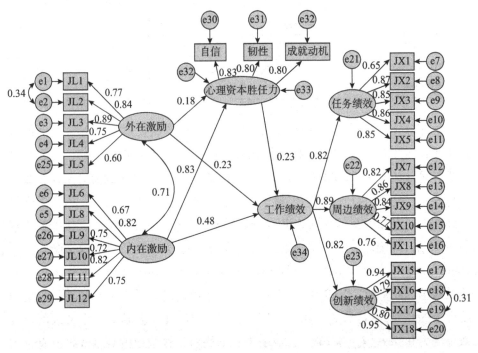

图 6.25　心理资本胜任力在组织激励与中层管理者工作绩效间的中介效应模型

表 6.39 显示，χ^2/df 值为 2.211，在 2～3 范围内，模型契合度良好。除 GFI 值略低于 0.9 外，其他绝对拟合指标 RMSEA 和相对拟合指标 CFI、NFI、IFI 均符合参考指标，Bollen 认为，在开拓性研究中，拟合指数大于 0.85 也是

可接受的，模型的整体拟合度良好。

表 6.39　心理资本胜任力在组织激励与中层管理者工作绩效间的中介模型的拟合度指标

指标	χ^2/df	GFI	CFI	NFI	IFI	RMSEA
取值	2.211	0.875	0.943	0.901	0.943	0.062

心理资本胜任力在组织激励与中层管理者工作绩效间的中介模型的路径系数参见表6.40。

表 6.40　心理资本胜任力在组织激励与中层管理者工作绩效间中介模型的路径系数

路　径			标准化路径系数	标准误	P
心理资本胜任力	←	外在激励	0.179	0.081	0.028
心理资本胜任力	←	内在激励	0.832	0.097	***
工作绩效	←	心理资本胜任力	0.232	0.044	0.001
工作绩效	←	外在激励	0.478	0.067	***
工作绩效	←	内在激励	0.234	0.045	0.002

利用 AMOS 内建 Bootstrap 方法，Bootstrap 样本数设定为2000，区间的置信水平设定为0.95，进行心理资本胜任力在组织激励与管理者工作绩效之间中介模型的直接与间接效果的检验。结果见表6.41，内在激励对工作绩效的间接效果值为0.194，$P=0.015$，意味着内在激励对工作绩效的间接效果已达到统计上的0.05显著水平，因此，存在中介效应。内在激励对工作绩效的直接效果值为0.478，$P=0.001$，意味着内在激励对工作绩效的直接效果已达到统计上的0.05显著水平，说明心理资本胜任力在内在激励与工作绩效中起部分中介作用，假设 H4-5 通过验证。外在激励对工作绩效的间接效果值为0.042，$P=0.012$，意味着外在激励对工作绩效的间接效果已达到统计上的0.05显著水平，因此，存在中介效应。外在激励对工作绩效的直接效果值为0.232，$P=0.025$，意味着外在激励对工作绩效的直接效果已达到统计上的0.05显著水平，中介效应为部分中介，假设 H4-6 通过验证。

表 6.41　心理资本胜任力中介模型的效果值及显著性

路　径	直接效果		间接效果	
	效果值	显著性	效果值	显著性
心理胜任力←内在激励	0.832	0.001	0.000	—
工作绩效←内在激励	0.478	0.001	0.194	0.015

路　径	直接效果		间接效果	
	效果值	显著性	效果值	显著性
心理胜任力←——外在激励	0.179	0.019	0.000	—
工作绩效←——外在激励	0.232	0.025	0.042	0.012
工作绩效←——心理胜任力	0.234	0.018	0.000	—

6.5　稳健性检验

结构方程模型属于一种因果关系模型，可用来衡量不能通过观察直接得到的变量，是一种从统计的角度构建模型的参数化研究方法。该方法优点在于：①没有很严格的假定限制条件；②允许自变量和因变量存在测量误差，为分析潜在变量之间的结构关系提供了可能。本研究选取结构方程模型对假设进行了检验，得到了一系列结论。为了进一步检验结果的稳健性和可信度，本研究选取人工神经网络模型对结构方程分析结果进行稳健性检验。

人工神经网络模型是一种非参数化研究方法，不需要对变量之间的关系以及测量方法进行严格的假设，也并不需要将模型中的所有节点都全部连通，只需要对结构进行约束，许多结构方程模型可以被转换为一个相应的人工神经网络模型，并且使用同样的假设体系和相关数据库。神经网络方法就是模拟大脑处理问题的方式，可以简要地分为输入、处理、输出。输入和输出之间不是简单的线性关系，而是具有非线性特征，尤其适合处理需要同时考虑诸多因素和条件的、不确定或者模糊的信息问题。所有神经元按功能分为输入层、中间层（隐含层）和输出层。中间层可以有多层，也可以没有。

本研究提出的影响中层管理者工作绩效的多种因素，外在激励、内在激励、人力资本胜任力、社会资本胜任力和心理资本胜任力对应于人工神经网络的输入层，中层管理者工作绩效变量对应于人工神经网络的输出层。一个简单的人工神经网络示意图如图 6.26 所示。

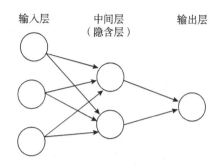

图 6.26　一个简单的人工神经网络示意图

6.5.1　变量定义及关系

对涉及的所有变量设置代码和构成，为接下来的建模及编程的实现做准备，见表 6.42。

表 6.42　变量代码及构成

变量名称	变量代号	构　成
专业知识	SRL_RL_zyzs	RL1 – 4
组织协调能力	SRL_RL_zzxt	RL5 – 6
客户导向	SRL_SH_khdx	SH1 – 4
激励下属	SRL_SH_jlxj	SH5 – 8
人际关系	SRL_SH_rjgx	SH9 – 12
自信/自我效能	SRL_XL_zx	XL4 – 6
韧性	SRL_XL_rx	XL8 – 12
成就动机	SRL_XL_cjdj	XL13, 14, 16, 17
人力资本胜任力	SRL_RL	SRL_RL_zyzs, SRL_RL_zyzs
社会资本胜任力	SRL_SH	SRL_SH_khdx, SRL_SH_jlxj, SRL_SH_rjgx
心理资本胜任力	SRL_XL	SRL_XL_zx, SRL_XL_rx
外在激励	ZZJL_WZ	JL1 – 5
内在激励	ZZJL_NZ	JL6, 8 – 12
任务绩效	GZJX_RW	JX1 – 5
周边绩效	GZJX_ZB	JX7 – 11
创新绩效	GZJX_CX	JX15 – 18
工作绩效	GZJX	GZJX_RW, GZJX_ZB, GZJX_CX

变量的关系即第 4 章提出的 4 组研究假设，具体见表 4.1。

6.5.2 建模的思路及编程实现

1. 神经网络方法验证示例

以研究假设 H1 – 1（a）为例，说明用神经网络方法验证的过程。

研究假设 H1 – 1（a）"专业知识对中层管理者工作绩效存在显著正向影响"，神经网络建模的计算程序为：

人工神经网络把输入分成两部分：训练集 + 测试集 $n = 260$；$m = 261$；

$i = 1$；

input_train = SRL_RL_zyzs（$1:n,:$）；input_test = SRL_RL_zyzs（$m:318,:$）；

output_train = GZJX（$1:n,:$）；output_test = GZJX（$m:318,:$）；

net = fitnet（[5 10 15]）；

[net, tr] = train（net, input_train', output_train'）；predicted = round（net（input_test'））；

MSE1（i）= mse（predicted' – output_test）；RMSE1（i）= sqrt（MSE1（i））；r（i）= corr2（predicted', output_test）；

以上程序的解释如下：

$i = 1$；下表中的第一个假设；

input_train = SRL_RL_zyzs（$1:n,:$）；输入训练集；

input_test = SRL_RL_zyzs（$m:318,:$）；输入测试集；

output_train = GZJX（$1:n,:$）；输出训练集；

output_test = GZJX（$m:318,:$）；输出测试集；

net = fitnet（[5 10 15]）；构建神经网络，输入→隐含层→输出，其中隐含层共 3 层，每层的神经元数为 5、10、15；神经网络的层数和每层的神经元数的设置，需要不断调试，由于输入、输出数据维度较小，这里选择 3 层足够，第一层神经元的数量根据输入变量的维度确定，设置的数值比输入数据维度数大 1 ~ 2，第二层选取 10，第三层根据输出数据维度数确定，一般来说比输入数据维度数大 1 ~ 2。

[net, tr] = train（net, input_train', output_train'）；指定输入训练集和输

出训练集，开始训练人工神经网络模型；

predicted = round（net（input_test'））;，net（input_test'）存储的是 SRL_RL_zyzs 的预测得分值，是小数，根据实际意义，得分应为整数，用函数 round 进行四舍五入运算，记录模型预测的结果为 predicted，即预测值。

MSE1（i）= mse（predicted' - output_test）；求预测值与测试集的均方误差为 MSE，是个平方值。

RMSE1（i）= sqrt（MSE1（i））；将均方误差开平方为 RMSE，表示训练得到的结果与测试集分值的偏差。

专业知识变量代号为 SRL_RL_zyzs，由 RL1 - 4 四列向量组成，设置 3 层神经网络，每一层的神经元数见下表，以 RMSE 为评价参数。

假设 H1 - 1（a）的神经网络模型如图 6.27 所示。

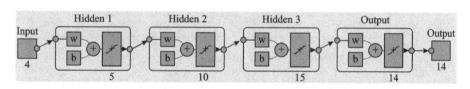

图 6.27　假设 H1 -1（a）的神经网络模型

图 6.28 表示的是神经网络学习的过程中 MSE 的变化，Train 和 Test 相差不大，这个图用来判断训练出的模型的有效性，也是用 MSE 表征模型的有效程度，即选的参数［5 10 15］（程序第四行），是合理有效的。最后计算的 MSE1（i）= mse（predicted' - output_test）；是预测值和测试值之间的均方误差，得到 MSE = 0.8805，RMSE 是 MSE 的开平方，RMSE = 0.9384。

界定研究假设"通过"或"不通过"，依赖于选择的评价参数，本研究选了 RMSE 值（均方根误差值开平方，表示训练得到的结果与测试集数值的偏差）。由于数据是得分值，这里确定的评价方法为：如果 RMSE 小于 1，说明由神经网络方法训练得到的预测结果与测试集数值的偏差小于 1 分，考虑到分值都为整数，则可以认为预测结果与测试结果相差不明显，这反映出输入和输出之间存在显著影响；否则，若 RMSE 超过 1，说明预测的得分值偏离样本的分值较远，认为输入和输出之间的关系是不显著的。

其他研究假设的人工神经网络建模编程实现过程见附录 C。

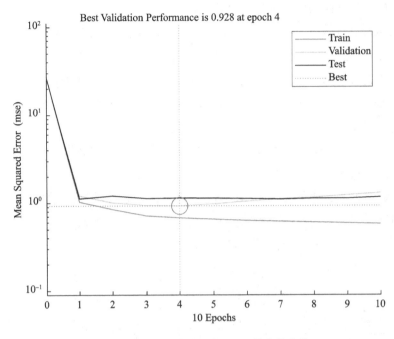

图 6.28 神经网络学习中 MSE 的变化趋势

2. 关于中介效应 H4 - 1，H4 - 2，H4 - 3，H4 - 4，H4 - 5，H4 - 6 的处理

关于 6 个中介效应的假设结构方程能够给出间接因素的评价，利用人工神经网络方法验证时处理方法如下：

以"H4 - 1 人力资本胜任力在内在激励因素与中层管理者工作绩效间起中介作用"为例，内在激励→人力资本胜任力→工作绩效，由于人工神经网络方法只能有一组输入，一组输出，可以分别做：内在激励→人力资本胜任力，人力资本胜任力→工作绩效的分析，间接因素的评价采用"内在激励 + 人力资本胜任力→工作绩效"的方式，输入为：内在激励 + 人力资本胜任力，输出为：工作绩效。如果 RMSE 小于 1 说明"内在激励 + 人力资本胜任力"对工作绩效影响是显著的，计算程序见附录 C。

6.5.3 神经网络法与结构方程法的结果比对

对本研究提出的所有研究假设逐一进行人工神经网络建模，通过计算机编

程计算实现检验过程，将所得到的每一个研究假设的 RMSE 结果进行整理见表
6.43。从表中可以看到，有 27 个假设的神经网络方法训练得到的预测结果与
测试集数值的偏差 RMSE 值小于 1，研究假设获得支持。另外有 4 个研究假设
的 RMSE 值大于 1，研究假设未获得支持。将人工神经网络计算结果和结构方
程模型法验证结果进行对比发现，二者对本研究的研究假设检验结果一致，本
研究实证研究结果具有稳健性和可靠性。

表 6.43　人工神经网络法对假设的验证结果

编号	结构方程验证情况	输入	输出	神经网络每层神经元个数设置			RMSE	结论
				1	2	3		
H1-1（a）	通过	SRL_RL_zyzs	GZJX	5	10	15	0.9687	通过
H1-1（b）	通过	SRL_RL_zzxt	GZJX	5	10	15	0.9957	通过
H1-2（a）	通过	SRL_SH_khdx	GZJX	5	10	15	0.9508	通过
H1-2（b）	通过	SRL_SH_jlxj	GZJX	5	10	15	0.9969	通过
H1-2（c）	通过	SRL_SH_rjgx	GZJX	5	10	15	0.9462	通过
H1-3（a）	通过	SRL_XL_zx	GZJX	4	10	15	0.9611	通过
H1-3（b）	通过	SRL_XL_rx	GZJX	6	10	15	0.9258	通过
H1-3（c）	通过	SRL_XL_cjdj	GZJX	5	10	15	0.9165	通过
H1-4（a）	通过	SRL_RL	GZJX	7	10	15	0.9416	通过
H1-4（b）	通过	SRL_SH	GZJX	13	10	15	0.9291	通过
H1-4（c）	通过	SRL_XL	GZJX	13	10	15	0.8995	通过
H2-1	未通过	ZZJL_WZ	SRL_RL	6	10	7	1.1371	未通过
H2-2	通过	ZZJL_WZ	SRL_SH	6	10	13	0.9671	通过
H2-3	未通过	ZZJL_WZ	SRL_XL	6	10	13	1.1422	未通过
H2-4	通过	ZZJL_NZ	SRL_RL	7	10	7	0.8781	通过
H2-5	通过	ZZJL_NZ	SRL_SH	7	10	13	0.9694	通过
H2-6	通过	ZZJL_NZ	SRL_XL	7	10	13	0.9855	通过
H3-1	通过	ZZJL_WZ	GZJX_RW	6	10	6	0.8179	通过
H3-2	未通过	ZZJL_WZ	GZJX_ZB	6	10	6	1.1111	未通过
H3-3	通过	ZZJL_WZ	GZJX_CX	6	10	5	0.8610	通过
H3-4	通过	ZZJL_NZ	GZJX_RW	7	10	6	0.8530	通过
H3-5	通过	ZZJL_NZ	GZJX_ZB	7	10	6	0.9359	通过
H3-6	通过	ZZJL_NZ	GZJX_CX	7	10	5	0.9377	通过

编号	结构方程验证情况	输入	输出	神经网络每层神经元个数设置			RMSE	结论
				1	2	3		
H3-7	通过	ZZJL_NZ	GZJX	7	10	15	0.8892	通过
H3-8	通过	ZZJL_WZ	GZJX	6	10	15	0.9324	通过
H4-1	通过	ZZJL_NZ+SRL_RL	GZJX	13	10	15	0.9198	通过
H4-2	未通过	ZZJL_WZ+SRL_RL	GZJX	12	15	15	1.1409	未通过
H4-3	通过	ZZJL_NZ+SRL_SH	GZJX	19	10	15	0.9009	通过
H4-4	通过	ZZJL_WZ+SRL_SH	GZJX	18	10	15	0.9278	通过
H4-5	通过	ZZJL_NZ+SRL_XL	GZJX	19	10	15	0.9655	通过
H4-6	通过	ZZJL_WZ+SRL_XL	GZJX	18	10	15	0.8170	通过

6.6 结果与讨论

本研究假设逐一进行验证结果汇总于表6.44，具体如下。

表6.44 研究假设检验结果汇总表

编号	假设内容	验证情况
H1-1（a）	专业知识对中层管理者工作绩效存在显著正向影响	通过
H1-1（b）	组织协调能力对中层管理者工作绩效存在显著正向影响	通过
H1-2（a）	客户导向对中层管理者工作绩效存在显著正向影响	通过
H1-2（b）	激励下属对中层管理者工作绩效存在显著正向影响	通过
H1-2（c）	人际关系对中层管理者工作绩效存在显著正向影响	通过
H1-3（a）	自信/自我效能对中层管理者工作绩效存在显著正向影响	通过
H1-3（b）	韧性对中层管理者工作绩效存在显著正向影响	通过
H1-3（c）	成就动机对中层管理者工作绩效存在显著正向影响	通过
H1-1	人力资本胜任对中层管理者工作绩效存在显著正向影响	通过
H1-2	社会资本胜任对中层管理者工作绩效存在显著正向影响	通过
H1-3	心理资本胜任对中层管理者工作绩效存在显著正向影响	通过
H2-1	外在激励对中层管理者人力资本胜任力存在显著正向影响	未通过
H2-2	内在激励对中层管理者人力资本胜任力存在显著正向影响	通过

编 号	假设内容	验证情况
H2－3	外在激励对中层管理者社会资本胜任力存在显著正向影响	未通过
H2－4	内在激励对中层管理者社会资本胜任力存在显著正向影响	通过
H2－5	外在激励对中层管理者心理资本胜任力存在显著正向影响	通过
H2－6	内在激励对中层管理者心理资本胜任力存在显著正向影响	通过
H3－1	外在激励对中层管理者任务绩效有显著的正向影响	通过
H3－2	外在激励对中层管理者周边绩效有显著的正向影响	未通过
H3－3	外在激励对中层管理者创新绩效有显著的正向影响	通过
H3－4	内在激励对中层管理者任务绩效有显著的正向影响	通过
H3－5	内在激励对中层管理者周边绩效有显著的正向影响	通过
H3－6	内在激励对中层管理者创新绩效有显著的正向影响	通过
H3－7	内在激励对中层管理者工作绩效有显著的正向影响	通过
H3－8	外在激励对中层管理者工作绩效有显著的正向影响	通过
H4－1	人力资本胜任力在内在激励与中层管理者工作绩效间起中介作用	通过
H4－2	人力资本胜任力在外在激励与中层管理者工作绩效间起中介作用	未通过
H4－3	社会资本胜任力在内在激励与中层管理者工作绩效间起中介作用	通过
H4－4	社会资本胜任力在外在激励与中层管理者工作绩效间起中介作用	通过
H4－5	心理资本胜任力在内在激励与中层管理者工作绩效间起中介作用	通过
H4－6	心理资本胜任力在外在激励与中层管理者工作绩效间起中介作用	通过

6.6.1 通过模型检验的研究假设

第一组假设是检验中层管理者胜任力对工作绩效的作用，根据实证结果，11 个假设全部通过了验证。分别是：H1－1（a）人力资本胜任力中的专业知识对中层管理者工作绩效存在显著正向影响，因素负荷量为 0.375（$P <$ 0.001）。H1－1（b）人力资本胜任力中的组织协调能力对中层管理者工作绩效存在显著正向影响，因素负荷量为 0.474（$P < 0.001$）。H1－2（a）社会资本胜任力中的客户导向对中层管理者工作绩效存在显著正向影响，因素负荷量为 0.183（$P < 0.05$）。H1－2（b）社会资本胜任力中的激励下属对中层管理者工作绩效存在显著正向影响，因素负荷量为 0.480（$P < 0.001$）。H1－2（c）社会资本胜任力中的人际关系对中层管理者工作绩效存在显著正向影响，因素

负荷量为 0.268（$P < 0.001$）。H1 – 3（a）心理资本胜任力中的自信/自我效能对中层管理者工作绩效存在显著正向影响，因素负荷量为 0.177（$P < 0.05$）。H1 – 3（b）心理资本胜任力中的韧性对中层管理者工作绩效存在显著正向影响，因素负荷量为 0.267（$P < 0.001$）。H1 – 3（c）心理资本胜任力中的成就动机对中层管理者工作绩效存在显著正向影响，因素负荷量为 0.482（$P < 0.001$）。H1 – 1 人力资本胜任力对中层管理者工作绩效存在显著正向影响，因素负荷量为 0.169（$P < 0.05$）。H1 – 2 社会资本胜任力对中层管理者工作绩效存在显著正向影响，因素负荷量为 0.263（$P < 0.05$）。H1 – 3 心理资本胜任力对中层管理者工作绩效存在显著正向影响，因素负荷量为 0.582（$P < 0.001$）。

第二组是检验组织激励对中层管理者胜任力的作用，6 个假设有 4 个通过了验证，分别是：H2 – 2 内在激励对中层管理者人力资本胜任力存在显著正向影响，因素负荷量为 0.503（$P < 0.05$）。H2 – 4 内在激励对中层管理者社会资本胜任力存在显著正向影响，因素负荷量为 0.596（$P < 0.001$）。H2 – 5 外在激励对中层管理者心理资本胜任力存在显著正向影响，因素负荷量为 0.194（$P < 0.001$）。H2 – 6 内在激励对中层管理者心理资本胜任力存在显著正向影响，因素负荷量为 0.692（$P < 0.001$）。

第三组是检验组织激励因素对中层管理者工作绩效的作用，8 个假设有 7 个得到验证，即：H3 – 1 外在激励因素对中层管理者任务绩效有显著的正向影响，因素负荷量为 0.170（$P < 0.05$）。H3 – 3 外在激励因素对中层管理者创新绩效有显著的正向影响，因素负荷量为 0.290（$P < 0.001$）。H3 – 4 内在激励因素对中层管理者任务绩效有显著的正向影响，因素负荷量为 0.529（$P < 0.001$）。H3 – 5 内在激励因素对中层管理者周边绩效有显著的正向影响，因素负荷量为 0.711（$P < 0.001$）。H3 – 6 内在激励因素对中层管理者创新绩效有显著的正向影响，因素负荷量为 0.463（$P < 0.001$）。H3 – 7 内在激励因素对中层管理者工作绩效有显著的正向影响，因素负荷量为 0.210（$P < 0.01$）。H3 – 8 外在激励因素对中层管理者工作绩效有显著的正向影响，因素负荷量为 0.655（$P < 0.001$）。

第四组中介效应的检验，6 个假设有 5 个通过验证。假设 H4 – 1 人力资本胜任力在内在激励与中层管理者工作绩效间起部分中介作用。假设 H4 – 3 社会资本胜任力在内在激励与中层管理者工作绩效间起部分中介作用。假设

H4 - 4 社会资本胜任力在外在激励与中层管理者工作绩效间起完全中介作用。假设 H4 - 5 心理资本胜任力在内在激励与中层管理者工作绩效间起部分中介作用。假设 H4 - 6 心理资本胜任力在外在激励与中层管理者工作绩效间起部分中介作用。

6.6.2　未通过模型检验的研究假设

第二组假设中有两个假设检验结果未达到统计学意义，H2 - 1 外在激励对中层管理者人力资本胜任力存在显著正向影响没有通过检验，实证结果表明，外在激励对中层管理者人力资本胜任力没有影响，因素负荷量为 0. 034 （$P = 0. 704$）。假设 H2 - 3 外在激励对中层管理者社会资本胜任力存在显著正向影响没有通过检验，实证结果表明，外在激励对中层管理者社会资本胜任力的影响不显著，因素负荷量为 0. 113 （$P = 0. 207$）。本研究认为，可能的原因在于一方面，能晋升为中层管理者的人，基本都在工作岗位上摸爬滚打多年，应该积累了一定的经济基础，基本需要得到了一定程度的满足后，对于组织提供的薪酬福利、良好的工作环境等外在激励相对较弱。另一方面，中层管理者作为高层次的知识员工，其需求情况同以往已大不相同。有些学者经过大量实证研究后发现，知识员工最看重的激励因素前两位为个体成长和工作自主，其次是业务成就，最后是金钱财富（Tampoe，1993）。这样的研究结果说明对于中层管理者等知识员工来说，他们不太在意金钱物质等外在激励，而注重工作的组织性和个人成长的机会和空间以及工作取得成功后获得的自豪感和价值感。

第三组假设中，H3 - 2 外在激励因素对中层管理者周边绩效有显著的正向影响没有通过检验，实证结果表明，外在激励因素对周边绩效的影响不显著，因素负荷量为 0. 065 （$P = 0. 368$）。本研究认为假设 H3 - 2 没有得到验证的主要原因是：任务绩效指向明确的工作内容，是职责中必须完成的任务，良好的工作环境、公平科学的制度政策、一定的福利奖金可以激发中层管理者完成本职工作的积极性和创造性。而周边绩效与具体的工作任务没有直接关系，外在的激励手段难以对它起作用。以往关于周边绩效的研究结果表明，个体内在的个性因素与周边绩效关系更为密切。特别是工作情景中的个性理论提出后，大量的研究表明，责任意识、外向性等个性因素与周边绩效存在相关关系，可以作为周边绩效的预测指标。个性是具有一定倾向性的、稳定性的心理特征的总和，从表现上看，人的个性一旦形成就具有相对的稳定性，因而较少会随着外在的激励手段而发生变化。

第四组假设中，H4 – 2 人力资本胜任力在外在激励与中层管理者工作绩效间起中介作用没有通过检验，实证结果表明，外在激励因素对中层管理者工作绩效的间接效果是 0.063（$P = 0.110$）。也就是说，外在激励因素直接影响管理者工作绩效。外在激励对任务绩效和创新绩效的标准化路径系数分别为 0.170（$P < 0.05$）和 0.290（$P < 0.05$），说明外在激励对任务绩效和创新绩效有显著正向影响。组织为中层管理者提供的薪酬福利等外在激励手段，不仅满足中层管理者个人生存及家庭生活的基本需要，而且是促使他们更好地为组织服务的经济保障，对中层管理者完成角色内工作任务和创新行为及态度具有重要影响。首先，企业为中层管理者的正常生活和身心健康提供一定的经济支持与保健服务，以及建立科学的管理制度，创造和谐舒适的工作条件，能够向中层管理者传递企业的人文关怀，有利于促进他们的组织安全感和归属感，从而有效提高中层管理者的工作投入水平和敬业度，继而对工作效率和部门收益起到积极的推动作用。其次，在培训学习的过程中，通过不断影响或改变中层管理者的认知、态度与行为，提高中层管理者的胜任力，达到提高工作效率的目标。同时，通过培训等福利激励强化中层管理者的工作责任感和积极性，促进创新绩效。

6.7　本章小结

本章对第 4 章提出的理论模型和 4 组研究假设进行了检验。首先，对获取样本进行描述，并进行数据的信度、效度检验以及共同方法偏差检验，检验结果显示，数据具有良好的信度和效度，不存在严重的同源偏差问题。在此基础上，对样本数据进行描述性统计和变量间的相关性分析，获得了组织激励、中层管理者胜任力和工作绩效的基本情况。其次，采用 AMOS 21.0 进行结构方程模型分析，包括验证性因素分析、构念间的关系检验和中介效应检验。采用人工神经网络方法对基于结构方程模型获得的结果进行稳健性检验。实证结果表明，大多数假设通过验证，其中第二组假设中有 2 个未通过验证，第三组假设中有 1 个未得到验证，第四组假设中有 1 个未通过验证。

第7章　结论与对策建议

本章首先总结研究的主要结论和重要观点，其次依据研究结果，给出组织激励及胜任力对提升中层管理者工作绩效的对策建议，继而指出研究的局限性和不足之处，最后对未来的继续研究进行展望。

7.1　主要研究结论

本研究旨在探究组织激励及中层管理者胜任力对其工作绩效的作用机制，首先，经过文献的搜寻、梳理及对现实情况的分析研究，整理出以组织激励为因，中层管理者的工作绩效为果，并以中层管理者的胜任力为中介因子的假设，进而构思出研究的整体架构。其次，研究者就理论模型中的组织激励、中层管理者胜任力与工作绩效等变量的测量题项进行设计，通过小规模访谈和预调研对问卷的有效性和可靠性进行评估并进行必要的调整和修正，形成正式问卷，并据此开展调查分析。再次，选取预试样本，经过项目分析、信度分析及探索性因素分析的过程，进行因素分类与命名；选取正式样本，并藉由验证性因素分析、聚合效度、区分效度与内容效度的考验过程，进而确立其因素结构。接着，采用描述统计、积差相关来进行中层管理者的现况分析与相关分析。最后，利用结构方程模式建构企业中层管理者人力资本胜任力、社会资本胜任力、心理资本胜任力、组织激励与工作绩效的路径模型，并采用神经网络模型对实证分析结果进行稳健性检验，最终得到以下结论。

第一，中国情境下企业中层管理者胜任力的结构可归纳为人力资本胜任力、社会资本胜任力和心理资本胜任力三个维度。本研究系统整合了学者们对企业中层管理者胜任力的研究成果，采用元分析技术考察企业中层管理者通用胜任力要素及其维度要素之间的联系。研究结果显示，中层管理者胜任力具有三维度结构，分别为人力资本胜任力、社会资本胜任力和心理资本胜任力。其中，人力资本胜任力是体现在中层管理者身上的一种非物质资本，是通过教育、职业培训投资方式形成的凝结在中层管理者身上的专业知识、管理技能、健康状况等要素，包括组织协调能力和专业知识两个构念。社会资本胜任力是中层管理者在人际关系网络中建立的要素，可以给相关者和组织带来利益的社会关系或资源，包括客户导向、激励下级、人际关系三个构念。心理资本胜任力是中层管理者个体在成长和职业生涯发展过程中表现出的积极的心理品质，这些积极心理品质可测量、可开发、可有效管理，包含成就动机、自信、韧性三个构念。

第二，中层管理者工作绩效具有二阶因素结构，初阶因子包括任务绩效、周边绩效和创新绩效。在传统的工作绩效二因子基础上，基于动态性和可持续发展视角，将创新绩效纳入到企业中层管理者工作绩效结构中，支持其在知识经济时代下，不断学习、创新，成为带领团队不断进取为组织创造核心价值的管理人才。因此，本研究中企业中层管理者工作绩效由任务绩效、周边绩效和创新绩效三个维度组成。其中，任务绩效是指完成某一工作任务所表现出来的工作行为和所取得的工作结果，其主要表现在工作效率、工作数量与质量等方面。周边绩效反映的是促进任务绩效完成组织工作的人际和自主行为。创新绩效是通过个人创新行为来体现的，指创新行为的绩效。本研究经由探索性因素分析（以主成分法抽取因子，并以最大方差法进行转轴）、验证性因素分析、建构效度（包含聚敛效度与区别效度）与内容效度等检验过程，证实企业中层管理者的工作绩效作为一个二阶因素的合理性，中层管理者的工作绩效作为高阶因子能够被任务绩效、周边绩效和创新绩效三个一阶因子很好地解释。

第三，中层管理者胜任力对工作绩效具有显著的促进作用。中层管理者人力资本胜任力、社会资本胜任力、心理资本胜任力均对其工作绩效具有显著的正向影响，其中，心理资本胜任力对工作绩效的正向影响程度最大，然后是社会资本胜任力和人力资本胜任力。同时，专业知识和组织协调能力；客户导向、激励下级和人际关系；自信、韧性和成就动机均对工作绩效具有显著正向影响。

第四，组织激励对中层管理者胜任力和工作绩效存在不同程度的影响。从整体来看，无论是内在激励还是外在激励，均对中层管理者的胜任力和整体绩效具有显著的促进作用，且内在激励较外在激励具有更强烈的积极影响效应。

内在激励对中层管理者的任务绩效、周边绩效和创新绩效均具有显著的正向影响；而外在激励仅对中层管理者的任务绩效和创新绩效具有显著的正向影响，对周边绩效没有显著影响。外在激励仅对心理资本胜任力具有显著正向影响，而对人力资本胜任力和社会资本胜任力没有显著影响。内在激励对人力资本胜任力、社会资本胜任力和心理资本胜任力均具有显著的正向影响。

第五，组织激励以中层管理者人力资本胜任力、社会资本胜任力和心理资本胜任力为中介对工作绩效产生显著影响。本研究在分别阐述组织激励及中层管理者胜任力对其工作绩效的作用机理之后，试图探寻个体的内在因素在组织激励与中层管理者工作绩效间的中介作用，经由中介效应结构方程模型的统计分析证实：①内在激励可通过人力资本胜任力的部分中介过程进而正向预测中层管理者的工作绩效。②内在激励可通过社会资本胜任力的部分中介过程进而正向预测中层管理者的工作绩效。③内在激励可通过心理资本胜任力的部分中介过程进而正向预测中层管理者的工作绩效。④外在激励可通过社会资本胜任力的完全中介过程进而正向预测中层管理者的工作绩效。⑤外在激励可通过心理资本胜任力的部分中介过程进而预测中层管理者的工作绩效。

7.2　对策建议

本研究在理论分析的基础上，提出"组织激励—胜任力—工作绩效"模型，基于企业中层管理者的 318 份有效调查问卷，采用结构方程模型的方法，对组织激励、胜任力对于中层管理者工作绩效的作用机制进行了实证分析，并利用神经网络模型对实证结果进行了稳健性检验。本研究的结论对企业人力资源管理实践，特别是提升中层管理者工作绩效具有重要的实践意义，结合本研究的研究内容和结论，对企业中层管理者工作绩效的提升提出相应的对策建议。

7.2.1　协同外在激励，保障基本利益

组织激励就是企业用各种有效的方法去激发员工的工作热情，调动其工作的积极性和创造性，促使员工努力完成组织的任务，提升工作绩效。对人的激

励过程是外在激励和内在激励共同作用的结果。研究发现，外在激励是中层管理者工作绩效的重要因素，对于提升其工作绩效具有重要作用。然而，企业中层管理者的外在激励因素得分不高，中层管理者对薪酬福利等外在激励需求尚未得到满足。为此，本研究建议企业通过不断优化外在激励体系，从而提升中层管理者工作绩效。

首先，构建具有竞争力的薪酬福利体系。薪酬福利是对中层管理者最直接的外在激励方式，为中层管理者提供与同行业相比具有显著竞争力的薪酬福利是企业稳定、激励中层管理人才的关键，因此，企业要构建、完善极具竞争性的薪酬福利体系。企业应在广泛市场调研的基础上，针对企业内部岗位进行职务分析并进一步开展岗位评价工作，合理设计薪酬结构，突出中层管理岗位薪酬激励优势，建立完善的薪酬管理制度；此外，企业还应该进一步完善中层管理者的社会保障制度和员工福利计划，在保障最基本的五险一金基础上，创新开展诸如管理者福利日、父母旅游奖励、子女教育基金、爱心食堂、培训深造营、持股激励计划等，最大程度地为中层管理者提供人文关怀，解决其后顾之忧，使其将更多的时间和精力投入到工作之中，提升其胜任力，继而提高其工作绩效。

其次，设立科学公正的外在激励制度。不患寡而患不均，激励制度要发挥出功能其前提是要确保企业激励制度的科学公正。因此，企业在制定相应激励制度时应有效结合外部专家建议和内部中层管理者反馈，在保障中层管理者基本权利和权益的前提下做到"能者上，弱者下"，实现激励的动态平衡。例如，企业可以制定宽带薪酬体系，扩大薪级幅度，做到"岗位—能力—薪酬"匹配；制定开放多元的晋升通道，明确中层管理者的晋升渠道与发展前景，做到信息透明化、晋升合理化，充分调动其积极性。

再次，营造良好的工作氛围。中层管理者在工作时需要得到同事的配合与支持，因此创设良好的人际氛围，和谐、民主、融洽的人际关系，健康和谐的工作环境和团结向上的文化氛围，会使中层管理者焕发更大的工作热情，以提高工作效率。具体而言，构建健康和谐、积极向上的组织文化，如充分利用宣传栏、文化墙面等媒介，宣传企业文化，并将企业理念和文化融入企业标志、吉祥物之中，从视觉上潜移默化地影响中层管理者，从而使之融入每个人的价值观，促进理念的形成。树立良好的工作典型，例如，定期表彰发生在公司中的好人好事、互帮互助的先进事例，并发放实质性奖励；定期评选"最美部门"，发放流动红旗，从而在行为上引导同事间融洽相处，促进和谐友爱、互帮互助氛围的形成。利用好各类典礼和仪式，开办企业特色文化节，有效推广企业理念，使其丰富生动地贯彻到各个方面，如企业各类会议、展览、庆典以及企业内部外部节日等。定期组织中层管理者团建活动，如集体出游、趣味运动会等活动，有效增进团队成员之间的感情，从而增强团队凝聚力，自然而然地形成良好的组织氛围。

最后，设立科学有效的中层管理者培训体系。中层管理者培训是一项重要的人力资源投资，是提升中层管理者技术、能力水准，形成共同的企业观，增强团队凝聚力的关键性工作，同时也是一种有效的外在激励方式。企业应将培训学习制度化，为中层管理者提供专项的培训费用，形成资金支持；要重视培训需求分析，确定培训目标，合理规划培训内容，内容还应与中层管理者岗位和个人发展状况相结合，实现个性化定制；建立科学的培训奖惩机制，培训完成后对培训效果进行考评，以提升培训效率。在培训过程中，不仅要注重中层管理者工作技能的提升，巩固知识、技能和经验，更要注重中层管理者素质培训，如心理素质、工作态度、工作习惯等方面的培训。培训过程中综合运用讲授法、案例研讨法、视听技术法、角色扮演法、小组互动法、场景还原法、个别指导法等多种培训方式，避免培训过程中产生倦怠心理。在培训完成后，及时对培训效果进行考评，并收集中层管理者反馈，如课程满意度、培训内容接受程度等指标，以为更好地改进培训提供依据并奠定基础。

7.2.2 强化内在激励，鼓励自我实现

相对于外在激励，内在激励有更稳定、更持久、更强烈的效果。因此，在管理过程中，除了要有适当的外在激励，最重要的是内在激励，鼓励中层管理者自我实现。本研究发现，内在激励不仅可以直接提升中层管理者的工作绩效，而且可以通过提升胜任力来间接提升工作绩效，为此，本研究建议通过鼓励中层管理者自我实现的内在激励，提升中层管理者工作绩效。

首先，充分重视人岗匹配的重要性。当中层管理者与岗位匹配一致时，他们更能够在工作中发现工作的意义，体验到自我价值的实现，从而激发其内在动力，提升工作的积极性和主动性，最终提高工作绩效。因此，组织应该重视工作设计，在一开始招聘、选拔中层管理者时，就需要建构科学、明确的胜任

素质模型，通过对候选者能力、动机、性格等方面的测试选拔合适的人员，从而避免因人设岗、人才浪费等现象的发生。

其次，给予中层管理者一定的工作自主权。企业应建立一种宽松的工作环境，在明确工作任务的同时，充分给中层管理者授权，也就是说，高层管理者为工作定下明确的目标，但是中层管理者采用何种工作方式完成目标任务尽量不去干预，给中层管理者更大的权利和责任，使他们能够在既定的组织目标和自我考核的体系框架下，自主地完成任务。但是，在这个过程中，高层管理者应注意及时与中层管理者进行沟通，给出有效且及时的反馈，让中层管理者能够感觉到来自高层管理者的关心与支持，这也满足了中层管理者的归属感，增加其心理资本，帮助中层管理者胜任相关工作，并最终提升绩效水平。

再次，为中层管理者开展职业生涯规划。企业要充分了解中层管理者的个人需求和职业发展意愿，为其量身定制个人发展的晋升道路，即通过开展职业生涯规划来为中层管理者打通职业上升渠道，构建良好的职业发展前景。职业生涯规划可以以内职业、外职业为目标定位，促进中层管理者提升自身素质与职业技能，为其个人的价值增值提供有效支撑；也可以从短期、中期、长期目标出发，基于当前工作任务，通过职业学习等方式提升个体的胜任力，为实现个人的长远发展打下基础。通过职业生涯规划，中层管理者能够与企业共同努力，使其个人的发展目标与企业的发展目标相一致，实现企业对中层管理者未来发展的有效牵引，激励中层管理者进一步为个人发展和企业发展做出贡献，从而有效提升工作绩效。

最后，开展针对中层管理者的员工帮助计划（Employee Assistance Program，EAP）。企业要树立以人为本的理念，关爱中层管理者及其家庭，为其提供强有力的支持环境，从而实现内在激励。EAP 工作要在组织、人员、制度和经费四个方面的保障下开展。EAP 工作应该关注中层管理者的心理健康状况，帮助其缓解工作倦怠，并提供有关家庭的援助，以有利于实现工作—家庭增益。通过 EAP 工作，能够帮助中层管理者更好地解决个人、家庭等方面遇到的问题，激励其对公司产生认同感，使其能够更加认真地对待工作，不断提高工作绩效水平。

7.2.3 提升与优化人力资本胜任力

中层管理者作为企业的中流砥柱，是维持企业持续竞争优势的主要力量，而中层管理者所具备的人力资本胜任力是企业重要的战略资源，具有高价值性、稀缺性和不可模仿性等特点。不同于普通员工的人力资本，中层管理者人力资本胜任力更强调通过教育、职业培训等投资方式而凝结在身上的专业知识、管理技能等。为此，本研究将人力资本胜任力分为专业知识和组织协调能力两个维度。本研究的实证结果也发现，中层管理者利用个人拥有的管理知识、专业知识与技能，能够充分发挥指挥、组织协调和控制的功能，提高部门成员工作质量，提升组织绩效，对企业绩效和可持续发展起到关键性作用，必须得到高度的重视和大力支持。

首先，重视中层管理者人力资本的作用和价值，合理配置中层领导者的专业知识和组织协调能力，使其在组织绩效提升中发挥重要作用。根据人力资本理论，人力资本是促进经济增长的主要因素，早在 20 世纪 60 年代，著名经济学家舒尔茨（Schultz）就指出掌握了知识和技能的人力资源是一切生产资源中最重要的资源。而今，随着知识经济时代的来临，科学技术和劳动生产率带来的经济"增长效应"受到越来越多的关注，其中一些重要模型已把人力资本置于经济增长研究的核心地位（陆根尧，2004）。企业要提高劳动生产率，实现更大的利润，就要加大企业员工人力资本的开发力度，尤其是增强中层管理者的人力资本胜任力。一方面，根据中层管理者的专业背景和业务能力，将其安排在合适的岗位，充分发挥其专业知识和经验积累的溢出作用，使其在工作中通过与下属之间的交流与合作，实现隐性知识的传播互动。另一方面，给予中层管理者充分权利，使其根据工作需要协调和调动工作人员，增强团队组织的团结向心力。

其次，加大中层管理者人力资本投资力度，充分开发中层管理者的专业知识和组织协调能力，优化其人力资本结构。知识经济时代的企业经营管理需要具有知识、技能和能力的管理者。而使中层管理者知识技能和能力素质不断得以优化和提高，最根本的途径就是大力进行人力资本投资。对中层管理者人力资本的投资比一般的人力投入会带来更长期的收益。世界 500 强企业都把对知识和智能资本的投资视作"一本万利"，看成在当前及未来竞争中制胜的基础保证。在人力资源管理实践中，企业需要投入一定的人力、物力和财力，用于中层管理者的教育、训练等各种智力、知识、技能开发活动，提高人力资本的专业知识和岗位胜任力。使高质量的人力资本回馈在中层管理者执行工作任务的过程中，促进中层管理者提高工作品质，提升工作绩效。

7.2.4　管理与开发心理资本胜任力

心理资本胜任力同样是中层管理者胜任力的构成要素，具有积极心理资本的中层管理者，不仅能够更好地完成上级交代的任务，而且能够很好地带动团队的积极氛围。相对于人力资本和社会资本而言，心理资本能更大程度地预测中层管理者的绩效、工作态度与行为。根据本研究内容，人力资本胜任力包括成就动机、自信和韧性三个方面，具有强大心理资本胜任力的中层管理者，在面对充满挑战性的工作时，有信心并能付出必要的努力来获得成功；当遇到问题和困境时，能够持之以恒、很快恢复并超越（韧性），以取得成功。本研究实证结果也发现，心理资本胜任力在三类胜任力中对工作绩效影响效应最大，说明中层管理者的心理资本胜任力强盛与否是其工作绩效优良程度的关键成因之一。为此，本研究建议通过开发中层管理者心理资本胜任力，提升其工作胜任力。

首先，企业充分认识到心理资本胜任力具有开发性和收益性，以心理资本胜任力的提升，带动中层管理者工作绩效的提高。卢桑斯（Luthans）指出心理资本是人们在成长和发展过程中形成的积极心理品质，它并非遗传的，难以改变的，而是可以通过培训等有效的干预措施得到改善和提高。同样的，本研究结论也证实了心理资本胜任力在工作绩效提升中的重要作用，且其影响效果高于人力资本和社会资本胜任力。在企业实际管理过程中，以心理资本胜任力的有效测量为基础，辅之以针对中层管理者自信、成就动机及韧性的积极干预和有效管理，使心理资本胜任力成为提升中层管理者个人乃至组织绩效的重要助推器。

其次，注重提升中层管理者的工作自信。工作自信是心理资本胜任力的重要组成部分，也是中层管理者完成工作任务、提升工作绩效的重要因素。具有工作自信的中层管理者不仅能够对自己完成任务有充足的信心，而且可以坚定整个团队对于工作完成的信心。让中层管理者体验成功，即积累成功经验或实现绩效目标，这是开发中层管理者工作自信的最有效方法。观察学习，交流分享成功的经验，通过树立榜样，鼓励中层管理者通过互相交流的方式分享成功的经验。调动积极情绪，引导中层管理者努力应对外界挑战，及时解决中层管理者的消极情绪，使其更多地沉浸在积极情绪中。

再次，开发中层管理者的韧性。韧性是中层管理者在逆境、冲突、失败、责任和压力中迅速恢复的心理能力，是成功管理者和领导者的十大特征之一，本研究实证结果表明，韧性在中层管理者绩效提升中扮演着重要角色。组织的不断创新变革和外部环境的不确定性，可能导致中层管理者工作环境的动态变化，开发中层管理者韧性能力，使其坚持不懈地奋斗，对于提升工作绩效和组织竞争力至关重要。鼓励中层管理者尽量详尽地列出可用于实现个人目标的资源，并鼓励他们尽可能充分利用这些资源。让中层管理者预期实现目标的过程中可能会遭遇的障碍，并制订出相应的避免或克服障碍的方案。引导中层管理者对自己在面对逆境时可能会产生的想法和情绪体验进行批判性反思，并思考如何采取最优的方式来应对逆境达成目标。

最后，注重开发中层管理者成就动机。成就动机是个体以高标准要求自己力求取得活动成功为目标的动机，是中层管理者绩效提升的基本要素。具有高成就动机的管理者喜欢自己变得优秀，渴望获得成功，通过主动积极的工作，不断实现自身工作绩效的提升。根据中层管理者的能力设置有吸引力的目标，使目标具有适度的风险和成败，目标符合"跳一跳，够得着"，鼓励中层管理者以高度的热情去追求。在目标实现的过程中，给予中层管理者施展才干的机会，他们施展才干的机会越多，成就动机就越强。人力资源部门要善于为优秀的中层管理者搭建发展的平台和晋升空间，通过设置挑战性的任务、竞聘竞选、为良才施展才干创造机会。

7.2.5　建设与维护社会资本胜任力

中层管理者社会资本具有特殊的含义，它是中层管理者利用自身上传下达的优势位置，在组织内外部维持长期稳定的工作关系，进而获得工作效率的极大提升，包括客户导向、激励下级和人际关系三个维度。本研究的结论表明，中层管理者与不同利益相关者所形成的社会资本胜任力对其工作绩效有显著正向影响，且组织激励因素通过社会资本胜任力进而对工作绩效有显著的促进作用。同时，社会资本胜任力的三个维度也对工作绩效具有促进作用。基于这一研究结论，企业及其中层管理者本人要注重社会资本胜任力建设和维护，以便为提升组织绩效提供资源保障。

首先，中层管理者自身要从思想上高度重视社会资本胜任力，要将社会资本视为一种提升工作效率、促进事业成功的宝贵资源，积极主动地加强与利益相关者的联系，加大对社会资本的时间投入和情感投资。建立和积累社会资本需要发挥中层管理者的主观能动性，在工作过程中努力创造机会与客户、上下级等利益相关者进行良性互动和优质沟通，维持和谐融洽的关系。高度重视并充分把握客户导向、激励下属和人际关系三个主要方向，持续提升社会资本胜任力，从而促进工作绩效的不断突破。

其次，中层管理者要注重社会资本的维护和发展。社会资本胜任力不同于胜任力的另外两个维度，它需要中层管理者的情感投入，围绕客户、下属和上级等主要工作关系，通过情感投入，建立信任和友善的社会资本，维持和提升社会资本胜任力。根据本研究结论，社会资本胜任力包括客户导向、激励下属和人际关系三个方面。以客户为导向，充分尊重客户需求，维持客户关系；与下属之间保持良好的沟通，及时了解下属工作中的困难和工作诉求，适度激励下属；在其他社会关系方面，也要积极维持，主动提升社会资本胜任力。例如，主动加强与客户、下属、供应商、同行竞争者以及其他行业企业管理者的联系，通过参加行业会议论坛、培训项目等渠道或相关行业的活动，促进往来和交流，在技术经验分享、参观访问研讨等多种互动方式中提高与利益相关者联系的数量和频率。

7.3　研究局限与未来展望

本研究以实证调查为主要研究方法，虽在研究架构上力求完整，但基于主客观因素，仍有若干局限性，现分述如下。

本研究以企业中层管理者为施测对象，受试者多数来自东部较发达地区，就样本的代表性而言，由于未从全国各地市企业进行抽样，研究结果可能无法推论至其他地区，如中部、西部，更无法推论至全国范围。研究样本来自企业，结果无法推广到事业单位或高层管理者，此为本研究局限性之一。

　　本研究主要探讨企业组织激励和中层管理者的胜任力对其工作绩效的作用，以及组织激励通过中层管理者胜任力要素进而影响其工作绩效的情况，并藉由结构方程模型，验证其路径关系。本研究内容是想通过对相关质性、量化等相关文献的探讨，进而运用结构方程模型的验证分析方法，更深入地窥探研究内容的全貌，以更全面的视野来进行研究。然而，影响中层管理者工作绩效的原因有很多，本研究仅将组织激励、人力资本胜任力、社会资本胜任力和心理资本胜任力纳入到研究架构中，而未探究其他成因。此外，诸多组织、个体的内外在因素也可能会影响中层管理者的工作绩效，本研究未能顾及这些方面的因素。因此，在分析其路径模式时，是在未考虑其他成因之下所做的解释，此为本研究局限性之二。

　　本研究调查获得的是企业中层管理者横截面的数据，分析结果只能反映组织激励及企业中层管理者胜任力和工作绩效某一特定时点的情况，难以反映连续的动态的变化过程，后续研究可以采用跟踪调研的方法获得纵向的大样本的时间序列数据，以探究各变量动态作用的过程。

　　鉴于本研究在研究过程中存在的相关局限和不足，在接下来的研究中，将在此基础上做进一步拓展，最大程度上弥补研究不足，未来的主要研究方向包括以下方面。

　　（1）建立干预模型，对影响中层管理者工作绩效的个人因素进行干预，采用实验的方法考察干预效果。目前对工作绩效影响因素进行干预的研究非常罕见，多数研究只局限在理论和因素验证的层面，没有开展实际的干预研究。未来研究要将已有的理论和研究结果形成干预模型，根据实验组、对照组前后测实验设计原理，采用实验的方法一方面可以检验相关理论和影响因素的实际效果，另一方面通过干预策略的实施，可以使中层管理者或企业员工得到实实在在的益处，这也是企业人力资源培训的落脚点和重心。

　　（2）扩大研究范围与数量，进行跨时间、跨情境、跨文化的复核效度验证。本研究结构方程验证的结果显示，企业中层管理者工作绩效是二阶因素模式的结构，组织激励和胜任力均对中层管理者工作绩效产生影响，这种模式的结构形态以及作用结果，在不同时间点（如新入职与入职十年）、不同行业领域（如新能源行业、电子科技行业、经济金融行业、事业单位等）、不同文化（如日韩或欧洲、美洲、非洲等国家或地区）的样本实证资料中是否依然存在，结果是相同还是不同，仍有待未来研究扩大样本来源与数量反复验证，可进行不同文化间的比较分析。

（3）精进研究的理论基础与实证技术，以厘清中层管理者工作绩效的真实情况与路径模式。首先，未来研究可以通过跟踪调研的方法获得纵向的大样本的时间序列数据，采用时间序列分析，以探究组织激励和中层管理者胜任力对其工作绩效的作用机制随时间变化而不断演化的规律，深入剖析组织激励和中层管理者胜任力对其工作绩效的动态作用过程；其次，可找出影响路径关系的调节变量、中介变量或干扰变量，以使路径模式更加精致化与实用化，加入背景变量、调节变量、中介变量或干扰变量的作用，绘制出更为精细的路径模式，探明它们的作用方式和影响效应，进一步揭示中层管理者工作绩效作用机制的"黑箱"。

参考文献

［1］安磊，沈悦，余若涵，2018. 高管激励与企业金融资产配置关系：基于薪酬激励和股权激励对比视角［J］. 山西财经大学学报，40（12）：30－44.

［2］白贵玉，罗润东. 知识型员工福利激励与创新绩效关系研究［J］. 山东社会科学，2016（5）：175－179，174.

［3］彼得·德鲁克. 卓有成效的管理者［M］. 许是祥，译. 北京：机械工业出版社，2005.

［4］曹建彤，楚秀如，刘丹. 中国 IT 企业领导者胜任力模型及其对企业绩效的影响［J］. 北京邮电大学学报：社会科学版，2017，19（1）：44－55.

［5］曹霞，瞿皎姣. 资源保存理论溯源、主要内容探析及启示［J］. 中国人力资源开发，2014，（15）：75－80.

［6］常雅楠，王松江. 激励视角下的 PPP 项目利益分配：以亚投行支撑中国企业投资 GMS 国家基础设施项目为例［J］. 管理评论，2018，30（11）：257－265.

［7］陈爱娟，常花，王小翠. 企业家社会资本对企业绩效的实证研究：以浙江民营企业为例［J］. 软科学，2010，24（8）：113－116，126.

［8］陈冬华，范从来，沈永建. 高管与员工：激励有效性之比较与互动［J］. 管理世界，2015（05）：160－171.

［9］陈亮，段兴民. 基于行为的组织中层管理者工作绩效评价结构研究［J］. 管理工程学报，2009，23（2）：44－49.

［10］陈瑞，郑毓煌，刘文静. 中介效应分析：原理、程序、Bootstrap 方法及其应用［J］. 营销科学学报，2014，9（4）：120－135.

［11］谌珊. 企业中层管理者胜任力模型研究［J］. 贵州财经大学学报，2015（5）：104－109.

［12］程翠凤. 高管激励、股权集中度与企业研发创新战略：基于制造业上市公司面板数据调节效应的实证［J］. 华东经济管理，2018，32（11）：118－125.

［13］程鸿群，邹敏，佘佳雪. 人际关系对工程项目管理绩效的影响［J］. 技术经济，2014，33（12）：65－71，114.

［14］代静. 高校教师胜任力与教学胜任力研究现状的比较和分析［J］. 高教学刊，2020（21）：147－149.

[15] 道格拉斯·麦格雷戈. 企业的人性面 [M]. 北京：中国人民大学出版社，2008.

[16] 丁栋虹，刘志彪. 从人力资本到异质型人力资本 [J]. 生产力研究，1999，3 (8)：7-9.

[17] 丁荣贵，王金安. 首席专家胜任特征与研发项目绩效：组织管理环境的调节作用 [J]. 科学学研究，2016，34 (5)：720-726.

[18] 丁志慧，刘伟，黄紫微. 企业纳入客户参与产品创新过程最优策略研究 [J]. 管理工程学报，2017，31 (04)：78-84.

[19] 董克用. 人才战略与人才激励 [J]. 新华文摘，2013 (3)：128-130.

[20] 董晓林，马连杰. 高校行政管理人员胜任力与工作绩效的关系 [J]. 高等教育研究，2013，34 (10)：22-27.

[21] 杜娟. 管理者胜任力与工作绩效的关系研究：制造业与服务业的比较分析 [J]. 南京社会科学，2009 (9)：46-52.

[22] 樊耘，纪晓鹏，邹艺. 中层管理者多重角色行为对企业绩效影响的实证研究 [J]. 管理工程学报，2012，26 (02)：1-11.

[23] 方杰，张敏强. 中介效应的点估计和区间估计：乘积分布法、非参数 Bootstrap 和 MCMC 法 [J]. 心理学报，2012，44 (10)：1408-1420.

[24] 冯红英. 基于胜任力模型的国企高管激励体系构建 [J]. 中国人力资源开发，2015 (18)：53-62.

[25] 冯缙. 心理坚韧性研究述评 [J]. 西南大学学报：社会科学版，2012，39 (2)：68-74，174.

[26] 冯子标，焦斌龙. 论人力资本营运 [J]. 管理世界，1999 (5)：203-204.

[27] 高昂，曲庆，杨百寅，等. 家长式领导对团队工作绩效的影响研究：领导才能的潜在调节作用 [J]. 科学学与科学技术管理，2014，35 (1)：100-108.

[28] 高素英，赵曙明，张艳丽. 人力资源管理实践与企业绩效：基于动态环境的实证研究 [J]. 管理学报，2011，8 (7)：990-996.

[29] 高中华，赵晨. 工作场所的组织政治会危害员工绩效吗?:基于个人—组织契合理论的视角 [J]. 心理学报，2014，46 (8)：1124-1143.

[30] 顾琴轩，李剑，朱牧. 转型期国有企业中层管理人员胜任力的研究 [J]. 东华大学学报：自然科学版，2001 (5)：4-9.

[31] 韩翼，廖建桥，龙立荣. 雇员工作绩效结构模型构建与实证研究 [J]. 管理科学学报，2007，10 (5)：62-77.

[32] 侯二秀. 知识员工心理资本对创新绩效的影响机理研究 [D]. 大连：大连理工大学，2012.

[33] 侯楠楠. 中层革命：如何成为最优秀的中层领导 [M]. 北京：中国社会出版

社，2010.

[34] 胡援成，刘元秀，吴飞，等. 高管薪酬、业绩与胜任力识别：一项行为金融实验：来自我国 2012 年沪深两市的经验证据 [J]. 经济学（季刊），2017，16（3）：969 – 996.

[35] 黄秋风，唐宁玉. 内在激励 VS 外在激励：如何激发个体的创新行为 [J]. 上海交通大学学报：哲学社会科学版，2016，24（5）：70 – 78.

[36] 黄勋敬，赵曙明. 商业银行行长胜任力模型与绩效关系研究 [J]. 金融论坛，2011，16（3）：16 – 22.

[37] 贾建锋，闫佳祺，王男. 高管胜任特征与企业文化的匹配对企业绩效的影响 [J]. 管理评论，2016，28（7）：188 – 199.

[38] 贾建锋，赵希男，于秀凤，等. 创业导向有助于提升企业绩效吗：基于创业导向型企业高管胜任特征的中介效应 [J]. 南开管理评论，2013，16（2）：47 – 56.

[39] 姜付秀，朱冰，王运通. 国有企业的经理激励契约更不看重绩效吗？[J]. 管理世界，2014（09）：143 – 159.

[40] 金辉，杨忠，黄彦婷，等. 组织激励、组织文化对知识共享的作用机理：基于修订的社会影响理论 [J]. 科学学研究，2013，31（11）：1697 – 1707.

[41] 柯江林，孙健敏，李永瑞. 心理资本：本土量表的开发及中西比较 [J]. 心理学报，2009，41（9）：875 – 888.

[42] 柯江林，孙健敏，石金涛，等. 人力资本、社会资本与心理资本对工作绩效的影响：总效应、效应差异及调节因素 [J]. 管理工程学报，2010，24（4）：29 – 35，47.

[43] 孔德议，张向前. 我国"十三五"期间适应创新驱动的科技人才激励机制研究 [J]. 科技管理研究，2015，35（11）：45 – 49，56.

[44] 孔婷，孙林岩，冯泰文. 客户导向、新产品上市速度与企业绩效的关系研究 [J]. 南开管理评论，2013，16（05）：90 – 99.

[45] 李刚. 基于最优匹配的企业人力资源动态配置研究 [J]. 管理学刊，2015，28（04）：47 – 51.

[46] 李建民. 人力资本通论 [M]. 上海：上海三联书店，1999.

[47] 李金早，许晓明. 高阶管理理论及其完善与拓展 [J]. 外国经济与管理，2008，30（10）：8 – 16.

[48] 李林，张煜茵，王垒. IT 媒体销售人员工作特征模型的研究 [J]. 中国人力资源开发，2004（11）：58 – 61.

[49] 李龙，刘纯阳. 农业龙头企业管理者胜任力与其管理绩效的关系 [J]. 湖南农业大学学报：社会科学版，2015，16（1）：31 – 35.

[50] 李维安，刘振杰，顾亮. 董事会异质性、断裂带与跨国并购 [J]. 管理科学，2014，27（4）：1 – 11.

[51] 李永周，王月，阳静宁. 自我效能感、工作投入对高新技术企业研发人员工作绩效的影响研究 [J]. 科学学与科学技术管理，2015，36（2）：173-180.

[52] 李瑜，谢恩. 客户导向和竞争者导向的整合与企业绩效 [J]. 管理科学，2014，27（03）：14-23.

[53] 李垣，刘益. 关于企业组织激励的探讨 [J]. 数量经济技术经济研究，1999（5）：35-39.

[54] 李增泉. 激励机制与企业绩效：一项基于上市公司的实证研究 [J]. 会计研究，2000（1）：24-30.

[55] 李振伟. 激励方式对企业中层管理者人力资本的影响研究 [D]. 大连：大连工业大学，2013.

[56] 连旭，车宏生，田效勋. 中国管理者隐性知识的结构及相关研究 [J]. 心理学探新，2007，27（2）：77-81.

[57] 梁建春，付孝莉，时勘. 政府公务员管理胜任特征初探 [J]. 经济论坛，2007（9）：4-5.

[58] 梁建春，何群，时勘. 基于胜任特征的国企技术管理人员培训体系开发 [J]. 中国培训，2007（3）：32-34.

[59] 梁建，王重鸣. 中国背景下的人际关系及其对组织绩效的影响 [J]. 心理学动态，2001，9（2）：173-178.

[60] 刘百灵，夏惠敏，李延晖，等. 保健和激励双因素视角下影响移动支付意愿的实证研究 [J]. 管理学报，2017，14（4）：600-608.

[61] 刘德鹏，贾良定，尤树洋，等. 下属更加偏爱与自己相似的上级吗？中国情境下同乡与同龄的差异化作用 [J]. 中国人力资源开发，2020，37（02）：34-52.

[62] 刘广，虞华君. 外在激励、内在激励对高校教师科研绩效的影响 [J]. 科研管理，2019，40（1）：199-208.

[63] 刘海洋，刘圣明，王辉，等. 领导与下属权力距离一致性对下属工作绩效的影响及其机制 [J]. 南开管理评论，2016，19（5）：55-65.

[64] 刘华芳，杨建君. 异质股东持股、经理人激励与企业自主创新投入的实证研究 [J]. 管理学报，2014，11（1）：79-85.

[65] 刘培艳. "互联网+胜任力"时代下市场营销专业特色建设研究与实践 [J]. 现代商贸工业，2020，41（27）：53-55.

[66] 刘黔川，高永惠. 基于元分析的职业通才胜任力模型探索 [J]. 2011，34（7）：152-157.

[67] 刘涛. 基于胜任力模型的国有企业人力资源管理创新 [J]. 人力资源，2020（12）：4-5.

[68] 刘中艳. 职业经理人社会网络胜任力与创业绩效关系 [J]. 求索，2015（11）：48-52.

[69] 鲁娟, 时扬, 周琳. 基于医学教育改革的岗位胜任力模型综述 [J]. 基础医学教育, 2019, 21 (12): 1005 – 1012.

[70] 陆根尧. 经济增长中的人力资本效应 [M]. 北京: 中国计划出版社, 2004.

[71] 陆晓光, 朱东华. 基于胜任特征的领导干部公选模型研究 [J]. 管理世界, 2013 (07): 1 – 5.

[72] 吕慧, 宋琪, 陈扬, 等. CEO 授权领导对 TMT 绩效及组织创新的影响研究 [J]. 科研管理, 2020, 41 (07): 138 – 147.

[73] 吕永卫, 王珍珍. 高技能人才薪酬激励效果的实证研究: 基于薪酬激励对工作满意度和工作绩效的影响 [J]. 工业技术经济, 2010, 29 (9): 84 – 88.

[74] 罗震雷, 王世全, 时勘, 等. 刑警的胜任特征 [J]. 中国刑事警察, 2007 (6): 17 – 19.

[75] 马喜芳, 钟根元, 颜世富. 基于胜任力的薪酬激励机制设计及激励协同 [J]. 系统管理学报, 2017, 26 (6): 1015 – 1021.

[76] 马喜芳, 钟根元, 颜世富. 组织激励与领导风格协同对组织创造力影响机制研究 [J]. 管理评论, 2018, 30 (8): 153 – 167.

[77] 马志强, 黄园园, 朱永跃. 新生代员工压力对工作绩效的影响: 基于心理坚韧性调节作用视角 [J]. 企业经济, 2014 (07): 47 – 51.

[78] 买生, 杨英英, 李俊亭. 公司社会责任治理: 多理论融合的理论模型 [J]. 管理评论, 2015, 27 (6): 100 – 110.

[79] 毛江华, 廖建桥, 刘文兴, 等. 辱虐管理从何而来? 来自期望理论的解释 [J]. 南开管理评论, 2014, 17 (05): 4 – 12, 23.

[80] 毛杰. 领导干部有效激励下属干事创业的原则和艺术 [J]. 领导科学, 2016 (12): 28 – 30.

[81] 苗青, 王重鸣. 基于企业竞争力的企业家胜任力模型 [J]. 中国地质大学学报: 社会科学版, 2003 (3): 18 – 20, 24.

[82] 苗仁涛, 辛迅, 周文霞, 等. 高绩效工作系统对员工绩效的影响: 基于利益相关者视角的多层次研究 [J]. 南开管理评论, 2020, 23 (3): 165 – 176.

[83] 倪渊, 林健. 中层管理者胜任力组合评价模型及实证研究 [J]. 系统工程, 2012, 30 (1): 1 – 7.

[84] 宁培中, 田莉. 高级技术工人胜任能力模型与激励机制研究 [J]. 现代财经: 天津财经大学学报, 2006 (9): 32 – 37.

[85] 彭剑锋, 荆小娟. 员工素质模型设计 [M]. 北京: 中国人民大学出版社, 2003.

[86] 邱敏, 胡蓓. 内/外在激励、心理所有权与员工敬业度关系研究 [J]. 软科学, 2015, 29 (12): 87 – 91.

[87] 佘启发, 叶龙. 工作嵌入、工作满意度对工作绩效的影响研究 [J]. 江西社会科学, 2018, 38 (1): 227 – 235.

[88] 沈建文, 王朔, 孙志宜. 管理者外部环境认知、资源配置与企业成长: 基于中国制造业上市公司的实证研究 [J]. 河南工业大学学报: 社会科学版, 2020, 36 (03): 29 – 36.

[89] 时勘. 企业高层管理者胜任特征模型的评价研究 [J]. 管理评论, 2009, 21 (1): 2.

[90] 时勘. 铁路站段团委书记的胜任特征模型开发研究 [C] //中国心理学会. 第二十届全国心理学学术会议: 心理学与国民心理健康摘要集. 北京: 中国心理学会, 2017.

[91] 时勘, 王继承, 李超平. 企业高层管理者胜任特征模型评价的研究 [J]. 心理学报, 2002 (3): 306 – 311.

[92] 宋婵蓉. 企业中层管理人员胜任特征初探 [D]. 广州: 暨南大学, 2003.

[93] 宋玉臣, 李连伟. 股权激励对上市公司绩效的作用路径: 基于结构方程模型 (SEM) 的实证研究 [J]. 东北大学学报: 社会科学版, 2017, 19 (2): 133 – 139.

[94] 孙国学. 期望理论视域下的企业技术研发人员激励 [J]. 科技管理研究, 2010, 30 (1): 174 – 176.

[95] 孙鸿飞, 倪嘉苒, 武慧娟, 等. 知识型员工心理资本与工作绩效关系实证研究 [J]. 科研管理, 2016, 37 (5): 60 – 69.

[96] 孙健敏, 焦长泉. 对管理者工作绩效结构的探索性研究 [J]. 人类工效学, 2002, 8 (3): 1 – 10, 69.

[97] 王迪, 王迎军, 秦剑, 等. 高层领导者心理资本和社会资本对企业绩效的影响研究 [J]. 管理学报, 2015, 12 (5): 687 – 694.

[98] 王铎, 陶冰心, 郑国梦. 基于期望与确认理论的 VR 图书馆服务用户持续使用行为影响因素研究 [J]. 现代情报, 2020, 40 (08): 111 – 120.

[99] 王广新. 组织情境下管理者人格特质和工作绩效关系研究 [D]. 长春: 吉林大学, 2005.

[100] 王红, 刘纯阳, 杨亦民. 管理层激励与公司绩效实证研究: 基于农业上市公司的经验数据 [J]. 农业技术经济, 2014 (5): 113 – 120.

[101] 王辉, 常阳. 组织创新氛围、工作动机对员工创新行为的影响 [J]. 管理科学, 2017, 30 (03): 51 – 62.

[102] 王辉, 李晓轩, 罗胜强. 任务绩效与情境绩效二因素绩效模型的验证 [J]. 中国管理科学, 2003, 11 (4): 79 – 84.

[103] 王慧琴, 罗瑾琏, 余海斌. 国内商业银行中层管理人员胜任力模型研究 [J]. 金融论坛, 2011, 16 (9): 51 – 56.

[104] 王仙雅, 林盛, 陈立芸, 等. 组织氛围、隐性知识共享行为与员工创新绩效关系的

实证研究 [J]. 软科学, 2014, 28 (05): 43 – 47.

[105] 王晓梅. 神经网络导论 [M]. 北京: 科学出版社, 2017.

[106] 王雁飞, 朱瑜. 组织社会化与员工行为绩效: 基于个人—组织匹配视角的纵向实证研究 [J]. 管理世界, 2012 (5): 109 – 124.

[107] 王重鸣, 陈民科. 管理胜任力特征分析: 结构方程模型检验 [J]. 心理科学, 2002 (5): 513 – 516, 637.

[108] 魏刚. 高级管理层激励与上市公司经营绩效 [J]. 经济研究, 2000 (3): 32 – 39 + 64 – 80.

[109] 魏荣, 魏婧. 心理资本视域下企业知识型员工的创新激励策略 [J]. 学术交流, 2013, 230 (5): 36 – 40.

[110] 温志毅. 工作绩效的四因素结构模型 [J]. 首都师范大学学报: 社会科学版, 2005 (5): 105 – 111.

[111] 温忠麟, 张雷, 侯杰泰, 等. 中介效应检验程序及其应用 [J]. 心理学报, 2004, 36 (5): 614 – 620.

[112] 翁清雄, 杨惠, 曹先霞. 科研人员职业成长、工作投入与工作绩效的关系 [J]. 科研管理, 2017, 38 (6): 144 – 151.

[113] 吴林妃, 陈丽君. 农业科研院所人才激励对策研究 [J]. 科学管理研究, 2014, 32 (2): 74 – 77.

[114] 吴梅. 企业人力资源管理胜任素质模型的构建 [J]. 统计与决策, 2015 (13): 186 – 188.

[115] 吴明隆. 结构方程模型: AMOS 的操作与应用 [M]. 重庆: 重庆大学出版社, 2010.

[116] 吴双. 银行中层管理人员胜任力结构模型初探 [D]. 广州: 暨南大学, 2006.

[117] 肖凌, 聂鹰, 梁建春. 国有银行中层管理人员胜任特征模型 [J]. 经济科学, 2006 (5): 83 – 89.

[118] 谢刚, 侯景亮, 贾建民. 城市商业银行经营管理层胜任力与经营绩效的关系 [J]. 金融论坛, 2011, 16 (6): 25 – 31.

[119] 谢荷锋, 贺桥辉, 牟腊春. 网络嵌入视角下中层管理者对企业创新的影响 [J]. 科研管理, 2018, 39 (12): 10 – 17.

[120] 徐光, 钟杰, 高阳. 知识型员工创新行为激励策略研究: 基于心理契约视角 [J]. 科学管理研究, 2016, 34 (04): 89 – 92.

[121] 徐志武. 我国出版上市公司高级经理层激励与绩效关系研究 [J]. 现代出版, 2018 (5): 31 – 34.

[122] 薛倚明, 孙亚丽, 时勘. 煤矿企业基层管理者的胜任特征模型构建 [J]. 现代管理科学, 2014 (6): 27 – 29.

[123] 严鼎程. 领导者激励下属的方法：基于路径目标理论的探讨 [J]. 中国领导科学，2019 （03）：54 – 57.

[124] 杨博旭，王玉荣，李兴光. "厚此薄彼"还是"雨露均沾"：组织如何有效利用网络嵌入资源提高创新绩效 [J]. 南开管理评论，2019，22 （03）：201 – 213.

[125] 杨博旭. 主管支持感与离职倾向：心理资本的调节作用 [D]. 济宁：曲阜师范大学，2016.

[126] 杨东进，冯超阳. 保健因素主导、激励因素缺失：现象、成因及启示：基于"80后"员工组织激励的实证研究 [J]. 管理工程学报，2016，30 （2）：20 – 27.

[127] 杨国枢. 社会及行为科学研究法 [M]. 重庆：重庆大学出版社，2006.

[128] 杨蕙馨，王胡峰. 国有企业高层管理人员激励与企业绩效实证研究 [J]. 南开经济研究，2006 （4）：82 – 97，145.

[129] 杨剑，程勇. 内在激励对双元绩效的影响研究：基于组织承诺的中介效应分析 [J]. 现代管理科学，2014 （11）：102 – 105.

[130] 杨俊辉. 领导者人格类型对领导绩效的影响 [J]. 领导科学，2015 （8）：2 – 35.

[131] 杨晓，师萍，谭乐. 领导—成员交换社会比较、内部人身份认知与工作绩效：领导—成员交换关系差异的作用 [J]. 南开管理评论，2015，18 （4）：26 – 35.

[132] 叶仁敏，HAGTVET K A. 成就动机的测量与分析 [J]. 心理发展与教育，1992 （2）：14 – 16.

[133] 尹美群，盛磊，李文博. 高管激励、创新投入与公司绩效：基于内生性视角的分行业实证研究 [J]. 南开管理评论，2018，21 （1）：109 – 117.

[134] 应洪斌. 结构洞对产品创新绩效的作用机理研究：基于知识搜索与转移的视角 [J]. 科研管理，2016，37 （04）：9 – 15.

[135] 于晶晶. Herzberg 激励—保健因素理论的发展 [J]. 心理科学，2002 （5）：633 – 634.

[136] 张创新. 现代管理学概论：修订版 [M]. 北京：清华大学出版社，2005.

[137] 张东红，石金涛. 领导者胜任力理论综述研究 [J]. 现代管理科学，2010 （9）：17 – 20.

[138] 张昊民，何奇学. 高管薪酬激励与组织绩效：基于管理者过度自信的"遮掩效应" [J]. 现代财经：天津财经大学学报，2017，37 （6）：65 – 77.

[139] 张晖明，陈志广. 高级管理人员激励与企业绩效：以沪市上市公司为样本的实证研究 [J]. 世界经济文汇，2002 （4）：29 – 37.

[140] 张辉华. 管理者的情绪智力及其与工作绩效的关系研究 [D]. 广州：暨南大学，2006.

[141] 张林红. 创新创业背景下高职信息类教师职业胜任力模型建构及应用研究 [J]. 教育教学论坛，2020 （30）：33 – 36.

[142] 张伶，张正堂. 内在激励因素、工作态度与知识员工工作绩效 [J]. 经济管理，2008 (16)：39 - 45.

[143] 张术霞，范琳洁，王冰. 我国企业知识型员工激励因素的实证研究 [J]. 科学学与科学技术管理，2011，32 (5)：144 - 149.

[144] 张泰城，陈剑林. 人际关系沟通与提高企业绩效探微 [J]. 江西社会科学，2008 (8)：133 - 136.

[145] 张天嵩. 高级 Meta 分析方法：基于 Stata 实现 [M]. 上海：复旦大学出版社，2015.

[146] 张文菁. 企业特性、人力资本、产业环境与组织绩效相关性研究 [D]. 台北：国立中山大学，2000.

[147] 张雯，王新安. 高管胜任力与企业社会责任关系实证研究 [J]. 预测，2017，36 (4)：63 - 68.

[148] 张学和，宋伟，方世建. 成就动机理论视角下的知识型员工个体创新绩效实证研究 [J]. 科学学与科学技术管理，2013，34 (1)：164 - 171.

[149] 张亚新. 基于 AHP 的中小学信息技术教师胜任力的评价指标体系构建研究 [J]. 兵团教育学院学报，2020，30 (04)：61 - 65，84.

[150] 章雁，樊晓霞. 中小板上市公司股权激励与公司绩效实证研究 [J]. 中国管理科学，2015，23 (S1)：405 - 410.

[151] 赵爱武，关洪军. 企业环境技术创新激励政策优化组合模拟与分析 [J]. 管理科学，2018，31 (6)：104 - 116.

[152] 赵国祥，王明辉，凌文辁. 管理者责任心和工作绩效关系的研究 [J]. 心理科学，2004 (5)：1261 - 1262.

[153] 赵曙明，杜娟. 企业经营者胜任力及测评理论研究 [J]. 外国经济与管理，2007 (1)：33 - 40.

[154] 赵瑜，莫申江，施俊琦. 高压力工作情境下伦理型领导提升员工工作绩效和满意感的过程机制研究 [J]. 管理世界，2015 (8)：120 - 131.

[155] 郑生钦，贺庆，司红运，等. 项目经理胜任力对绩效影响的研究 [J]. 山东建筑大学学报，2016，31 (2)：133 - 141，147.

[156] 郑晓明，王明娇. 中国企业人力资源专业人员胜任力模型研究 [M]. 北京：电子工业出版社，2010.

[157] 郑晓明，于海波，王明娇. 中国企业人力资源专业人员胜任力的结构与测量 [J]. 中国软科学，2010 (11)：168 - 181.

[158] 郑子林. 知识型员工心理契约违背的影响及预防措施探析 [J]. 管理世界，2014 (04)：1 - 4.

[159] 仲理峰，时勘. 胜任特征研究的新进展 [J]. 南开管理评论，2003 (2)：4 - 8.

［160］周浩，龙立荣. 共同方法偏差的统计检验与控制方法［J］. 心理科学进展，2004，12（6）：942 – 950.

［161］周浩. 心理资本对任务绩效、关系绩效的影响效应研究［J］. 中国科技论坛，2011（7）：122 – 128.

［162］周文霞，谢宝国，辛迅，等. 人力资本、社会资本和心理资本影响中国员工职业成功的元分析［J］. 心理学报，2015，47（2）：251 – 263.

［163］周小虎，曹甜甜. 民族坚忍性：员工心理韧性对工作绩效双重影响［J］. 南京理工大学学报：社会科学版，2011，24（4）：52 – 58.

［164］周泽将，马静，胡刘芬. 高管薪酬激励体系设计中的风险补偿效应研究［J］. 中国工业经济，2018（12）：152 – 169.

［165］周兆透. 大学教师成就动机与工作绩效关系的实证研究［J］. 现代大学教育，2008（4）：80 – 85，113.

［166］周志民，张江乐，熊义萍. 内外倾人格特质如何影响在线品牌社群中的知识分享行为：网络中心性与互惠规范的中介作用［J］. 南开管理评论，2014，17（03）：19 – 29.

［167］朱德胜. 不确定环境下股权激励对企业创新活动的影响［J］. 经济管理，2019，41（2）：55 – 72.

［168］朱德胜，岳丽君. 管理者薪酬与企业绩效的相关性研究［J］. 山东财政学院学报，2004（6）：45 – 49.

［169］祝学华，霍国庆. 我国科技外交人员社会资本与工作绩效的实证研究［J］. 管理学报，2012，9（10）：1470 – 1474.

［170］邹国庆，董振林. 管理者社会资本与创新绩效：制度环境的调节作用［J］. 理论探讨，2015（6）：86 – 90.

［171］ABRATT R，SMYTHE M R. A survey of sales incentive programs［J］. Industrial Marketing Management，1989，18（3）：209 – 214.

［172］ACQUAAH M. Managerial social capital，strategic orientation，and organizational performance in an emerging economy［J］. Strategic Management Journal，2007，28（12）：1235 – 1255.

［173］ADITHIPYANGKUL P，LEUNG T Y. Incentive pay for non – executive directors：The direct and interaction effects on firm performance［J］. Asia Pacific Journal of Management，2018，35（4）：943 – 964.

［174］ADLER P S，KWON S W. Social capital：Prospects for a new concept［J］. The Academy of Management Review，2002，27（1）：17 – 40.

［175］AHMED R，ANANTATMULA V S. Empirical study of project managers leadership competence and project performance [J]. Engineering Management Journal, 2017, 29 (3): 189 – 205.

[176] AHRENS C. The Effect of Stock Based Incentives on Individual Manager Performance [C]. Academy of Management Proceedings. Briarcliff Manor: Academy of Management, 2018.

[177] AKINYELE K O, ARNOLD V, SUTTON S G. Wording and saliency matter: The impact of incentive system and organizational value statement on employees' performance [J]. Behavioral Research in Accounting, 2020, 32 (1): 101 – 118.

[178] ALEXANDER H. Motivational Management: Inspiring Your People for Maximum Performance [M]. New York: American Management Association, 2003.

[179] AMABILE T M, HILL K G, HENNESSEY B A. The work preference inventory: Assessing intrinsic and extrinsic motivational orientations [J]. Journal of Personality and Social Psychology, 1994, 66 (5): 950 – 967.

[180] AMABILE T M, PILLEMER J. Perspectives on the social psychology of creativity [J]. The Journal of Creative Behavior, 2012, 46 (1): 3 – 15.

[181] AMABILE T M. The social psychology of creativity: A componential conceptualization [J]. Journal of Personality and Social Psychology, 1983, 45 (2): 357 – 376.

[182] ANDERSON N, POTOCNIK K, ZHOU J. Innovation and creativity in organizations: A state – of – the – science review, prospective commentary, and guiding framework [J]. Journal of Management, 2014, 40 (5): 1297 – 1333.

[183] ASIM M. Impact of motivation on employee performance with the effect of training: Specific to education sector of Pakistan [J]. International Journal of Scientific and Research Publications, 2013, 3: 2250 – 3153.

[184] ATKINSON J W. Motivational determinants of risk – taking behavior [J]. Psychological Review, 1957, 64 (6): 359 – 372.

[185] AVEY J B, REICHARD R J, LUTHANS F, et al. Meta – analysis of the impact of positive psychological capital on employee attitudes, behaviors, and performance [J]. Human Resource Development Quarterly, 2011, 22 (2): 127 – 152.

[186] AXELROD R H. Leadership and self – confidence [M] //Leadership today. Springer, Cham, 2017.

[187] BAARD S K, RENCH T A, KOZLOWSKI S W J. Performance adaptation: A theoretical integration and review [J]. Journal of Management, 2014, 40 (1): 48 – 99.

[188] BAER M, OLDHAM G. R, CUMMINGS A. Rewarding creativity: When does it really matter? [J]. The Leadership Quarterly, 2003, 14: 569 – 586.

[189] BAGOZZI R P, YI Y. On the evaluation of structural equation models [J]. Journal of the

Marketing Science, 1988, 16 (1): 74 – 94.

[190] BANDURA A. Self – efficacy: The exercise of control [M]. New York: Freeman, 1997.

[191] BANDURA A. Social foundations of thought and action: Social cognitive theory [M]. Englewood Cliffs, NJ: Prentice Hall, 1986.

[192] BARNEY J. Firm Resources and Sustained Competitive Advantage [J]. Journal of Management, 1991, 17 (1): 99 – 120.

[193] BARON R M, KENNY D A. The moderator – mediator variable distinction in social psychological research: Conceptual, strategic, and statistical considerations [J]. Journal of Personality and Social Psychology, 1986, 51 (6): 1173 – 1182.

[194] BARTRAM D. The Great Eight competencies: A criterion – centric approach to validation [J]. Journal of applied psychology, 2005, 90 (6): 1185 – 1203.

[195] BASS B M. Two decades of research and development in transformational leadership [J]. European Journal of Work and Organizational Psychology, 1999, 8 (1): 9 – 32.

[196] BASS B M. Stogdill's handbook of leadership [M]. New York: Free Press, 1990.

[197] BASSET – JONES N, LIOYD G C. Does Herzberg's motivation theory have staying power? [J]. The Journal of Management Development, 2005, 24 (10): 929 – 943.

[198] BECKER G S. Human capital: A theoretical and empirical analysis, with special reference to education [M]. New York: NBER, 1975.

[199] BEEHR T A, JEX S M, STACY B A, et al. Work stressors and coworker support as predictors of individual strain and job performance [J]. Journal of Organizational Behavior, 2000, 21 (4): 391 – 405.

[200] BELLÉ N, CANTARELLI P. Monetary incentives, motivation, and job effort in the public sector: An experimental study with Italian government executives [J]. Review of Public Personnel Administration, 2015, 35 (2): 99 – 123.

[201] BENS D A, NAGAR V, WONG M H. Real investment implications of employee stock option exercises [J]. Journal of Accounting Research, 2002, 40 (2): 359 – 393.

[202] BERNARDIN H J, BEATTY R W. Performance appraisal: Assessing human behavior at work [M]. Boston: Kent Publishing Company, 1984.

[203] BERRELSON B, STEINER G A. Human behavior: An inventory of scientific findings [M]. New York: Harcourt, Brace and World, Inc, 1964.

[204] BERTRAND M, SCHOAR A. Managing with style: The effect of managers on firm policies [J]. The Quarterly journal of economics, 2003, 118 (4): 1169 – 1208.

[205] BETZ N E. Self – concept theory in career development and counseling [J]. Career Development Quarterly, 1994, 43 (1): 32 – 42.

[206] BOHLANDER G, SNELL S, SHERMAN A. Managing Human Resources [M]. Cincinnati, OH: South – Western College, 2001.

[207] BOLLEN K A. A new incremental fit index for general structural equation models [J]. Sociological Methods and Research, 1989, 17 (3): 303 –316.

[208] BORMAN W C, BRUSH D H. More progress toward a taxonomy of managerial performance requirements [J]. Human Performance, 1993, 6 (1): 1 –21.

[209] BORMAN W C, MOTOWIDLO S J. Expanding the criterion domain to include elements of contextual performance [M] //SCHMITT N, BORMAN W. C. Personnel Selection in Organizations. New York, NY: Jossey – Bass, 1993.

[210] BORMAN W C, MOTOWIDLO S J. Task performance and contextual performance: The meaning for personnel selection research [J]. Human Performance, 1997, 10 (2): 99 –109.

[211] BOUCKENOOGHE D, ZAFAR A, RAJA U. How ethical leadership shapes employees' job performance: The mediating roles of goal congruence and psychological capital [J]. Journal of Business Ethics, 2015, 129 (2): 251 –264.

[212] BOURDIEU P. The forms of capital [C] //RICHAROSON J G. Handbook of theory and research for the sociology of education. New York: Greenwood Press, 1986.

[213] BOYATZIS R E. The competent manager: A model for effective performance [M]. New York: John Wiley & Sons, 1982.

[214] BREEVAART K, BAKKER A B, DEMEROUTI E. Uncovering the underlying relationship between transformational leaders and followers' task performance [J]. Journal of Personnel Psychology, 2014, 13 (4): 194 –203.

[215] BRUCE C S, MARK Y. Strategic positioning, human capital, and performance in service organizations: A customer interaction approach [J]. Strategic Management Journal, 2004, 25 (1): 85 –99.

[216] BURROUGHS J E, DARREN W D, MOREAU C P. Facilitating and Rewarding Creativity During New Product Development [J]. Journal of Marketing, 2011, 75 (4): 53 –67.

[217] BURT R S. Structural Holes: The Social Structure of Competition [M]. Boston, MA: Harvard University Press, 1992.

[218] BYRNE B M. Structural Equation Modeling with LISREL, PRELIS and SIMPLIS, MAHWAH [M]. NJ: Lawrence Erlbaum Associates, 1998.

[219] BYRON K, KHAZANCHI S. Rewards and creative performance: A meta – analytic test of theoretically derived hypotheses [J]. Psychological Bulletin, 2012, 138 (4): 809 –830.

[220] CAMPBELL J P, MCCLOY R A, OPPLER S H, et al. A theory of performance [M] // SCHMITT N, BORMAN W C. Personnel selection in organizations. San Francisco: Jossey –

Bass, 1993.

[221] CAMPBELL J P, MCHENRY J J, WISE L L. Modeling job performance in apopulation of jobs [J]. Personnel Psychology, 1990, 43 (2): 313 – 333.

[222] CAMPBELL J P, WIERNIK B M. The modeling and assessment of work performance [J]. Annual Review of Organizational Psychology and Organizational Behavior, 2015, 2 (1): 47 – 74.

[223] CAMPION M A, FINK A A, RUGGEBERG B J, et al. Doing competencies well: Best practices in competency modeling [J]. Personnel Psychology, 2011, 64 (1): 225 – 262.

[224] CAO J, LEMMON M, PAN X F, et al. Political promotion, CEO incentives, and the relationship between pay and performance [R]. Management Science, 2011.

[225] CARD N A. Applied meta – analysis for social science research [M]. London New York: Guilford Publications, 2015.

[226] CARELESS S A, ALLWOOD V E. Managerial assessment centers: What is being rated? [J]. Australian Psychologist, 1997, 32 (2): 101 – 105.

[227] CARTER L, MURRAY P, GRAY D. The Relationship between Interpersonal Relational Competence and Employee Performance [J]. The International Journal of Interdisciplinary Social Sciences, 2011, 6 (3): 213 – 230.

[228] CERASOLI C P, FORD M T. Intrinsic motivation, performance, and the mediatingrole of mastery goal orientation: A test of self – determination theory [J]. The Journal of Psychology, 2014, 148 (3): 267 – 286.

[229] CHAKRABARTY S, WIDING R E, BROWN G. Selling behaviors and sales performance: The moderating and mediating effects of interpersonal mentalizing [J]. Journal of Personal Selling and Sales Management, 2014, 34 (2): 112 – 122.

[230] CHANG P C, CHEN S J. Crossing the level of employee's performance: HPWS, affective commitment, human Capital, and employee job performance in professional service organizations [J]. The International Journal of Human Resource Management, 2011, 22 (4): 883 – 901.

[231] CHEN S L. The relationship of leader psychological capital and follower psychological Capital, job engagement and job performance: A multilevel mediating perspective [J]. International Journal of Human Resource Management, 2015, 26 (18): 2349 – 2365.

[232] CHEN X P, CHEN C C. On the intricacies of Chinese guanxi: A process model of guanxi development [J]. Asia Pacific Journal of Management, 2004, 21 (3): 305 – 324.

[233] CHINTALLOO S, MAHADEO J D. Effect of motivation on employees' work performance at Ireland Blyth Limited [C]. London, UK: Proceedings of 8th Annual London Business

Research Conference Imperial College, 2013.

[234] CHNG D H M, WANG J C Y. An experimental study of the interaction effects of incentive compensation, career ambition, and task attention on Chinese managers' strategic risk behaviors [J]. Journal of Organizational Behavior, 2016, 37 (5): 719 – 737.

[235] COLEMAN J S. Foundations of social theory [M]. Cambridge, MA: Belknap Press of Harvard University Press, 1990.

[236] COLEMAN J S. Social capital in the creation of human capital [J]. American Journal of Sociology, 1988, 94: S95 – S120.

[237] COLES J L, LI Z C. Managerial attributes, incentives, and performance [J]. The Review of Corporate Finance Studies, 2020, 9 (2): 256 – 301.

[238] COLGATE M, LANG B. Positive and negative consequences of a relationship manager strategy: New Zealand banks and their small business customers [J]. Journal of Business Research, 2005, 58 (2): 195 – 204.

[239] CONGER J A, KANUNGO R N. Toward a behavioral theory of charismatic leadership in organizational settings [J]. Academy of Management Review, 1987, 12 (4): 637 – 647.

[240] CONWAY J M. Distinguishing contextual performance from task performance for managerial jobs [J]. Journal of Applied Psychology, 1999, 84 (1): 3 – 13.

[241] CONWAY J M. Managerial performance development constructs and personality correlates [J]. Human Performance, 2000, 13 (1): 23 – 46.

[242] CORRÊA DOS S A, EDUARDO F L C, EDSON M I. The relationship between cost management knowledge and budgetary participation with managers' performance [J]. Revista Brasileira de Gestão de Negócios, 2014, 16 (50): 124 – 142.

[243] D' INNOCENZO L, LUCIANO M M, MATHIEU J E, et al. Empowered to perform: A multilevel investigation of the influence of empowerment on performance in hospital units [J]. The Academy of Management Journal, 2016, 59 (4): 1290 – 1307.

[244] DE STOBBELEIR K E M, ASHFORD S J, BUYENS D. Self – regulation of creativity at work: The role of feedback – seeking behavior in creative performance [J]. Academy of Management Journal, 2011, 54 (4): 811 – 831.

[245] DECI E L, KOESTNER R, RYAN R M. Extrinsic rewards and intrinsic motivation in education: Reconsidered once again [J]. Review of Educational Research, 2001, 71 (1): 1 – 27.

[246] DECI E L, RYAN R M. The "what" and "why" of goal pursuits: Human needs and the self – determination of behavior [J]. Psychological Inquiry, 2000, 11 (4): 227 – 268.

[247] DEFILLIPPI R J, ARTHUR M B. The boundaryless career: A competency – based per-

spective [J]. Journal of Organizational Behavior, 1994, 15 (4): 307 – 324.

[248] DUETSCH S E, TURNER A N, LAWRENCE P R. Industrial Jobs and the Worker: An Investigation of Response to Task Attributes [J]. Technology and Culture, 1965, 7: 436.

[249] DOPSON S, STEWART R. What is happening to middle management? [J]. British Journal of Management, 1990, 1 (1): 3 – 16.

[250] DREWS T R. Motivational factors relevant to the performance of R&Demployees [J]. Industrial Management, 1977, 19 (4): 5 – 11.

[251] DRĂGAN G B, VASILACHE R O, SCHIN G C. Exploring eco – label industry actors' perceptions on the capabilities of a forthcoming multiple project management software – An fsQCA approach [J]. Journal of Business Research, 2020, 115: 281 – 288.

[252] DUNN P O, ROBERTSON R J, MICHAVD – FREEMAN D, et al. Extra – pair paternity in tree swallows: why do females mate with more than one male? [J]. Behavioral Ecology and Sociobiology, 1994, 35 (4): 273 – 281.

[253] DUSTIN S L, BELASEN A R. The impact of negative compensation changes on individual sales performance [J]. Journal of Personal Selling and Sales Management, 2013, 33 (4): 403 – 417.

[254] DZWIGOL H, DZWIGOL – BAROSZ M, MISKIEWICZ R, et al. Manager competency assessment model in the conditions of industry 4.0 [J]. Entrepreneurship and Sustainability Issues, 2020, 7 (4): 2630 – 2644.

[255] EI ASAME M, WAKRIM M. Towards a competency model: A review of the literature and thecompetency standards [J]. Education and Information Technologies, 2018, 23 (1): 225 – 236.

[256] EISENBERGER R, JUDY C. Detrimental effects of reward [J]. American Psychologist, 1996, 51 (11): 1153 – 1166.

[257] EISENBERGER R, FRANCES H, PAUL G. Promised reward and creativity: Effects of prior experience [J]. Journal of Experimental Social Psychology, 1999, 35 (3): 308 – 325.

[258] EISENBERGER R, LINDA R. Incremental effects of reward on creativity [J]. Journal of Personality and Social Psychology, 2001, 81 (4): 728 – 741.

[259] EISENBERGER R, LINDA S. Rewards, intrinsic motivation, and creativity: A case study of conceptual and methodological isolation [J]. Creativity Research Journal, 2003, 15 (2 – 3): 121 – 130.

[260] EISENBERGER R, MICHAEL S. Does reward increase or decrease creativity? [J]. Journal of Personality and Social Psychology, 1994, 66, (6): 1116 – 1127.

[261] ENGELBRECHT A S, FISCHER A H. The managerial performance implications of a devel-

opmental assessment center process [J]. Human Relations, 1995, 48 (4): 387 – 404.

[262] FAIRBANK J F, WILLIAMS S D. Motivating creativity and enhancing innovation through employee suggestion system technology [J]. Creativity and Innovation Management, 2001, 10 (2): 68 – 74.

[263] FANG L. An incentive approach based on data envelopment analysis for intra – organization yardstick competition [J]. Journal of the Operational Research Society, 2020, 71 (1): 153 – 160.

[264] FENG H, RAO R P. Cash holdings and CEO risk incentive compensation: Effect of CEO risk aversion [J]. International Review of Financial Analysis, 2018, 60: 162 – 176.

[265] FERRIS L D, LIAN H W, BROWN D J, et al. Ostracism, self – esteem, and job performance: When do we self – verify and when do we self – enhance? [J]. Academy of Management Journal, 2015, 58 (1): 279 – 297.

[266] FRENCH C, SEWARD F. Impetus for action: A cultural analysis of justice and organizational citizenship behavior in society [J]. Administrative Science Quarterly, 1983, 42 (3): 421 – 434.

[267] FRIEDMAN R S. Reinvestigating the effects of promised reward on creativity [J]. Creativity Research Journal, 2009, 21 (2 – 3): 258 – 264.

[268] GAGNÉ M, DECI E L. Self – determination theory and work motivation [J]. Journal of Organizational Behavior, 2005, 26 (4): 331 – 362.

[269] GAGNÉ M, FOREST J. The study of compensation systems through the lens of self – determination theory: Reconciling 35 years of debate [J]. Canadian Psychology, 2008, 49 (3): 225 – 232.

[270] GARCIA – ARACIL A, MORA J G, VILA L E. The rewards of human capital competences for young European higher education graduates [J]. Tertiary Education and Management, 2004, 10 (4): 287 – 305.

[271] GATES S, LANGEVIN P. Human capital measures, strategy, and performance: HR managers' perceptions [J]. Accounting, Auditing & Accountability Journal, 2010, 23 (1): 111 – 132.

[272] GHASEMAGHAEI M, EBRAHIMI S, HASSANEIN K. Data analytics competency for improving firm decision making performance [J]. The Journal of Strategic Information Systems, 2018, 27 (1): 101 – 113.

[273] GONG Y P, ZHOU J, CHANG S. Core knowledge employee creativity and firm performance: The moderating role of riskiness orientation, firm size, and realized absorptive capacity [J]. Personnel Psychology, 2013, 66 (2): 443 – 482.

[274] GREEN P C. Building robust competencies: Linking human resource systems to organiza-tional strategies [M]. San Francisco: Jossey – Bass, 1999.

[275] GREENBERG J, LIEBMAN M. Incentives: The missing link in strategic performance [J]. Journal of Business Strategy, 1990, 11 (4): 8 – 11.

[276] GREENBERG J. Managing behavior in organizations (2nd ed.) [M]. Trenton: Prentice – Hall International, Inc. , 1999.

[277] GRIFFIN M A, NEAL A, PARKER S K. A new model of work role performance: Positive behavior in uncertain and interdependent contexts [J]. Academy of Management Journal, 2007, 50 (2): 327 – 347.

[278] GRIFFITH J M. CEO ownership and firm value [J]. Managerial and Decision Economics, 1999, 20 (1): 1 – 8.

[279] GUAY R P, OH I S, CHOI D, et al. The interactive effect of conscientiousness and a-greeableness on job performance dimensions in South Korea [J]. International Journal of Selection and Assessment, 2013: 21 (2): 233 – 238.

[280] GÖLEÇ A, KARADENIZ G. Performance analysis of healthcare supply chain management with competency – based operation evaluation [J]. Computers & Industrial Engineering, 2020, 146: 1 – 45.

[281] HACKMAN J R, OLDHAM G, JANSON R, et al. A new strategy for job enrichment [J]. California Management Review, 1975, 17 (4): 57 – 71.

[282] HAIR J F, ANDERSON R E, TATHAM R L. Multivariate data analysis (5th ed.) [M]. Englewood cliffs, NJ: Prentice Hall, 1998.

[283] HALL B J, LIEBMAN J B. Are CEOs really paid like bureaucrats? [J]. The Quarterly Journal of Economics, 1998, 113 (3): 653 – 691.

[284] HAMLIN R G. In support of universalistic models of managerial and leadership effective-ness: implications for HRD research and practice [J]. Human Resource Development Quarterly, 2004, 15 (2): 189 – 215.

[285] HAN J H, BARTOL K M, KIM S. Tightening up the performance – pay linkage: Roles of contingent reward leadership and profit – sharing in the cross – level influence of individual pay – for – performance [J]. Journal of Applied Psychology, 2015, 100 (2): 417 – 430.

[286] HAN J, CHOU P, CHAO M, et al. The HR competencies – HR effectiveness link: A study in Taiwanese high – tech companies [J]. Human Resource Management, 2006, 45 (3): 391 – 406.

[287] HAXKMAN J R, LAWLER E E. Employee reactions to job characteristics [J]. Journal of Applied Psychology, 1971, 55 (3): 259 – 286.

[288] HENRY M. Managing [M]. San Francisco: Berrett – Koehler Publishers, 2009.

[289] HESKETH B, ALLWORTH E. Adaptive performance: Updating the criterion to cope with change [C]. 2nd. Melbourne: Australian Industrial and Organizational Psychology Conference, 1997.

[290] HOLLENBECK G P, HALL D T. Self – confidence and leader performance [J]. Organizational dynamics, 2004, 33 (3): 254 – 269.

[291] HOUSE R J, ADITYA R N. The social scientific study of leadership: Quo vadis? [J]. Journal of management, 1997, 23 (3): 409 – 473.

[292] HU B, QIU M. The performance appraisal purpose orientation and employee involvement: Analysis of the intermediary role of intrinsic motivation [J]. Management Review, 2016, 28 (5): 150 – 160.

[293] HUANG G H, ZHAO H H, NIU X, et al. Reducing job insecurity and increasing performance ratings: Does impression management matter? [J]. Journal of Applied Psychology, 2013, 98 (5): 852 – 862.

[294] HUR Y. Testing Herzberg's Two – Factor theory of motivation in the public sector: Is it applicable to public managers? [J]. Public Organization Review, 2018, 18 (3): 329 – 343.

[295] HYE J Y, SUN Y S, JIN N C. Mechanisms underlying creative performance: Employee perceptions of intrinsic and extrinsic rewards for creativity [J]. Social behavior and personality, 2015, 43 (7): 1161 – 1179.

[296] HÄUSSER J A, SCHULZ – HARDT S, SCHULTZE T, et al. Experimental evidence for the effects of task repetitiveness on mental strain and objective work performance [J]. Journal of Organizational Behavior, 2014, 35 (5): 705 – 721.

[297] IDRIS M A, DOLLARD M F, TUCKEY M R. Psychosocial safety climate as a management tool for employee engagement and performance: a multilevel analysis [J]. International Journal of Stress Management, 2015, 22 (2): 183 – 206.

[298] JANSSEN O, VAN YPEREN N W. Employee's goal orientations, the quality of leader – member exchange, and the outcomes of job performance and job satisfaction [J]. Academy of Management Journal, 2004, 27 (3): 368 – 384.

[299] JANSSEN O. Fairness perceptions as a moderator in the curvilinear relationships between job demands, and job performance and job satisfaction [J]. The Academy of Management Journal, 2001, 44 (5): 1039 – 1050.

[300] JANSSEN O. Innovative behavior and job involvement at the price of conflict and less satisfactory relations with co – workers [J]. Journal of Occupational and Organizational Psychology, 2003, 76 (3): 347 – 364.

[301] JANSSEN O. Job demands, perceptions of effort – reward fairness, and innovative work behavior [J]. Journal of Occupational & Organizational Psychology, 2000, 73 (3): 287 – 302.

[302] JIRAWUTTINUNT S, IMSUWAN T. The relationship between characteristics of generation Y, job engagement, job satisfaction and job performance [J]. International Journal of Strategic Management, 2015, 15 (1): 47 – 60.

[303] JOHANSSON C, MILLER V D, HAMRIN S. Conceptualizing communicative leadership: A framework for analysing and developing leaders' communication competence [J]. Corporate Communications: An International Journal, 2014, 19 (2): 147 – 165.

[304] JOSHI P. Relational rewards: Creating a fulfilling workplace environment [J]. International Journal of Engineering and Management Research, 2016, 6 (4): 1 – 5.

[305] JOSKOW P, ROSE N, SHEPARD A. Regulatory constraints on CEO compensation [J]. Brookings Papers: Microeconomics, 1993 (1): 1 – 72.

[306] JUDGE T A, PICCOLO R F. Transformational and transactional leadership: A meta – analytic test of their relative validity [J]. Journal of Applied Psychology, 2004, 89 (5): 755 – 768.

[307] JUDGE T A, ZAPATO C P. The person – situation debate revisited: Effect of situation strength and trait activation on the validity of the big five personality traits in predicting job performance [J]. The Academy of Management Journal, 2015, 58 (4): 1149 – 1179.

[308] KAISER H F, RICE J. Little Jiffy, Mark IV [J]. Educational and Psychological Measurement, 1974, 34 (1): 111 – 117.

[309] KANE, J. E. Cognitive aspects of performance [J]. British Journal of Sports Medicine, 1978, 12 (4): 201 – 207.

[310] KATZ D, KAHN R L. The social psychology of organizations (2nd ed.) [M]. New York: John Wiley Publishers, 1978.

[311] KATZ R L. Skills of an Effective Administrator, (Originally Published in 1974) [M]. Boston, MA, Harvard Business School Publishing, 2009.

[312] KAYLEY P. Interpersonal relationships as key drivers of cluster performance [C] //European Conference on Innovation and Entrepreneurship. Academic Conferences International Limited, 2017: 362 – 367.

[313] KERR M R. Tacit knowledge as a predictor of managerial success: A field study [J]. Canadian Journal of Behavioral Science, 1995, 27 (1): 36 – 51.

[314] KHERN – AM – NUAI W, KANNAN K, GHASEMKHANI H. Extrinsic versus intrinsic rewards for contributing reviews in an online platform [J]. Information Systems Research, 2018, 29 (4): 871 – 892.

[315] KHURANA R. The curse of the superstar CEO [J]. Harvard Business Review, 2002, 80 (9): 60 - 6, 125.

[316] KIM S L, YUN S. The effect of coworker knowledge sharing on performance and its boundary conditions: An interactional perspective [J]. Journal of Applied Psychology, 2015, 100 (2): 575 - 582.

[317] KO D G, KIRSCH L J, KING W R. Antecedents of knowledge transfer from consultants to clients in enterprise system implementations [J]. MIS Quarterly, 2005, 29 (1): 59 - 85.

[318] KOOPMANS L, BERNAARDS C M, HILDEBRANDT H V, et al. Conceptual frameworks of individual work performance: A systematic review [J]. Journal of Occupational and Environmental Medicine, 2011, 53 (8): 856 - 866.

[319] KRAUT A I, PEDIGO P R, MCKENNA D D, et al. The role of the manager: What's really important in different management jobs [J]. The Academy of Management Perspectives, 2005, 19 (4): 122 - 129.

[320] KROON B, MENTING C, VAN WOERKOM M. Why mindfulness sustains performance: The role of personal and job resources [J]. Industrial and Organizational Psychology, 2015, 8 (4): 638 - 642.

[321] KUVAAS B, BUCH R, WEIBEL A, et al. Do intrinsic and extrinsic motivation relate differently to employee outcomes? [J]. Journal of Economic Psychology, 2017, 61: 244 - 258.

[322] KUVAAS B. Performance appraisal satisfaction and employee outcomes: Mediating and moderating roles of work motivation [J]. The International Journal of Human Resource Management, 2006, 17 (3): 504 - 522.

[323] LANCE C E, TEACHOUT M S, Donnelly T M. Specification of the criterion construct space: An application of hierarchical confirmatory factor analysis [J]. Journal of Applied Psychology, 1992, 77 (4): 437 - 452.

[324] LAZEAR E P. Performance, pay and productivity [J]. The American Economic Review, 2000, 90 (5): 1346 - 1361.

[325] LEE C W, HIDAYAT N. The influence of transformational leadership and intrinsic motivation to employee performance [J]. Advances in Management and Applied Economics, 2018, 8 (2): 1 - 12.

[326] LEVINSON D J. A conception of adult development [J]. American Psychologist, 1986, 41 (1): 3 - 13.

[327] LI J J, POPPO L, ZHOU K Z. Do managerial ties in China always produce value? Competition, uncertainty, and domestic VS. foreign firms [J]. Strategic Management Journal, 2008, 29 (4): 383 - 400.

[328] LIN Y C, YU C, YI C C. The effects of positive affect, Person – Job fit, and Well – Being on job performance [J]. Social Behavior and Personality, 2014, 42 (9): 1537 – 1547.

[329] LOCKE E A. The essence of leadership: The four keys to leading successfully [M]. New York: Lexington Books, 1991.

[330] LORENTE L, SALANOVA M, MARTÍNEZ I M, et al. How personal resources predict work engagement and self – rated performance among construction workers: A social cognitive perspective [J]. International Journal of Psychology: Journal International de Psycholog, 2014, 49 (3): 200 – 207.

[331] LUNG F H. A study of the relationships among self – directed learning, managerial competency and manager's job performance [D]. Proceedings for the Northeast Region Decision Sciences Institute, 2014.

[332] LUTHANS F, AVOLIO B J, AVEY J B, et al. Positive psychological capital: Measurement and relationship with performance and satisfaction [J]. Personnel Psychology, 2007, 60 (3): 541 – 572.

[333] LUTHANS F, AVOLIO B J, WALUMBWA F O, et al. The psychological capital of Chinese workers: Exploring the relationship with performance [J]. Management and Organization Review, 2005, 1 (2): 249 – 271.

[334] MACDONALD R P, HO M – H R. Principles and practice in reporting structural equation analyses [J]. Psychological Methods, 2002 (7): 64 – 82.

[335] MACKINNON, D. P. Contrasts in multiple mediator models [C] //ROSE J, CHASSIN L, PRESSON C C, et al. Multivariate applications in substance use research: New methods for new questions (pp. 141 – 160). Mahwah, NJ: Erlbaum, 2000.

[336] MALIK M A R, BUTT A N, CHOI J N. Rewards and employee creative performance: Moderating effects of creative self – efficacy, reward importance, and locus of control [J]. Journal of Organizational Behavior, 2015, 36 (1): 59 – 74.

[337] MALTARICH M A, NYBERG A J, REILLY G, et al. Pay – for – Performance, sometimes: An interdisciplinary approach to integrating economic rationality with psychological emotion to predict individual performance [J]. Academy of Management Journal, 2017, 60 (6): 2155 – 2174.

[338] MATHIS R L, JACKSON J H. Human resource management: Essential perspectives [M]. Cincinnati: Southwestern College Publishing, 2002.

[339] MAXHAM J G I, NETEMEYER R G, LICHTENSTEIN D R. The retail value chain: Linking employee perceptions to employee performance, customer evaluations, and store performance [J]. Marketing Science, 2008, 27 (2): 147 – 167.

[340] MCCLELLAND D C. Testing for Competence rather than for Intelligence [J]. American Psychologist, 1973, 28 (1): 1 – 14.

[341] MCCORMICK M J. Self – efficacy and leadership effectiveness: Applying social cognitive theory to leadership [J]. Journal of leadership studies, 2001, 8 (1): 22 – 33.

[342] MCCREDIE H, SHACKLETON V. The unit general manager: A competency profile [J]. Personnel Review, 2000, 29 (1): 106 – 114.

[343] MEHRAN H. Executive compensation structure, ownership and firm performance [J]. Journal of Financial Economics, 1995, 38 (2): 163 – 184.

[344] MEHTA R, DAHI D W, ZHU R. Social – recognition versus financial incentives? Exploring the effects of creativity – contingent external rewards on creative performance [J]. Journal of Consumer Research, 2017, 44 (3): 536 – 553.

[345] MENSAH J K. A "coalesced framework" of talent management and employee performance: For further research and practice [J]. International Journal of Productivity and Performance Management, 2015, 64 (4): 544 – 566.

[346] MIAO Q, NEWMAN A, HUANG X. The impact of participative leadership on job performance and organizational citizenship behavior: Distinguishing between the mediating effects of affective and cognitive trust [J]. International Journal of Human Resource Management, 2014, 25 (20): 2796 – 2810.

[347] MOEED A S, JAVED I, WARIS A. Effect of employee motivation on employee performance [J]. Journal of Business and Social Review in Emerging Economies, 2017, 3 (1): 85 – 100.

[348] MORAN P. Structural vs. relational embeddedness: Social capital and managerial performance [J]. Strategic Management Journal, 2005, 26 (12): 1129 – 1151.

[349] MOTOWIDLO S J, SCHMIT M J. Performance assessment in unique jobs [C] //Ilgen D R, Pulakos E D. The changing nature of performance: Implications for staffing, motivation, and development. San Francisco: Jossey – Bass, 1999.

[350] MOTOWIDLO S J, VAN SCOTTER J R. Evidence that task performance should be distinguished from contextual performance [J]. Journal of Applied Psychology, 1994, 79 (4): 475 – 480.

[351] NAHAPICT J, GHOSHAL S. Social capital, intellectual capital, and the organizational advantage [J]. Academy of Management Review, 1998, 23 (2): 242 – 266.

[352] NG T W H, EBY L T, SORENSEN K L, et al. Predictors of objective and subjective career success: A metal – analysis [J]. Personnel Psychology, 2005, 58 (2): 367 – 408.

[353] NOAR S M. The role of structural equation modeling in scale development [J]. Structural

Equation Modeling, 2003, 10 (4): 622 –647.

[354] NOE R, HOLLENBECK J, GERHART B, et al. Fundamentals of human resource management (3rd ed.) [M]. Boston: McGraw – Hill Higher Education, 2008.

[355] NORTHOUSE P G. Leadership. 2nd ed [M]. Thousand Oaks, CA: Sage Publications, 2001.

[356] O' NEILL T A, MCLARNON M J W, XIU L, et al. Core self – evaluations, perceptions of group potency, and job performance: the moderating role of individualism and collectivism cultural profiles [J]. Journal of Occupational and Organizational Psychology, 2016, 89 (3): 447 –473.

[357] OLDHAM G R, CUMMINGS A. Employee creativity: Personal and contextual factors at work [J]. Academy of Management Journal, 1996, 39 (3): 607 –634.

[358] OWENS B P, WALLACE A S, WALDMAN D A. Leader narcissism and follower outcomes: The counterbalancing effect of leader humility [J]. Journal of Applied Psychology, 2015, 100 (4): 1203 –1213.

[359] OZER M. A moderated mediation model of the relationship between organizational citizenship behaviors and job performance [J]. Journal of Applied Psychology, 2011, 96 (6): 1328 –1336.

[360] PANG K, LU C S. Organizational motivation, employee job satisfaction and organizational performance: An empirical study of container shipping companies in Taiwan [J]. Maritime Business Review, 2018, 3 (1): 36 –52.

[361] PAUL D L, MCDANIE L Jr. R R. A Field Study of the Effect of Interpersonal Trust on Virtual Collaborative Relationship Performance [J]. MIS Quarterly, 2004, 28 (2): 183 –227.

[362] PENNING J M, WOICESHYN J. A typology of organizational control and its metaphors [C] //BACHARACH S B, MITCHELL S M. Research in the Sociology of Organizations Greenwich, CT: JAI Press, 1987.

[363] PETERSON S J, LUTHANS F, AVOLIO B J, et al. Psychological capital and employee performance: A latent growth modeling approach [J]. Personnel Psychology, 2011, 64 (2): 427 –450.

[364] PETERSON S J, LUTHANS F. The positive impact and development of hopeful leaders [J]. Leadership and Organization Development Journal, 2003, 24 (1): 26 –31.

[365] PODSAKOFF P M, MACKENZIE S B, LEE J Y, et al. Common method biases in behavioral research: A critical review of the literature and recommended remedies [J]. The Journal of Applied Psychology, 2003, 88 (5): 879 –903.

[366] PORTES A, SENSENBRENNER J. Embeddedness and immigration: Notes on the social

determinants of economic action [J]. American Journal of Sociology, 1993, 98 (6): 1320 – 1350.

[367] PREACHER K J, HAYES A F. SPSS and SAS procedures for estimating indirect effects in simple mediation models [J]. Behavior Research Methods, Instruments and Computers, 2004, 36 (4): 717 – 731.

[368] PRICE J L. Reflections on the determinants of voluntary turnover [J]. International Journal of Manpower, 2001, 22 (7): 600 – 624.

[369] PULAKOS E D, ARAD S, DONOVAN M A, et al. Adaptability in the workplace: Development of a taxonomy of adaptive performance [J]. Journal of Applied Psychology, 2000, 85 (4): 612 – 624.

[370] PUTWAIN D W, KEARSLEY R, SYMES W. Do creativity self – beliefs predict literacy achievement and motivation? [J]. Learning and Individual Differences, 2012, 22 (3): 370 – 374.

[371] RAMESH R, SAMUDHRARAJAKUMAR C. Employee's Perception Towards Various Performance based Incentive Schemes [J]. SJCC Management Research Review, 2017, 7 (1): 78 – 82.

[372] RANDALL M L, CROPANZANO R, BORMANN C A, et al. Organizational politics and organizational support as predictors of work attitudes, job performance, and organizational citizenship behavior [J]. Journal of Organizational Behavior, 1999, 20 (2): 159 – 174.

[373] REBITZER J B, TAYLOR L J. Efficiency wages and employment rents: The employer – size wage effect in the job market for lawyers [J]. Journal of Labor Economics, 1995, 13 (4): 678 – 708.

[374] RICHARD M R, EDWARD L D. Intrinsic and extrinsic motivations: Classic definitions and new directions [J]. Contemporary Educational Psychology, 2000, 25 (1): 54 – 67.

[375] ROBBINS S P, COULTER M. Management (12th ed.) [M]. Boston: Pearson education Ltd., 2014.

[376] ROBBINS S P. Organizational behavior: Concepts, controversies and applications (6th ed) [M]. Englewood Cliffs, New Jersey: Prentice – Hall Inc, 1992.

[377] RYAN R M, DECI E L. Self – determination theory and the facilitation of intrinsic motivation, social development, and well – being [J]. American Psychologist, 2000, 55 (1): 68 – 78.

[378] SAIRA B, MOHSIN S, MOHSIN A B. The influence of motivation on performance of public sector employees [J]. GSTF Journal on Business Review, 2016, 4 (4): 29 – 33.

[379] SAMPSON D G. Competence – related metadata for educational resources that support life-

long competence development programmes [J]. Educational Technology & Society, 2009, 12 (4): 149 - 159.

[380] SANDWITH P. A hierarchy of management training requirements: The competency domain model [J]. Public Personnel Management, 1993, 22 (1): 43 - 62.

[381] SANSONE C, HARACKIEWICZ J. Intrinsic and Extrinsic Motivation: The Search for Optimal Motivation and Performance [M]. San Diego, C. A: Academic Press, 2000.

[382] SCHEIN E H, BECKHARD R, BENNIS W G. Career dynamics: Matching individual and organizational needs [M]. Hoboken N J: Addison - Wesley Publishing Company, Inc., 1978.

[383] SCHMITT N, CORTINA J M, INGERICK M J, et al. Personnel selection and employee performance [C] //BORMAN W C, ILGEN D R, KLIMOSKI R J. Handbook of psychology: Industrial and organizational psychology. Hoboken, NJ: Wiley, 2003.

[384] SCHNEIDER K, ALBORNOZ C. Theoretical model of fundamental entrepreneurial competencies [J]. Science Journal of Education, 2018, 6 (1): 8.

[385] SCHULTZ T W. Investment in human capital [J]. The American economic review, 1961, 51 (1): 1 - 17.

[386] SCOTT S G, BRUCE R A. Determinants of innovative behavior: A path model of individual innovation in the workplace [J]. The Academy of Management Journal, 1994, 37 (3): 580 - 607.

[387] SEATE B M, POOE R I. D, CHINOMONA R. The relative importance of managerial competencies for predicting the perceived job performance of Broad - Based Black Economic Empowerment verification practitioners [J]. South African Journal of Human Resource Management, 2016, 14 (1): 1 - 11.

[388] SEKHAR C, PATWAKDHAN M, SINGH R K. A literature review on motivation [J]. Global Business Perspectives, 2013, 1 (4): 471 - 487.

[389] SHAMIR B, HOUSE R J, ARTHUR M B. The motivational effects of charismatic leadership: A self - concept based theory [J]. Organization Science, 1993, 4 (4): 577 - 594.

[390] SHASTRI N A. PATEL N K. The impact of non - financial incentives on performance of managers [J]. Journal of Management Thought & Practice, 2016, 8 (2): 25 - 39.

[391] SHAZALI K H I, ABU N Z, RUSLAN N L, et al. The Conceptual framework between hygiene and motivational factors towards employee's performance in joint force headquarters of Malaysia armed forces [J]. International Journal of Academic Research In Business And Social Sciences, 2018, 8 (9): 1941 - 1948.

[392] SHROUT P E, BOLGER N. Mediation in experimental and non - experimental studies: New

procedures and recommendations〔J〕. Psychological Methods, 2002, 7 (4): 422 -445.

[393] SIEBERT A, GOPALDA A, LINDRIDG A, et al. Customer Experience Journeys: Loyalty Loops Versus Involvement Spirals〔J〕. Journal of Marketing, 2020, 84 (4): 45 -66.

[394] SIROTA DAVID. The enthusiastic employee: How companies profit by giving workers what they want (2nd Ed)〔M〕. Boston: Pearson FT Press, 2013.

[395] SITTHISAK O, GILBERT L. Competence Modelling and technology – enhanced learning〔M〕. Atlanta: Scholars Press, 2014.

[396] SNELL S A, DEAN J W. Integrated manufacturing and human resource management: A human capital perspective〔J〕. The Academy of Management Journal, 1992 (2), 35: 467 -504.

[397] SONNENTAG S, FRESE M. Performance concepts and performance theory〔C〕//SONNENTAG S. Psychological management of individual performance: A handbook in the psychology of management in organizations. Chichester: Wiley, 2002.

[398] SPANGENBERG H H. Performance management – problems and possible solutions〔J〕. Journal of Industrial Psychology, 1994, 20 (4): 1 -6.

[399] SPENCER L M, SPENCER S M. Competence at work: Models for Superior Performance〔M〕. New York: Wiley publishing, 1993.

[400] STAJKOVIC A D, LUTHANS F. Self – efficacy and work – related performance: A Meta – analysis〔J〕. Psychological Bulletin, 1998, 124 (2): 240 -261.

[401] STEIGER J H. Structure modeling evaluation and modification: An interval estimation approach multivariate Behavioral research〔J〕. Multivariate Behavioral Research, 1990, 25 (2): 173 -180.

[402] STEINBACH A L, HOLCOMB T R, HOLMES Jr R M, et al. Top management team incentive heterogeneity, strategic investment behavior, and performance: A contingency theory of incentive alignment〔J〕. Strategic Management Journal, 2017, 38 (8): 1701 -1720.

[403] STERNBERG R J, HEDLUND J. Practical Intelligence, and Work Psychology〔J〕. Human Performance, 2002, 15 (1 -2): 143 -160.

[404] SUPER D E. A life – span, life – space approach to career development〔J〕. Journal of Vocational Behavior, 1980, 16: 282 -298.

[405] SUWATNO. HR management in public and business organizations〔M〕. Bandung: Alfabeta Publisher, 2010.

[406] TAMPOE M. Motivating knowledge workers——The challenge for the 1990s〔J〕. Long Range Planning, 1993, 26 (3): 49 -55.

［407］TAYLOR R N. Age and experience as determinants of managerial information processing decision making performance ［J］. The Academy of Management Journal, 1975, 18 (1): 74 – 81.

［408］TETT R P, GUTERMAN H A, BLEIER A, et al. Development and content validation of a "hyperdimensional" taxonomy of managerial competence ［J］. Human Performance, 2000, 13 (3): 205 – 251.

［409］THOMAS K W. Intrinsic motivation at work: What really drives employee engagement ［M］. San Francisco: Berrett – Koehler Publishers, 2009.

［410］TYAGI P K. Inequities in organizations, salesperson motivation and job satisfaction ［J］. International Journal of Research in Marketing, 1990, 7 (2 – 3): 135 – 148.

［411］URBANSKI A. Incentives get specific ［J］. Sales and Marketing Management, 1986, 136 (5): 98 – 102.

［412］VAN AARDE N, MEIRING D, WIERNIK B M. The validity of the Big Five personality traits for job performance: Meta – analyses of South African studies ［J］. International Journal of Selection and Assessment, 2017, 25 (3): 223 – 239.

［413］VAN SCOTTER J R, MOTOWIDLO S J, CROSS C T. Effects of task performance and contextual performance on systemic reward ［J］. Journal of Applied Psychology, 2000, 85 (4): 526 – 535.

［414］VAN SCOTTER J R, Motowidlo S J. Interpersonal facilitation and job dedication as separate facets of contextual performance ［J］. Journal of Applied Psychology, 1996, 81 (5): 525 – 531.

［415］VANSTEENKISTE M, LENS W, DECI E L. Intrinsic versus extrinsic goal contents in self – determination theory: Another look at the quality of academic motivation ［J］. Educational Psychologist, 2006, 41 (1): 19 – 31.

［416］VISWESVARAN C, ONES D S. Perspectives on models of job performance ［J］. International Journal of Selection and Assessment, 2000, 8 (4): 216 – 226.

［417］WAGNER R K, STERNBERG R J. Tacit knowledge in managerial success ［J］. Journal of Business and Psychology, 1987, 1 (4): 301 – 312.

［418］WANG H J, LU C Q, SIU O L. Job insecurity and job performance: The moderating role of organizational justice and the mediating role of work engagement ［J］. Journal of Applied Psychology, 2015, 100 (4): 1249 – 1258.

［419］WANG X H F, KIM T Y, LEE D R. Cognitive diversity and team creativity: Effects of team intrinsic motivation and transformational leadership ［J］. Journal of Business Research, 2016, 69 (9): 3231 –3239.

[420] WAY S A, SIMONS T, LEROY H, et al. What is in it for me? Middle manager behavioral integrity and performance [J]. Journal of Business Ethics, 2018, 150 (3): 765 –777.

[421] WERNERFELT B. A resource – based view of the firm [J]. Strategic management journal, 1984, 5 (2): 171 –180.

[422] WONG C S, LAW K S. The effects of leader and follower emotional intelligence on performance and attitude: An exploratory study [J]. The Leadership Quarterly, 2002, 13 (3): 243 –274.

[423] WOOLLEY K, FISHBACH A. It's about time: Earlier rewards increase intrinsic motivation [J]. Journal of Personality and Social Psychology, 2018, 114 (6): 877 –890.

[424] XIAO Y Q, LIU J K, PANG Y SH. Development of a competency model for real – estate project managers: case study of China [J]. International Journal of Construction Management, 2019, 19 (4): 317 –328.

[425] XU H, CARTER L L, TAUTE H A, et al. Managers' perceived risk, experiential knowledge, marketing capability and international performance: A study of Chinese international enterprises [J]. Journal of Marketing Development and Competitiveness, 2016, 10 (1): 53 –65.

[426] YOUSAF A, YANG H D, SANDERS K. Effects of intrinsic and extrinsic motivation on task and contextual performance of Pakistani professionals: The mediating role of commitment foci [J]. Journal of Managerial Psychology, 2015, 30 (2): 133 –150.

[427] YU K, LIN W P, WANG L, et al. The role of affective commitment and future work self – salience in the abusive supervision – job performance relationship [J]. Journal of Occupational and Organizational Psychology, 2014, 89 (1): 28 –45.

[428] YUKL G. Managerial leadership: A review of theory and research [J]. Journal of management, 1989, 15 (2): 251 –289.

[429] ZAHRA S A, NEUBAUM D O, HUSE M. Entrepreneurship in medium – size companies: Exploring the effects of ownership and governance systems [J]. Journal of Management, 2000, 26 (5): 947 –976.

[430] ZANG X M, BARTOL K M. Linking empowering leadership and employee creativity: The influence of psychological empowerment, intrinsic motivation, and creative process engagement [J]. Academy of Management Journal, 2010, 53 (1): 107 –128.

[431] ZEIGLER – HILL V, BESSER A, VRABEL J, et al. Would you like fries with that? The roles of servers' personality traits and job performance in the tipping behavior of customers

［J］. Journal of Research in Personality, 2015, 57: 110 – 118.

［432］ ZHANG X, VENKATESH V. Explaining employee job performance: the role of online and offline workplace communication networks ［J］. MIS Quarterly, 2013, 37 (3): 695 – 722.

［433］ ZHAO X, LYNCH J G, CHEN Q. Reconsidering Baron and Kenny: Myths and truths about mediation analysis ［J］. Journal of Consumer Research, 2010, 37 (2): 197 – 206.

附录 A　企业中层管理者工作绩效相关因素调研问卷

尊敬的先生/女士：

您好！非常感谢您参与此项调查研究！本研究探讨组织激励因素和管理者的胜任力对其工作绩效的影响，希望能获得您的支持与协助。本问卷采用不记名方式作答，您的回答无对错好坏之分，仅用于整体统计分析，所以请不要有任何顾虑，如实填写。十分感谢您的协助和支持。

恭祝工作顺利！万事如意！

江苏大学管理学院 人力资源管理课题研究组

2016 年 10 月

第一部分：个人基本信息。请在符合您基本情况的框内画"√"。

1. 所在单位性质：国有企业　民营企业　合资或外商独资企业

2. 性别：男　女

3. 年龄：25 岁及以下　26～30 岁　31～35 岁　36～40 岁　41～45 岁
46～50 岁　51 岁及以上

4. 学历：大专以下　大专　本科　硕士　博士

5. 在本岗位工作年限：3 年及以下　4～6 年　7～10 年　11 年及以上

以下内容请您根据自己的实际情况和第一感觉进行选择，在对应的数字上面画"√"。

1 = 完全不同意　2 = 部分不同意　3 = 有点不同意　4 = 有点同意

5 = 部分同意　6 = 完全同意

项　目	完全不同意	部分不同意	有点不同意	有点同意	部分同意	完全同意
RL1. 我有丰富的学科专业知识	1	2	3	4	5	6
RL2. 我有丰富的企业管理知识	1	2	3	4	5	6
RL3. 我精通本专业知识	1	2	3	4	5	6
RL4. 我具备企业管理的相关知识，懂得专业领域与工作的规律	1	2	3	4	5	6
RL5. 我有很强的组织管理能力	1	2	3	4	5	6
RL6. 我有很强的协调沟通能力	1	2	3	4	5	6
SH1. 我与客户的联系频繁	1	2	3	4	5	6
SH2. 我与客户的关系密切	1	2	3	4	5	6
SH3. 我以客户为中心、积极满足客户需求	1	2	3	4	5	6
SH4. 我为客户提供最佳的专业服务，以提高客户满意度	1	2	3	4	5	6
SH5. 我与下属员工的联系频繁	1	2	3	4	5	6
SH6. 我与下属员工的关系密切	1	2	3	4	5	6
SH7. 我帮助下属设定具体而又富有挑战性的目标，发挥下属的潜能	1	2	3	4	5	6
SH8. 我针对不同下属的特点进行多种激励，调动下属积极性	1	2	3	4	5	6
SH9. 我努力和组织中的各方建立和谐、融洽的关系	1	2	3	4	5	6
SH10. 我积极与组织外部的利益相关者建立和谐、融洽的关系	1	2	3	4	5	6
SH11. 我与组织内、外部的相关利益者相互信任	1	2	3	4	5	6
SH12. 我与组织内、外部的相关利益者沟通顺畅	1	2	3	4	5	6
XL4. 在我的工作范围内，我相信自己能够帮助设定目标/目的	1	2	3	4	5	6
XL5. 我相信自己能够与公司外部的人（比如，供应商、客户）联系，并讨论问题	1	2	3	4	5	6
XL6. 我相信自己能够向一群同事陈述信息	1	2	3	4	5	6
XL8. 在工作中，我无论如何都会去解决遇到的难题	1	2	3	4	5	6
XL9. 在工作中如果不得不做，我也能独立应战	1	2	3	4	5	6
XL10. 我通常对工作中的压力能泰然处之	1	2	3	4	5	6
XL11. 因为以前经历过很多磨难，所以我现在能挺过工作上的困难时期	1	2	3	4	5	6
XL12. 在我目前的工作中，我感觉自己能同时处理很多事情	1	2	3	4	5	6
XL13. 我喜欢给自己不断设定更高的目标	1	2	3	4	5	6
XL14. 我喜欢新奇的、有困难的任务	1	2	3	4	5	6
XL16. 我希望承担有挑战性的工作任务	1	2	3	4	5	6
XL17. 面对能测量我能力的机会，我感到是一种鞭策和挑战	1	2	3	4	5	6

请按照您所在组织和自己的实际表现选择。

1＝完全不符合　2＝部分不符合　3＝有点不符合　4＝有点符合　5＝部分符合　6＝完全符合

项　目	完全不符合	部分不符合	有点不符合	有点符合	部分符合	完全符合
JX1. 组织下属共同完成某项工作任务时，指挥有度，安排得当	1	2	3	4	5	6
JX2. 根据下属的特点进行激励，促进部门或小组业绩的提高	1	2	3	4	5	6
JX3. 认真听取上、下级意见和建议，为本部门发展做出科学决策	1	2	3	4	5	6
JX4. 能有效指导并监督下属完成工作任务	1	2	3	4	5	6
JX5. 对工作任务总能准时、保质保量地完成	1	2	3	4	5	6
JX7. 充满热情地工作并且愿意为工作付出额外的努力	1	2	3	4	5	6
JX8. 主动提出改进部门运作的合理化建议	1	2	3	4	5	6
JX9. 积极克服困难，解决工作中存在的问题	1	2	3	4	5	6
JX10. 主动为有需要的同事提供帮助	1	2	3	4	5	6
JX11. 公平、公正地对待他人	1	2	3	4	5	6
JX15. 在工作中能提出新的建议、设想，尝试新的程序	1	2	3	4	5	6
JX16. 能用独创且可行的方法解决问题	1	2	3	4	5	6
JX17. 可以把创新思想转化成有益的应用	1	2	3	4	5	6
JX18. 能动员各种力量促进新思想、技术、方案的实施	1	2	3	4	5	6
JL1. 组织给予员工公正合理的薪酬、良好的福利	1	2	3	4	5	6
JL2. 组织创造良好的学习环境，提供正式和非正式的培训学习机会	1	2	3	4	5	6
JL3. 组织的管理制度科学、有效	1	2	3	4	5	6
JL4. 组织内部工作氛围和谐，上下级、同事间关系融洽	1	2	3	4	5	6
JL5. 工作场所舒适美观，办公设施齐全	1	2	3	4	5	6
JL6. 我在工作中拥有较大的自主权	1	2	3	4	5	6
JL8. 我在工作中能够获得成就感	1	2	3	4	5	6
JL9. 我因工作出色获得晋升或奖励	1	2	3	4	5	6
JL10. 我的工作成绩得到上级、同事及下属的肯定	1	2	3	4	5	6
JL11. 我的工作可以提供展现自己才能的机会	1	2	3	4	5	6
JL12. 我经常参与具有挑战性的工作	1	2	3	4	5	6

问卷全部作答完毕，非常感谢您的配合，感谢您对本课题所做的贡献！

附录 B　企业中层管理者访谈提纲

说明：

为了了解中层管理者的胜任力的组成要素、胜任力对绩效的影响以及组织激励的作用，作者以中层管理者为对象进行了访谈。访谈内容包括两部分：第一部分旨在了解中层管理者的胜任力及组织激励的实际情况；第二部分就初始问卷涉及的变量是否符合中层管理者实际情况、问卷的描述措辞是否容易理解等问题征求他们的意见。访谈获得的资料是本研究所使用问卷和提出的研究假设的基础之一。访谈时以访谈提纲作为框架，基本涵盖其主要内容，但会根据访谈对象、访谈进程、访谈者回答等内容进行顺序和提问方式上的调整。

访谈提纲：

您好，非常高兴您能接受此次访谈，我们本次访谈是想了解中层管理者的胜任力及组织激励的实际情况。为了方便记录，本次访谈将进行录音，但是这份录音只用于我们补充和丰富记录，其内容绝对保密。如果中间您感到不方便录音，可以随时要求我们中止。您在本次访谈中的内容只用于科学研究，我们承诺不会泄露您的任何隐私。非常感谢您的配合！

访谈问题：

1. 被访者的个人及家庭情况，如年龄、学历、婚姻状况、子女状况、职业经历等。

2. 被访者所在岗位的基本情况，如在职时间、工作内容、工作关系、所在公司状况等。

3. 您认为自己在工作中表现如何？有哪些因素是您能做好这份工作的原因？

4. 您在工作中有哪些做得比较好的地方？能否具体进行说明？

5. 您在工作中或者整个职业发展中遇到过哪些问题？您是怎样解决的？

6. 您认为所在公司的薪资水平和福利待遇如何？您有哪些比较满意的地

方，有哪些不满意的地方？

7. 您认为所在公司的氛围和文化环境如何？您有哪些比较满意的地方，有哪些不满意的地方？

8. 公司会对员工有哪些激励措施，这些措施的效果如何？

9. 请您看一下这些问卷中提到的内容是否符合中层管理者的实际情况？

10. 问卷中的文字描述是否容易理解？

11. 完成问卷的时间是否可以接受？

附录 C 人工神经网络计算程序

```
%% MATLAB 2018b
clc;
clear;
%% 设置导入选项
opts = spreadsheetImportOptions("NumVariables",71);

%指定工作表和范围
opts. Sheet = "Data";
opts. DataRange = "A2:BS319";

%指定列名称和类型
opts. VariableNames = ["VarName1","VarName2","VarName3","VarName4","VarName5",
"VarName6","VarName7","VarName8","RL1","RL2","RL3","RL4","RL5","RL6",
"VarName15","SH1","SH2","SH3","SH4","SH5","SH6","SH7","SH8","SH9",
"SH10","SH11","SH12","SZ13","SZ14","SZ15","SZ16","VarName32","XL4",
"XL5","XL6","XL8","XL9","XL10","XL11","XL12","XL13","XL14","XL16",
"XL17","VarName45","JL1","JL2","JL3","JL4","JL5","JL6","JL8","JL9",
"JL10","JL11","JL12","VarName57","JX1","JX2","JX3","JX4","JX5","JX7",
"JX8","JX9","JX10","JX11","JX15","JX16","JX17","JX18"];

opts. VariableTypes = ["double","double","double","double","double","double",
"double","double","double","double","double","double","double","double","double",
"double","double","double","double","double","double","double","double","double",
"double","double","double","double","double","double","double","double","double",
"double","double","double","double","double","double","double","double","double",
"double","double","double","double","double","double","double","double","double",
```

"double","double","double","double","double","double","double","double","double",
"double","double"];

　　%导入数据

　　data = readtable("F:\\matlab\\数据 . xls",opts,"UseExcel",false);

　　%%转换为输出类型

　　data = table2array(data);

　　%%清除临时变量

　　clear　opts

　　%%输入数据处理

　　%资本胜任力

　　SRL_RL_zyzs = data(:,9:12);%专业知识 RL1 - 4

　　SRL_RL_zzxt = data(:,13:14);%组织协调 RL5 - 6

　　%人力资本胜任力 = 专业知识 + 组织协调

　　SRL_RL = [SRL_RL_zyzsSRL_RL_zzxt];

　　SRL_SH_khdx = data(:,16:19);%客户导向 SH1 - 4

　　SRL_SH_jlxj = data(:,20:23);%激励下级 SH5 - 8

　　SRL_SH_rjgx = data(:,24:27);%人际关系 SH9 - 12

　　%社会资本胜任力 = 客户导向 + 激励下级 + 人际关系

　　SRL_SH = [SRL_SH_khdxSRL_SH_jlxjSRL_SH_rjgx];

　　SRL_XL_zx = data(:,33:35);%自信 XI4 - 6

　　SRL_XL_rx = data(:,36:40);%韧性 XL8 - 12

　　SRL_XL_cjdj = data(:,41:44);%成就动机 XL13 14 16 17

　　%心理资本胜任力 = 自信 + 韧性 + 成就动机

　　SRL_XL = [SRL_XL_zxSRL_XL_rxSRL_XL_cjdj];

　　%%组织激励

　　ZZJL_WZ = data(:,46:50);% 外在激励 JL1 - 5

　　ZZJL_NZ = data(:,51:56);% 内在激励 JL6 8 - 12

```
%组织激励 = 外在激励 + 内在激励
ZZJL = [ZZJL_WZ ZZJL_NZ];


%%工作绩效

GZJX_RW = data(:,58:62);% 任务绩效 JX1 - 5
GZJX_ZB = data(:,63:67);% 周边绩效 JX7 - 11
GZJX_CX = data(:,68:71);% 创新绩效 JX15 - 18
%工作绩效 = 任务绩效 + 周边绩效 + 创新绩效
GZJX = [GZJX_RW GZJX_ZB GZJX_CX];


%%人工神经网络把输入分成两部分:训练集 + 测试集
n = 260;m = 261;


%% H1 对工作绩效的影响
i = 1;
input_train = SRL_RL_zyzs(1:n,:); input_test = SRL_RL_zyzs(m:318,:);
output_train = GZJX(1:n,:);output_test = GZJX(m:318,:);
net = fitnet([5 10 15]);
[net,tr] = train(net,input_train',output_train');predicted = round(net(input_test'));
MSE1(i) = mse(predicted' - output_test);RMSE1(i) = sqrt(MSE1(i));r(i) = corr2(predicted',output_test);


i = 2;
input_train = SRL_RL_zzxt(1:n,:);input_test = SRL_RL_zzxt(m:318,:);
output_train = GZJX(1:n,:);output_test = GZJX(m:318,:);
net = fitnet([5 10 15]);
[net,tr] = train(net,input_train',output_train');predicted = round(net(input_test'));
MSE1(i) = mse(predicted' - output_test);RMSE1(i) = sqrt(MSE1(i));r(i) = corr2(predicted',output_test);


i = 3;
input_train = SRL_SH_khdx(1:n,:);input_test = SRL_SH_khdx(m:318,:);
output_train = GZJX(1:n,:);output_test = GZJX(m:318,:);
```

net = fitnet([5 10 15]) ;

[net,tr] = train(net,input_train',output_train') ;predicted = round(net(input_test')) ;

MSE1(i) = mse(predicted' − output_test) ;RMSE1(i) = sqrt(MSE1(i)) ;r(i) = corr2(predicted',output_test) ;

i = 4 ;

input_train = SRL_SH_jlxj(1 :n, :) ;input_test = SRL_SH_jlxj(m :318, :) ;

output_train = GZJX(1 :n, :) ;output_test = GZJX(m :318, :) ;

net = fitnet([5 10 15]) ;

[net,tr] = train(net,input_train',output_train') ;predicted = round(net(input_test')) ;

MSE1(i) = mse(predicted' − output_test) ;RMSE1(i) = sqrt(MSE1(i)) ;r(i) = corr2(predicted',output_test) ;

i = 5 ;

input_train = SRL_SH_rjgx(1 :n, :) ;input_test = SRL_SH_rjgx(m :318, :) ;

output_train = GZJX(1 :n, :) ;output_test = GZJX(m :318, :) ;

net = fitnet([5 10 15]) ;

[net,tr] = train(net,input_train',output_train') ;predicted = round(net(input_test')) ;

MSE1(i) = mse(predicted' − output_test) ;RMSE1(i) = sqrt(MSE1(i)) ;r(i) = corr2(predicted',output_test) ;

i = 6 ;

input_train = SRL_XL_zx(1 :n, :) ;input_test = SRL_XL_zx(m :318, :) ;

output_train = GZJX(1 :n, :) ;output_test = GZJX(m :318, :) ;

net = fitnet([4 10 15]) ;

[net,tr] = train(net,input_train',output_train') ;predicted = round(net(input_test')) ;

MSE1(i) = mse(predicted' − output_test) ;RMSE1(i) = sqrt(MSE1(i)) ;r(i) = corr2(predicted',output_test) ;

i = 7 ;

input_train = SRL_XL_rx(1 :n, :) ;input_test = SRL_XL_rx(m :318, :) ;

output_train = GZJX(1 :n, :) ;output_test = GZJX(m :318, :) ;

net = fitnet([6 10 15]) ;

[net,tr] = train(net,input_train',output_train') ;predicted = round(net(input_test')) ;

MSE1(i) = mse(predicted' − output_test);RMSE1(i) = sqrt(MSE1(i));r(i) = corr2(predicted',output_test);

i = 8;
input_train = SRL_XL_cjdj(1:n,:);input_test = SRL_XL_cjdj(m:318,:);
output_train = GZJX(1:n,:);output_test = GZJX(m:318,:);
net = fitnet([5 10 15]);
[net,tr] = train(net,input_train',output_train');predicted = round(net(input_test'));
MSE1(i) = mse(predicted' − output_test);RMSE1(i) = sqrt(MSE1(i));r(i) = corr2(predicted',output_test);

i = 9;
input_train = SRL_RL(1:n,:);input_test = SRL_RL(m:318,:);
output_train = GZJX(1:n,:);output_test = GZJX(m:318,:);
net = fitnet([7 10 15]);
[net,tr] = train(net,input_train',output_train');predicted = round(net(input_test'));
MSE1(i) = mse(predicted' − output_test);RMSE1(i) = sqrt(MSE1(i));r(i) = corr2(predicted',output_test);

i = 10;
input_train = SRL_SH(1:n,:);input_test = SRL_SH(m:318,:);
output_train = GZJX(1:n,:);output_test = GZJX(m:318,:);
net = fitnet([13 10 15]);
[net,tr] = train(net,input_train',output_train');predicted = round(net(input_test'));
MSE1(i) = mse(predicted' − output_test);RMSE1(i) = sqrt(MSE1(i));r(i) = corr2(predicted',output_test);

i = 11;
input_train = SRL_XL(1:n,:);input_test = SRL_XL(m:318,:);
output_train = GZJX(1:n,:);output_test = GZJX(m:318,:);
net = fitnet([13 10 15]);
[net,tr] = train(net,input_train',output_train');predicted = round(net(input_test'));
MSE1(i) = mse(predicted' − output_test);RMSE1(i) = sqrt(MSE1(i));r(i) = corr2(predicted',output_test);

228

```
%%
i = 12;
input_train = ZZJL_WZ(1:n,:);input_test = ZZJL_WZ(m:318,:);
output_train = SRL_RL(1:n,:);output_test = SRL_RL(m:318,:);
net = fitnet([6 10 7]);
[net,tr] = train(net,input_train',output_train');predicted = round(net(input_test'));
MSE1(i) = mse(predicted' - output_test);RMSE1(i) = sqrt(MSE1(i));r(i) = corr2(predicted',output_test);


i = 13;
input_train = ZZJL_WZ(1:n,:);input_test = ZZJL_WZ(m:318,:);
output_train = SRL_SH(1:n,:);output_test = SRL_SH(m:318,:);
net = fitnet([6 10 13]);
[net,tr] = train(net,input_train',output_train');predicted = round(net(input_test'));
MSE1(i) = mse(predicted' - output_test);RMSE1(i) = sqrt(MSE1(i));r(i) = corr2(predicted',output_test);


i = 14;
input_train = ZZJL_WZ(1:n,:);input_test = ZZJL_WZ(m:318,:);
output_train = SRL_XL(1:n,:);output_test = SRL_XL(m:318,:);
net = fitnet([6 10 13]);
[net,tr] = train(net,input_train',output_train');predicted = round(net(input_test'));
MSE1(i) = mse(predicted' - output_test);RMSE1(i) = sqrt(MSE1(i));r(i) = corr2(predicted',output_test);


i = 15;
input_train = ZZJL_NZ(1:n,:);input_test = ZZJL_NZ(m:318,:);
output_train = SRL_RL(1:n,:);output_test = SRL_RL(m:318,:);
net = fitnet([7 10 7]);
[net,tr] = train(net,input_train',output_train');predicted = round(net(input_test'));
MSE1(i) = mse(predicted' - output_test);RMSE1(i) = sqrt(MSE1(i));r(i) = corr2(predicted',output_test);
```

```
i = 16;
input_train = ZZJL_NZ(1:n,:);input_test = ZZJL_NZ(m:318,:);
output_train = SRL_SH(1:n,:);output_test = SRL_SH(m:318,:);
net = fitnet([7 10 13]);
[net,tr] = train(net,input_train',output_train');predicted = round(net(input_test'));
MSE1(i) = mse(predicted' - output_test);RMSE1(i) = sqrt(MSE1(i));r(i) = corr2(predicted',output_test);


i = 17;
input_train = ZZJL_NZ(1:n,:);input_test = ZZJL_NZ(m:318,:);
output_train = SRL_XL(1:n,:);output_test = SRL_XL(m:318,:);
net = fitnet([7 10 13]);
[net,tr] = train(net,input_train',output_train');predicted = round(net(input_test'));
MSE1(i) = mse(predicted' - output_test);RMSE1(i) = sqrt(MSE1(i));r(i) = corr2(predicted',output_test);


i = 18;
input_train = ZZJL_WZ(1:n,:);input_test = ZZJL_WZ(m:318,:);
output_train = GZJX_RW(1:n,:);output_test = GZJX_RW(m:318,:);
net = fitnet([6 10 6]);
[net,tr] = train(net,input_train',output_train');predicted = round(net(input_test'));
MSE1(i) = mse(predicted' - output_test);RMSE1(i) = sqrt(MSE1(i));r(i) = corr2(predicted',output_test);


i = 19;
input_train = ZZJL_WZ(1:n,:);input_test = ZZJL_WZ(m:318,:);
output_train = GZJX_ZB(1:n,:);output_test = GZJX_ZB(m:318,:);
net = fitnet([6 10 6]);
[net,tr] = train(net,input_train',output_train');
predicted = round(net(input_test'));
MSE1(i) = mse(predicted' - output_test);RMSE1(i) = sqrt(MSE1(i));r(i) = corr2(predicted',output_test);


i = 20;
```

input_train = ZZJL_WZ(1:n,:);input_test = ZZJL_WZ(m:318,:);

output_train = GZJX_CX(1:n,:);output_test = GZJX_CX(m:318,:);

net = fitnet([6 10 5]);

[net,tr] = train(net,input_train',output_train');predicted = round(net(input_test'));

MSE1(i) = mse(predicted' − output_test);RMSE1(i) = sqrt(MSE1(i));r(i) = corr2(predicted',output_test);

i = 21;

input_train = ZZJL_NZ(1:n,:);input_test = ZZJL_NZ(m:318,:);

output_train = GZJX_RW(1:n,:);output_test = GZJX_RW(m:318,:);

net = fitnet([7 10 6]);

[net,tr] = train(net,input_train',output_train');predicted = round(net(input_test'));

MSE1(i) = mse(predicted' − output_test);RMSE1(i) = sqrt(MSE1(i));r(i) = corr2(predicted',output_test);

i = 22;

input_train = ZZJL_NZ(1:n,:);input_test = ZZJL_NZ(m:318,:);

output_train = GZJX_ZB(1:n,:);output_test = GZJX_ZB(m:318,:);

net = fitnet([7 10 6]);

[net,tr] = train(net,input_train',output_train');predicted = round(net(input_test'));

MSE1(i) = mse(predicted' − output_test);RMSE1(i) = sqrt(MSE1(i));r(i) = corr2(predicted',output_test);

i = 23;

input_train = ZZJL_NZ(1:n,:);input_test = ZZJL_NZ(m:318,:);

output_train = GZJX_CX(1:n,:);output_test = GZJX_CX(m:318,:);

net = fitnet([7 10 5]);

[net,tr] = train(net,input_train',output_train');predicted = round(net(input_test'));

MSE1(i) = mse(predicted' − output_test);RMSE1(i) = sqrt(MSE1(i));r(i) = corr2(predicted',output_test);

i = 24;

input_train = ZZJL_NZ(1:n,:);input_test = ZZJL_NZ(m:318,:);

output_train = GZJX(1:n,:);output_test = GZJX(m:318,:);

net = fitnet([7 10 15]) ;

[net,tr] = train(net,input_train',output_train') ;predicted = round(net(input_test')) ;

MSE1 (i) = mse(predicted' - output_test) ;RMSE1 (i) = sqrt(MSE1 (i)) ;r(i) = corr2 (pre-dicted',output_test) ;

i = 25 ;

input_train = ZZJL_WZ(1 :n, :) ;input_test = ZZJL_WZ(m :318, :) ;

output_train = GZJX(1 :n, :) ;output_test = GZJX(m :318, :) ;

net = fitnet([6 10 15]) ;

[net,tr] = train(net,input_train',output_train') ;predicted = round(net(input_test')) ;

MSE1 (i) = mse(predicted' - output_test) ;RMSE1 (i) = sqrt(MSE1 (i)) ;r(i) = corr2 (pre-dicted',output_test) ;

i = 26 ;

input_train = [ZZJL_NZ(1 :n, :) SRL_RL(1 :n, :)] ;input_test = [ZZJL_NZ(m :318, :) SRL_RL(m :318, :)] ;

output_train = GZJX(1 :n, :) ;output_test = GZJX(m :318, :) ;

net = fitnet([13 10 15]) ;

[net,tr] = train(net,input_train',output_train') ;predicted = round(net(input_test')) ;

MSE1 (i) = mse(predicted' - output_test) ;RMSE1 (i) = sqrt(MSE1 (i)) ;r(i) = corr2 (pre-dicted',output_test) ;

i = 27 ;

input_train = [ZZJL_WZ(1 :n, :) SRL_RL(1 :n, :)] ;input_test = [ZZJL_WZ(m :318, :) SRL_RL(m :318, :)] ;

output_train = GZJX(1 :n, :) ;output_test = GZJX(m :318, :) ;

net = fitnet([12 15 15]) ;

[net,tr] = train(net,input_train',output_train') ;predicted = round(net(input_test')) ;

MSE1 (i) = mse(predicted' - output_test) ;RMSE1 (i) = sqrt(MSE1 (i)) ;r(i) = corr2 (pre-dicted',output_test) ;

i = 28 ;

input_train = [ZZJL_NZ(1 :n, :) SRL_SH(1 :n, :)] ;input_test = [ZZJL_NZ(m :318, :) SRL_SH(m :318, :)] ;

232

output_train = GZJX(1:n,:);output_test = GZJX(m:318,:);

net = fitnet([19 10 15]);

[net,tr] = train(net,input_train',output_train');predicted = round(net(input_test'));

MSE1(i) = mse(predicted' − output_test);RMSE1(i) = sqrt(MSE1(i));r(i) = corr2(predicted',output_test);

i = 29;

input_train = [ZZJL_WZ(1:n,:) SRL_SH(1:n,:)];input_test = [ZZJL_WZ(m:318,:) SRL_SH(m:318,:)];

output_train = GZJX(1:n,:);output_test = GZJX(m:318,:);

net = fitnet([18 10 15]);

[net,tr] = train(net,input_train',output_train');predicted = round(net(input_test'));

MSE1(i) = mse(predicted' − output_test);RMSE1(i) = sqrt(MSE1(i));r(i) = corr2(predicted',output_test);

i = 30;

input_train = [ZZJL_NZ(1:n,:) SRL_XL(1:n,:)];input_test = [ZZJL_NZ(m:318,:) SRL_XL(m:318,:)];

output_train = GZJX(1:n,:);output_test = GZJX(m:318,:);

net = fitnet([19 10 15]);

[net,tr] = train(net,input_train',output_train');predicted = round(net(input_test'));

MSE1(i) = mse(predicted' − output_test);RMSE1(i) = sqrt(MSE1(i));r(i) = corr2(predicted',output_test);

i = 31;

input_train = [ZZJL_WZ(1:n,:) SRL_XL(1:n,:)];input_test = [ZZJL_WZ(m:318,:) SRL_XL(m:318,:)];

output_train = GZJX(1:n,:);output_test = GZJX(m:318,:);

net = fitnet([18 10 15]);

[net,tr] = train(net,input_train',output_train');predicted = round(net(input_test'));

MSE1(i) = mse(predicted' − output_test);RMSE1(i) = sqrt(MSE1(i));r(i) = corr2(predicted',output_test);